D1703576

Michael Stahl

Das Schöne und die Politik

Die Frage nach den politischen Dimensionen des Ästhetischen macht Signaturen der gegenwärtigen Moderne sichtbar, die deren einstiges Versprechen eines besseren, weil schöneren Lebens dementieren. Insbesondere die Unterwerfung tendenziell aller Lebensbereiche unter das Diktat von Ökonomie und Konsum vernichtet das Schöne in unserer Lebenswelt. Zunehmende Häßlichkeit ist das Gesicht einer Moderne, in der Freiheit und Verantwortung des einzelnen, seine Bildung und seine Religion, trotz gegenteiliger Bekundungen, nicht mehr zählen – Hybris der Moderne.

Aus Quellen des europäischen Geistes seit 2500 Jahren gespeist, steht ihr entgegen der Entwurf einer anderen Moderne. Der Weg dorthin führt über individuelle Bildung als umfassenden Formungsprozeß, der zentral auf dem Feld der Ästhetik stattfindet. Das „Ereignis des Schönen" verändert unser Bewußtsein und unsere Haltung für eine erneuerte Lebensform.

Das Buch nimmt in seinen historischen Fallstudien die Kritik an der Entwicklung der Moderne seit ihren Anfängen auf und entwirft Brückenschläge zur Vormoderne. Auf diese Weise werden die Antike, insbesondere der griechische Bürgerstaat und die römische Monarchie, und ebenso die deutsche Klassik und Romantik um 1800 zur Quelle zukunftsöffnender Perspektiven auf eine andere Moderne.

MICHAEL STAHL, emeritierter Professor für Alte Geschichte an der TU Darmstadt, forschte zur griechischen Demokratie, zum augusteischen Prinzipat, zum Verhältnis von Kultur und Politik und zur Rezeption der Antike in der Moderne.

Michael Stahl

Das Schöne und die Politik

Für eine andere Moderne

Text & Dialog

Bibliografische Information der Deutschen Bibliothek
Die Deutsche Bibliothek verzeichnet diese Publikation
in der Deutschen Nationalbibliografie;
detaillierte bibliografische Daten sind im Internet
über http://dnb.dnb.de abrufbar.

Bibliographic information published by the Deutsche Bibliothek
The Deutsche Bibliothek lists this publication
in the Deutsche Nationalbibliografie;
detailed bibliographic data are available
on the Internet at http://dnb.dnb.de.

© 2018 Verlag Text & Dialog
B. & R. Kaufmann GbR
Konkordienstraße 40 | D-01127 Dresden
Tel.: (+49)351/3325 4227 | M.: (+49)174/310 77 23 | Fax: (+49)351/219 969 56
http://www.text-dialog.de

Umschlaggestaltung, Satz und Layout: René Kaufmann (Text & Dialog)

Made in Europe.
ISBN 978-3-943897-40-1

„Mir gehst du freundlich unter und auf, o Licht!
Und wohl erkennt mein Auge dich, herrliches!
Denn göttlich stille ehren lernt’ ich
Da Diotima den Sinn mir heilte.“
FRIEDRICH HÖLDERLIN

„da du weißt das
Schöne geheimnis
Wie der zauber der sinne
Weckt den zauber der blühenden
Blüten des geists. Und du weißt es
Nicht nur, du lebst es“
RUDOLF FAHRNER

CONIUGI DULCISSIMAE

INHALT

PROLOG

„Ihr lacht wohl über den Träumer,
Der Blumen im Winter sah?"

Wilhelm Müller/Franz Schubert[1]

Durch das Fenster vor meinem Arbeitstisch sehe ich meilenweit über
märkische Äcker hin. Sie sind seit Wochen tief gefroren, spärliche Reste
erinnern an einstige weiße Pracht. Darüber der riesige Himmel von
weißlichem Grau liegt wie ein unbeschriebenes Blatt – Winterbild,
doch nicht trostlos, wir dürfen das leere Blatt füllen mit unseren Träumen. So träume ich mich in das üppige Grün unseres Bauerngartens
einst, die gelben, weißen und roten Tupfen seiner Blüten, die hoch-
schießenden Gräser der Wiese dahinter, den Schafen eine nie endende
Wonne, und blicke auf die Weite der silbrigen Weizenfelder, die wie
ein märkisches Meer im Wind wogen. Ein guter Traum, denn er wird
wahr werden, es wird Frühling und Sommer werden zur rechten Zeit.

Von einem Träumer im Winter erzählen auch Wilhelm Müller und
Franz Schubert in der „Winterreise". Auch für den Winterwanderer
werden Eis und Schnee gewiß weichen eines Tages, auch er darf träumen „von bunten Blumen,/So wie sie wohl blühen im Mai". Er sieht
sie schon wachen Auges vor sich – an den Fensterscheiben, sieht mitten
in Kälte, Finsternis und Erstarrung ein Bild der Hoffnung. „Wer malte
die Blätter da?" Er bräuchte sich nur dem natürlichen Lauf überlassen,
und alles wird gut. Wirklich? Der eigentliche Wunsch seines Traums,

---

1   Müller/Schubert 1827, 11. Frühlingstraum.
    Motti Vorsatzblatt: Friedrich Hölderlin: Geh unter, schöne Sonne ...- In: Hölderlin I, S. 245.
    Rudolf Fahrner: Lobpreisung. – In: Ders.: Dichtung und Deutung. Ges. Werke I. Köln u.a.
    2008, S. 63.

wieder „mein Liebchen im Arm" zu halten, wird sich gewiß nicht erfüllen. Von eisiger Einsamkeit und Hoffnungslosigkeit sprechen zu viele Bilder auf den Stationen seiner Winterreise. Und dennoch: Mag der wilde Winterwind dem Wanderer noch so sehr ins Gesicht blasen, die Sehnsucht nach Liebe stirbt nicht in seinem Herzen, dessen Kraft er sich, nicht ohne Bangen zwar, doch eindringlich versichert. Die Anfechtungen und Enttäuschungen dauern an, doch er wird nicht zum Zyniker, nicht Dunkelheit und Kälte siegen, und auch nicht oberflächlich-grundloser, weil gottloser Optimismus („Will kein Gott auf Erden sein,/Sind wir alle Götter"). Sieger bleibt die Menschlichkeit, mit der sich der Wanderer am Ende dem Geringsten, dem Ausgestoßenen, dem alten Leiermann, zuwendet und ihn darum bittet, seinen Liedern Musik zu verleihen.[2]

Wilhelm Müller erfuhr vermutlich nicht mehr, daß seinen Gedichten die musikalischen Flügel zuteil wurden, die sie dem Vergessen entrissen und auf denen sie bis zu uns fliegen konnten. Müller starb im selben Jahr 1827, als Franz Schubert über den Müllerschen Versen vom Winter des Liebesleids und der Reise zu sich selbst eine noch tiefer dringende und allgemeiner gültige musikalische Vision komponierte. Wer Ohren hat, der höre.

Vor mehr als einer Generation erschien die beeindruckend inspirierte Analyse des Schubertschen Liedzyklus von Hanspeter Padrutt.[3] Danach hat Schubert „eine Winterreise gesehen, die unser aller Reise ist"[4]. Der Komponist lauschte mit seiner Musik den Worten Müllers einen verborgenen Sinn ab und erschloß mit seiner Tonkunst eine Ebene der

---

2   Die Zitate aus Müller/Schubert 1827, 11. Frühlingstraum u. 22. Mut!

3   Vgl. Padrutt 1984, S. 213–286. Padrutts „epochaler Winter" hatte im Jahre 1984 natürlich einen gewissen Fokus auf den drohenden atomaren Winter. Das Buch versucht zu Recht, die Ökologiebewegung historisch zu erden und auf ihren Begriff zu bringen. Daß die Umweltkrise ihre tiefere Ursache in der Signatur der Moderne hat, dem „überhandnehmenden Maschinenwesen" (Goethe) oder dem Heideggerschen „Gestell", dem „Ökonomismus" (vgl. u. Kap. 8), und man deshalb hier Veränderung suchen müßte, hat die grüne Politik der letzten Jahrzehnte überhaupt nicht verstanden.

4   Padrutt 1984, S. 234.

Bedeutung, die über den schlichten Wortsinn hinausreicht und die epochale geschichtliche Aussage des Bildes der Winterreise freilegt. Sie kündet am Beginn der Moderne vom Weg, den diese einschlagen wird, dem Weg in die leblose Unwirtlichkeit einer Welt, geprägt von einem als Fortschritt mißverstandenen Herumirren und dem Fremdwerden des Menschen von seiner Umwelt, von sich selbst und von Gott. Die „Winterreise" ist höchste Kunst, weil in ihr, nach Martin Heidegger, Wahrheit ins Werk gesetzt ist[5], die Wahrheit über die Moderne und ihre Irrwege, die nach fast zwei Jahrhunderten immer offensichtlicher in Sackgassen münden.

Doch bei dieser Erkenntnis bleibt es nicht. Die Komposition Schuberts hält der Winterskälte der Moderne, so möchte ich, stärker als Padrutt, weiterdenken, die reine Schönheit einer geradezu himmlischen Musiksprache entgegen. Sie dringt in unsere Herzen und erzählt ihnen davon, daß trotz allen Augenscheins die eisige Zelle, in die wir vermeintlich eingesperrt sind, doch einen Ausgang hat und daß wir ihn finden können im Schönen der Kunst. Von dort allein wird uns Antrieb und Kraft zuwachsen für jene „künftige Revolution der Gesinnungen und Vorstellungsarten, die alles bisherige schaamroth (sic!) machen wird", wie Hölderlin bekundete.[6] Die Revolution des Schönen freilich, sie kommt still und leise, weil sie sich in unseren Herzen ereignet. Aber es ist der einzige Umschwung, der wirkt, indem er zur wirklichen Wirklichkeit führt, zum träumerischen Durchsichtigwerden der Dinge und der deshalb sub specie aeternitatis Bestand hat.

„Mit Taubenfüßen geht das Lied vom epochalen Winter einen revolutionären Weg (Anspielung auf Friedrich Nietzsche: Also sprach Zarathustra. 2. Teil: Die stillste Stunde – d.Verf.): heraus aus dem Gefängnis des neuzeitlichen objektivierenden Subjektivismus, heraus aus dem Zoopavillon des animal rationale. Aus der Fremde in eine neue Stätte des Wohnens (...). Von der Eisblume am Fenster der Welt-Anschauung zum ‚Erschütterer Anemone' (ein Gedicht von Gottfried Benn – d. Verf.) auf der offenen, blühenden Wiese. (...) Aus dem verbissenen Wollen des Willens zur Macht zum andenkenden Abschied des Lassens. (...) Aus der Orien-

5 Vgl. Heidegger 1936, S. 43, 73f.
6 Hölderlin II, S. 643 (Brief an Johann Gottfried Ebel v. 10. Jan. 1797).

tierung am sichtbaren Zeiger des Meßgerätes in den abgründigen Halt, den das Unsichtbare, Unwägbare (...) gewährt."[7]

Ist das reaktionäre Romantik? Ja gewiß, doch im Sinne des Diktums von Botho Strauß: „Der Reaktionär ist eben nicht der Aufhalter oder unverbesserliche Rückschrittler, zu dem ihn die politische Denunziation macht – er schreitet im Gegenteil voran, wenn es darum geht, etwas Vergessenes wieder in Erinnerung zu bringen."[8] Gegen den vermeintlich unaufhaltsamen „Fortschritt" im Namen von Poesie und menschlicher Würde Widerstand zu leisten[9], hielten schon die Romantiker für die wahre Progressivität.

> „Die Welt muß romantisirt (sic!) werden. (...) Romantisiren ist nichts, als eine qualit[ative] Potenzirung. Das niedre Selbst wird mit einem bessern Selbst in dieser Operation identificirt. So wie wir selbst eine solche qualit[ative] Potenzenreihe sind. (...) Indem ich dem Gemeinen einen hohen Sinn, dem Gewöhnlichen ein geheimnißvolles Ansehn, dem Bekannten die Würde des Unbekannten, dem Endlichen einen unendlichen Schein gebe so romantisire ich es – ".[10]

Das ist die berühmte Definition von Novalis. Übersetzen wir sie ins Politische, dann erhalten wir die gedankliche Grundfigur romantischer Politik: Die Zukunftshoffnung für die Welt besteht darin, daß wir uns einem Ideal verschreiben. Jeder ist, individuell verschieden, fähig, höhere (moralische) Möglichkeiten in sich zu entdecken und sich weiterzuentwickeln. Die Öffnung zur Zukunft geschieht auf dem Weg über jeden einzelnen. Wenn er um seiner selbst willen das ihm Mögliche auf beste Art tut, so wird er auch die Gemeinschaft bereichern. Dazu gehört nicht zuletzt, für das hinter den Dingen Liegende empfänglich zu werden und dadurch Alternativen zum gegenwärtig Gegebenen zu erkennen. Vor allem in der Erfahrung des Schönen kann sich dies ereignen.

7   Padrutt 1984, S. 285.
8   Strauß 1991, S. 49.
9   Vgl. Röpke 1958, S. 115.
10 Novalis 1798b, S. 334.

Zur Romantik einer solchen zukunftsöffnenden Alternative bekenne ich mich vorbehaltlos. Sie möchte ein Denken stärken, das sich auflehnt gegen menschliche Selbstermächtigung, gegen das bloße Konstruieren, das alles Machen, das allumfassende Organisieren, gegen das rücksichtslose Unter-die-Räder-Kommen des Kleinen, das „Niederreiten" (Aischylos) des Unterlegenen, gegen die Auslöschung des Individuellen im Kollektiv, gegen den Abbruch der Geschichte, gegen das Auftrumpfen der Macht; ein Denken, das demgegenüber vorzieht das Dezentrale und sich selbst Regulierende, das achtsame und hörende Herz, das Leise und Unscheinbare, das Bewahrende und Selbstverantwortliche, das Freie und Aufnahmebereite, die Vielfalt gegenüber dem Einsinnigen und Eintönigen, kurz: ein Denken, das sich dem um das Schöne Wissenden verschreibt.

Padrutts „Betrachtungen" sind eine der Wurzeln dieses Buches. Besonders seine Auslegung der „Winterreise" öffnete mir vor über zehn Jahren die Augen noch einmal neu für das, was ich bei meiner Arbeit an den Griechen als entscheidend für deren Erfolg und ihre geschichtliche Wirkmächtigkeit entdeckt hatte: den unauflöslichen Zusammenhang zwischen Kultur und Politik. Im Schönen erkannte ich seitdem eine zentrale Kraft geschichtlicher Bewegung und Formgebung – und wenn es nur die ist zu zeigen, daß es eben doch ein richtiges Leben im falschen geben kann und gibt.

Gerade aus dem vergangenen Schönen, das in den europäischen Renaissancen seit Augustus und Karl d.Gr. sowie durch die unermüdliche Sammlung von Schriften und Kunstwerken immer wieder gegenwärtig wurde, flossen enorme Antriebe und Kräfte zur Neugestaltung von Gegenwart und Zukunft – man denke nur an die Entdeckung der Griechen durch Johann Joachim Winckelmann im 18. Jh. sowie die daraus entstandenen politischen Konzepte.[11] Jede Politik, die nicht der Selbstermächtigung auf einer tabula rasa folgt, benötigt dieses geschichtliche Eingedenken. Und Geschichte und ein Bewußtsein von

---

11 Vgl. u. Kap. 6, ferner Stahl 2008a, S. 15ff., 281ff.

ihr bilden sich nur auf einer Brücke, die wir von der Gegenwart in die Vergangenheit schlagen. Geschichte ist nicht einfach vorhanden, zur Hand haben wir lediglich die Zeugnisse der Vergangenheit. Doch wie der Glaube unsinnig und lächerlich erscheint, die Moderne sei ums Ganze geschieden von der Vormoderne und sei folglich, weil angeblich das letzte Wort der Geschichte, unüberwindbar, so wäre es auch seine Umkehrung. Die Vergangenheit ist tot und nicht wiederzubeleben, es sei denn als Geschichte. Es gilt also auf Vergangenheit als unsere Geschichte zurückzublicken. Der Standpunkt dafür ist die Gegenwart und ihre Erwartungen und Hoffnungen für die Zukunft.

Deshalb wird auch das vergangene Schöne erst zu uns sprechen, wenn wir uns ihm mit unseren Fragen und Ängsten, mit unseren Leidenschaften und Hoffnungen zuwenden. Dann wird jener Funke des Göttlichen auf uns überspringen, der das Schöne schön macht und uns auf dem Weg in die Zukunft leuchtet. Dieses entschieden antihistoristische Bild von Geschichte liegt meiner Arbeit als Historiker von jeher zugrunde.[12] Es ist auch das Fundament der folgenden Beiträge.

Ihre Entstehung erstreckt sich über das letzte Jahrzehnt. Sie sind hervorgegangen aus Vorträgen zu verschiedenen Anlässen und in verschiedenen Kontexten, lediglich das letzte, wichtigste Kapitel und Prolog wie Epilog sind eigens für dieses Buch verfaßt und erklären dessen alle Kapitel übergreifende Absicht und sein Ziel. Es geht mir um eine grundlegende Kritik an der gegenwärtigen Moderne und um die Formulierung von Prinzipien und Perspektiven für eine andere Moderne. Das allgegenwärtige Halt- und Formlose, das die Moderne in ihrem heutigen Entwicklungsstand häufig so unerträglich macht, stellt dafür eine, wenn nicht die zentrale Herausforderung dar – Signatur des allenthalben anzutreffenden dumpfen Einverstanden-Seins, der Bekundung bürgerschaftlicher Impotenz angesichts der proklamierten vermeintlichen Alternativlosigkeit.[13]

---

12 Ein kurzer Überblick über mein geschichtstheoretisches Credo findet sich in Stahl 2012, S. 9–14.

13 Vgl. Welzer 2013, S. 17.

Die übrigen sieben Kapitel wollen an Beispielen im Detail zeigen, warum ich für den Prospekt auf das Neue den Rekurs auf die Geschichte der Vormoderne und dabei die Verbindung mit Literatur und Kunst für unerläßlich halte. Ein Brennpunkt für diesen Rückgriff ist neben der Antike das kritische Potential, das die politisch-ästhetischen Konzepte am Beginn der Moderne um 1800 enthalten. Die Fallstudien sind Voraussetzung für das letzte Kapitel. Dieser Ansatz unterscheidet meinen Entwurf von anderen Analysen und Manifesten der letzten Jahre, auch wenn sie grundsätzlich in ähnlicher Richtung unterwegs sind.[14]

Alle Kapitel kreisen also um die Frage, wie wir aus manchen quälenden Sackgassen der Moderne herausfinden können und welche Rolle dabei die historische Besinnung auf die Vormoderne – mein wissenschaftliches Arbeitsfeld – spielen müßte und könnte. Entscheidend ist immer die enge Verbindung von Kultur und Politik, von sinnlicher Affizierung und Vernunft, vom Schönen und Wahren – der antiken *kalokagathia*, in der die Verbindung einst lebendig war –, kurz: die allzeit politische Dimension des Ästhetischen, wie auch umgekehrt: die Durchdringung jeder gelingenden Gemeinschaftsordnung – nichts anderes meint „Politik" – mit dem Schönen.

Kapitel 1 skizziert das bis heute uneingeholte politisch-ästhetische Programm Schillers, mit dem er auf die Erfahrung der Französischen Revolution reagierte, sowie, darauf beruhend, die große bildungspolitische Zäsur der Reformen Wilhelm von Humboldts in Preußen, deren weltweit ausstrahlenden Erfolg wir erst in unseren Tagen mutwillig verspielt haben.

In Kapitel 2 wird an einem zentralen literarischen Text der deutschen Klassik etwas aufgezeigt, was bisher an ihm noch nicht beobachtet wurde: daß nämlich auch die Konstitution von Geschichte stets einem sinnlich-erotischen, mithin ästhetischen Momentum verdankt wird,

---

14 Vgl. Benedikt XVI. 2012; Böhme 2016; Flaig 2013b; Miegel 2010 u. 2014; Schick 2014; Scruton 2013; Skidelsky 2013; Welzer 2013.

letztlich im Sinne des platonischen Eros, wie er im „Symposion" entfaltet wird.

Kap. 3 befragt die politisch-gesellschaftliche Einbettung der antiken Dichtung und literarischen Produktion. Auch hier geht es wesentlich um die politische Dimension, die Dichtung bzw. literarische Kommunikation in der Antike hatten.

Kap. 4 schildert ein vielleicht waghalsiges gedankliches Experiment. Ich bringe hier den Schwur vom 20. Juli 1944, einen heute wenig bekannten Text, der die erstrebte künftige politisch-soziale Ordnung Deutschlands in einem idealen Bild vorstellt, in Verbindung mit der von Augustus geschaffenen Ordnung des römischen Kaisertums. Methodisch ist dies ein vielleicht besonders extremes Beispiel für den Brükkenschlag, der jeder Geschichtsbildung zugrunde liegt. Die von Augustus geschaffene monarchische Ordnung stellt die dauerhafteste, weil gelungenste politische Formation der europäischen Geschichte dar. Es zeigt sich, daß die damalige Wirklichkeit und das moderne Idealbild der Brüder Stauffenberg übereinstimmende Strukturprinzipien aufweisen, ohne daß dem eine bewußte historische Rezeption zugrunde läge.

Kap. 5 gibt vor dem theoretischen Hintergrund dreier Humanismuskonzeptionen (Nietzsche, George, Jaeger) fünf Beispiele, wie die Agenda der „anderen Moderne" als Brückenschlag zur Vormoderne konkret zu entfalten wäre.

Kap. 6 schlägt einen Bogen zu Kap. 1. Es ordnet das Werk Karl Friedrich Schinkels ein in die als Reaktion auf die Französische Revolution entstandenen politischen Konzeptionen um 1800, die vor allem in der preußischen Reformzeit seit 1806 fruchtbar geworden sind. Schinkel kann als Beispiel gelten für jenes Konzept eines dritten, alternativen Weges in eine andere Moderne bereits am Beginn des „epochalen Winters". Schinkels Wirken ist nach der ersten politischen Kultur im alten Athen eine der eindrucksvollsten Verwirklichungen eines geradezu symbiotischen Zusammenspiels von Kultur und Politik.

Kap. 7 erläutert, wie wichtig ein politisches Ethos für einen Staat der Bürger ist. Die Betrachtung nimmt einen überraschenden, heute weitgehend verschollenen Gedanken von Romano Guardini beim Wort und verknüpft ihn mit den entscheidenden Parametern der athenischen Demokratie.

Kap. 8 enthält den programmatischen Kern des Buches. Es hat die Form einer politischen Denkschrift, in der ich die Summe ziehe aus den Brückenschlägen zur Vormoderne und der Rezeption modernekritischer Positionen seit Winckelmann. Aus den Sackgassen der gegenwärtigen Moderne, so meine These, finden wir nur heraus, wenn wir in zumindest drei Bereichen – Ökonomie, Bürgerstaat und Christentum – zu neuen Ufern aufbrechen. Deren Konturen können wir zeichnen, indem wir aus dem Alten und immer Gültigen lernen. Die Moderne ist dann nicht mehr eine singuläre Apostasie von aller Geschichte, sondern wird von dieser wieder eingeholt – freilich nicht um zum Alten zurückzukehren, was ohnehin nicht gelingen kann, sondern um im Alten und durch das Alte nach dem Neuen zu suchen. Das geistige Gepäck aus zweieinhalb Jahrtausenden ist folglich wieder einmal, wie bei allen Rezeptionen, neu zu sichten und mit einem auf die Zukunft gerichteten Blick in die Gegenwart einzubringen. Bedingung dafür ist, manches zusammenzudenken, das im Rahmen der gängigen, aber obsoleten Rechts-Links-Polarisierung nicht in den Blick kommt. Und schließlich und vor allem, daß wir uns auf den einzelnen Menschen und Bürger konzentrieren, auf dessen inneren Wandel in Freiheit und Verantwortung alles ankommt. Daß wir für dieses Ziel einer anderen Moderne Aufklärung und Vernunft, antikes Erbe und christlichen Gottesglauben, also die antagonistisch erscheinenden Kräfte der zurückliegenden und immer noch maßgeblichen Moderne, endlich zusammenführen müssen und am Beginn des 21. Jahrhunderts auch können, markiert die geschichtliche Wende, vor der wir so oder so stehen. Wir müssen sie aber nicht notwendig als Verlust erleiden, sondern können sie aktiv gestalten.

Alle Kapitel verfolgen das Ziel, die häufig kurzatmigen aktuellen Debatten vor einem historisch weiter und tiefer reichenden Horizont zu beleuchten. Mein historisches Denken ist nicht rückwärts-, sondern vorwärts gewandt (etwa wie bei Schiller, Humboldt oder Schinkel) und sucht zu verstehen, was wir brauchen, um der Ordnung der Freiheit eine stabilere Grundlage zu verleihen, als es der auf Sand gebaute Aberglaube an die immerwährende Wohlstandsmehrung vermag. Dazu muß man über den Tellerrand der Moderne hinausblicken. Es geht mir also auch nicht um eine parteiliche Positionierung, schon gar nicht im Sinne einer Einrede von „rechts". Mein Standpunkt möchte die Erfahrungen aufgreifen und wieder lebendig machen, die uns die europäische Geschichte seit den frühen Griechen bietet, und schließlich liegt ihm die Überzeugung von der Macht der Idee zugrunde.

Der Leser mag aus der Abfolge der acht Kapitel auch eine geistige Entwicklung ihres Verfassers herauslesen. Das wäre nicht verkehrt. Die auf den ersten Blick thematisch eher disparat wirkenden Abhandlungen spiegeln in der Tat einen Werdegang. Am Anfang ergaben sich aus der stets sehr ernst genommenen und völlig im Sinne des Humboldtschen Ideals verstandenen Lehrtätigkeit erste tastende Versuche, den engeren fachlichen Boden, nun auch schreibend, in einen weiteren Rayon hinein zu überschreiten. Dies entsprach meiner nie aufgegebenen Neigung, weniger disziplinäre Spezialisierung anzustreben, als mich einer Aufgabe zu widmen, die mir den Wissenschaften vom geistigen Leben aufgegeben zu sein scheint – auch jenseits ihrer strengeren Disziplinierung seit zwei Jahrhunderten. Das ging zusammen mit meiner Überzeugung, daß wir stets auch eine Verpflichtung gegenüber unserer Polis haben, wenn wir aus dem, nach Thomas Mann, schier unerschöpflichen Brunnen der Vergangenheit schöpfen. Ich war und bin ein politischer Mensch – als Historiker wie als studierter Literaturwissenschaftler wie heute auch als dilettierender Philosoph und Theologe. So ist dieser Versuch einer Zeitdiagnose und Zukunftsvision entstanden in mehreren Stufen einer Verständigung über den Grund, auf dem sich sichere Aussicht gewinnen läßt. Keine dieser Phasen der Erkenntnis in den letzten zehn Jahren möchte ich missen, auch wenn ich aus unterschiedlichen Gründen zu den Kreisen und gedanklichen Kosmen, in denen ich mich zeitweise engagiert bewegt habe – es wird dem aufmerksamen Leser nicht entgehen –, wieder Distanz finden mußte, wie das die intellektuelle Sensibilität ohnehin verlangt. Gleichwohl sind die Schritte dieses, wie ich es selbst empfinde, geistigen Wachstums, der „Potenzierung" des Novalis, am Ende keineswegs dementiert. Sie erscheinen mir heute eingefügt und aufgehoben in der geistigen Profilierung der anderen Moderne, deren Lineatur ich hier auszuzeichnen versuche. Sie enthält in jedem Fall eine Aufforderung an den Leser: Mit mir mitzudenken und zu diskutieren, mir zu widersprechen, doch an diesem gleichen Strang mitzuziehen, den ich ein Stück weit zusammenzuflechten suchte. Einmal muß damit angefangen werden.

Einer der wichtigsten geistigen Bürgen für den vor uns liegenden Weg ist Hermann Hesse. Was er 1932 schrieb, trifft auch Motivation und Haltung, mit der ich dieses Buch den Lesern übergebe:

> „Aber ich habe mir das Wort gegeben, nicht nachzulassen, und im Augenblick, da ich dies Gelübde ablegte, überflog mich wie ein Sonnenstrahl eine glückliche Erinnerung. Ähnlich nämlich, so fiel mir ein, ganz ähnlich wie jetzt empfand ich damals in meinem Herzen, als wir unsere Heerfahrt angetreten haben: auch da unternahmen wir etwas anscheinend Unmögliches, auch da gingen wir scheinbar im Dunkel und richtungslos und hatten nicht die mindeste Aussicht, und doch strahlte in unsern Herzen, stärker als jede Wirklichkeit oder Wahrscheinlichkeit, der Glaube an den Sinn und die Notwendigkeit unsres Tuns."[15]

Dank zu sagen habe ich für Diskussionen und Anregungen den zahlreichen Publika meiner Vorträge sowie vor allem vielen Bekannten und Freunden, mit denen ich über die Jahre hin lebhafte und bereichernde Gespräche über die Themen dieses Buches führen durfte. Ein besonderer Dank gilt Werner Dahlheim und Harald Seubert, die das ganze Manuskript kritisch gelesen haben.[16]

---

15 Hesse 1932, S. 36.

16 Alle Kapitel können durchaus auch für sich stehen. Die abgekürzt zitierte Literatur ist am Ende des Buches zusammengestellt. Auf einen durchgängigen wissenschaftlichen Apparat habe ich verzichtet, da es mir nicht um einen innerfachlichen Diskurs ging und dort, wo das Gebiet der

„Seit ein Gespräch wir sind und hören voneinander" (Friedrich Hölderlin[17]) – daß mir dieser Grundnährstoff geistigen Lebens in so reichem Maße geschenkt wurde, dafür bin ich unendlich dankbar, am allerersten und Tag für Tag meiner Frau.

Michael Stahl   Ihlow (bei Dahme/Mark)
                                                      im März 2017

---

antiken Geschichte verlassen wird, sich in den verschiedenen Disziplinen riesige Literaturgebirge erheben, aus denen ich naturgemäß nur einzelne Formationen genauer betrachten konnte. Ich hoffe auch so, nicht allzu häufig daneben zu liegen.

17 Hölderlin I, S. 364 („Friedensfeier" V.92).

1.

„weil es die Schönheit ist,
durch welche man zu der Freiheit wandert"

FRIEDRICH SCHILLERS UND WILHELM VON HUMBOLDTS
PROGRAMM DER ERNEUERUNG DURCH ÄSTHETISCHE BILDUNG

> „Ich glaube an eine künftige Revolution
> der Gesinnungen und Vorstellungsarten,
> die alles bisherige schaamroth machen wird."
>
> Friedrich Hölderlin[1]

Der „epochale Winter", aus dem Franz Schubert den Wanderer seiner „Winterreise" durch die Schönheit seiner musikalischen Komposition herausführen konnte[2], taucht schon eine Generation zuvor auf in einem Gedicht Friedrich Schillers, dem „Spaziergang" von 1800 (Erstfassung 1795). Schiller schildert hier den Verfallsprozeß der Gesellschaft im Lauf der Geschichte. Die Menschheit ist am Ende erstarrt, versteinert zu einer leblosen Mumie. Unzerstört ist aber die Schönheit der Natur, ihr muß sich der Mensch nur öffnen und vom Licht und der Wärme der Sonne führen lassen. Es ist die Sonne Homers, die Sonne Platons und der griechischen Kultur, die auch den Gegenwärtigen, so Schiller, wieder auf dem Weg in eine bessere Zukunft leuchten kann. Schillers Wanderer muß die Erkenntnis, die sie spendet, nur in sich aufnehmen.[3]

Durch sein Programm der Befreiung durch Bildung ist Schiller zum Architekten einer inneren Erneuerung von Gesellschaft und Staat am

---

1 Hölderlin II, S. 643 (Brief an Johann Gottfried Ebel v. 10. Jan. 1797).

2 Vgl. o. den Prolog.

3 Vgl. Stahl 2008a, S. 9.

Beginn der Moderne um 1800 geworden. Das liegt mehr als zwei Jahrhunderte zurück, und dennoch hat dieser auf seine Weise revolutionäre Entwurf bis heute nichts von seinem Potential eingebüßt. Das ist auch gar nicht verwunderlich: Schiller selbst hatte die weitreichende Wirkung seiner Gedanken und ihren andauernden Appell betont, indem er in ihnen „Arbeit für mehr als ein Jahrhundert"[4] gesehen hat.

„Ästhetische Erziehung" als Reaktion auf das Scheitern der Revolution

Der Text, in dem Schillers Thesen abschließend entwickelt sind, trägt den Titel „Über die ästhetische Erziehung des Menschen in einer Reihe von Briefen"[5]. Es sind 27 solcher Briefe, die Schiller nach zahlreichen Vorarbeiten 1794/95 verfaßte und die als programmatischer Auftakt in der neuen, gemeinsam mit Goethe herausgegebenen Zeitschrift „Die Horen" 1795 publiziert wurden – zeitlich und sachlich in enger Verbindung also mit der Entstehung des eben angesprochenen Gedichts. Schillers Abhandlung in Briefform ist umfangreich, komplex und streckenweise eine sehr voraussetzungsreiche philosophische Erörterung in der Weiterführung von Kant auf allerhöchstem Niveau. Notabene: Ein Bändchen der „Marbacher Bibliothek" dokumentiert ein Seminar von Martin Heidegger über Schillers Schrift, und man staunt demütig, wenn man sehen lernt, was alles in diesem Text steckt und wie dieser Schiller – und sein Interpret Heidegger natürlich auch – ganz selbstverständlich über die Positionen der abendländischen Geistesgeschichte von den Griechen an verfügte.[6] Warum lohnt es, auf Schillers Text auch heute zurückzukommen?

Um es bündig auf zwei Begriffe zu bringen: Schiller geht es um Politik, und er beschreibt, was es heißt, sich zu bilden. Beides zusammen

---

4   Schillers Briefe, S. 208.
5   Schiller, S. 570–669.
6   Vgl. Heidegger 1936/37.

macht Schillers Projekt aus, sein, wie er selbst bemerkt, „politisches Glaubensbekenntnis"[7]: Politische Veränderung und Fortschritt durch individuelle Bildung.

Schiller verarbeitet die ihn und viele seiner Zeitgenossen erschrekkenden Erfahrungen der Französischen Revolution:

> „eine physische Möglichkeit scheint gegeben, das Gesetz auf den Thron zu stellen, den Menschen endlich als Selbstzweck zu ehren und wahre Freiheit zur Grundlage der politischen Verbindung zu machen. Vergebliche Hoffnung! Die moralische Möglichkeit fehlt, und der freigebige Augenblick findet ein unempfängliches Geschlecht."[8]

Die Praxis der politischen Veränderung in Frankreich hatte, so Schillers Beobachtung, die breiten Massen in „Verwilderung" und Barbarei gestürzt und außerdem den verkommenen moralischen Zustand der Eliten offenbart. Noch eimal:

> „Der Moment war der günstigste, aber er fand eine verderbte Generation, die ihn nicht wert war und weder zu würdigen noch zu benutzen wußte."[9]

Offenkundig war

> „derjenige noch nicht reif (...) zur bürgerlichen Freiheit, dem noch so vieles zur menschlichen fehlt."[10]

Mit Blick auf die Griechen kommt für Schiller der tiefere Grund für das Scheitern der Freiheit in der Gegenwart zutage: Dem Griechentum war noch eine ganzheitliche Bildung von Sinnlichkeit und Vernunft eigen, und die Entwicklung des Ganzen und des Einzelmenschen gingen miteinander einher. Demgegenüber ist die Höherentwicklung der Zivilisation in der Moderne notwendig dadurch gekennzeichnet, daß sie dem Individuum eine einseitige Ausbildung seiner Verstandesanlagen abverlangt und die Empfindung verkümmern läßt. Die durch

---

7   In einem Brief an Christian Garve, zit. n. Alt 2002, S. 110.

8   Schiller, S. 580.

9   Schillers Briefe, S. 206.

10 Schillers Briefe, S. 207.

individuelle Vereinseitigung ermöglichte und an sich willkommene Entfaltung der menschlichen Anlagen im Prozeß von Aufklärung und Fortschritt muß, so Schiller, durch eine Wiederherstellung der „Totalität in unserer Natur"[11] ergänzt werden.

Es tut also Not, so Schiller weiter, die ganz auf den Verstand setzende Aufklärung zu vollenden, indem man sie mit der Sinnlichkeit, mit Herz und Trieb versöhnt und das „Empfindungsvermögen" ausbildet. Nur dadurch kann das Individuum zur Ganzheit seines Menschseins finden, und nur auf diese Weise erhält auch der Staat der Freiheit eine feste Basis in der Ethik des einzelnen:

> „Alle Reform, die Bestand haben soll, muß von der Denkungsart ausgehen, und wo eine Verderbnis in den Prinzipien herrscht, da kann nichts Gesundes, nichts Gutartiges aufkeimen. Nur der Charakter der Bürger erschafft und erhält den Staat und macht politische und bürgerliche Freiheit möglich."[12]

> „Alle Verbesserung im Politischen soll von Veredlung des Charakters ausgehen".[13]

Bildung durch das Spiel im Schönen

Das Mittel dazu ist die Kunst, „weil es die Schönheit ist, durch welche man zu der Freiheit wandert"[14]. Die Begründung für diese These liefert Schiller in weit ausholenden philosophischen, anthropologischen und kulturtheoretischen Erörterungen. Im Ergebnis leitet Schiller aus dem empirisch nachweisbaren Spieltrieb des Menschen eine autonome Sphäre der Kunst ab. Hier vereinen sich Sinnlichkeit und Vernunft, indem der Mensch in einen ästhetischen Zustand versetzt wird. Als ästhetisch Denkender und Fühlender wird der Mensch frei von jeglicher zweckgerichteten Vorgabe der Realität. Der Mensch gewinnt Distanz

---

11 Schiller, S. 588.
12 Schillers Briefe, S. 208.
13 Schiller, S. 592.
14 Schiller, S. 573.

zu ihr und damit ein reflexives Verhältnis zur Welt. Das Spiel der Kultur schafft ein Terrain der Freiheit und des Absoluten, und Freiheit und Ideal werden in der Erfahrung des Schönen erlebt. Dem Schönen zu begegnen, das heißt: sich in der Simulation der Kunst neue Selbstbestimmungschancen und Handlungsräume zu erschließen. Dabei werden tiefste Schichten der Psyche und des Charakters berührt und geformt.

Ästhetische Erziehung heißt also nichts anderes als ständige geistige, emotionale und moralische Bildung. Und Bildung meint, daß der einzelne in spielerischer, d. h. zweckfreier, aber nicht sinnfreier Abarbeitung an den Beständen der kulturellen Tradition die Ganzheit seines Menschseins entwickelt und sich dadurch in seinem Inneren dazu bereit macht, auch äußerlich als Träger einer freiheitlichen Gesellschafts- und Staatsverfassung handeln zu können.

Sich zu bilden bedeutet, so Schillers Kerngedanke, in der Auseinandersetzung mit den Beständen der Kultur in Vergangenheit und Gegenwart eine innere Haltung zu erwerben. Die Begegnung mit dem Schönen spielt dabei eine wichtige Rolle. Wer sich so bildet, erschließt sich einen Erprobungsraum für individuelle und politisch-soziale Autonomie und kann sich von den blinden Imperativen der Arbeit und des Nützlichen befreien.

Die politische Bedeutung von Humboldts Bildungsreform

Diese Bildungsidee wurde wenig später maßgebend für die Reformen Wilhelm von Humboldts. Auch die Konzipierung eines neuen Schul- und Universitätswesens, mit der Humboldt vom preußischen König 1810 beauftragt wurde, folgte aus den Erfahrungen mit der französischen Politik der zurückliegenden zwei Jahrzehnte. In Reaktion auf die 1806 erlittene machtpolitische Erniedrigung Preußens durch Napoleon mußte das Gemeinwesen neu aufgebaut werden, um ohne gewaltsamen Umsturz die menschlichen Ressourcen zu erschließen, die man nach Abschüttelung der Fremdherrschaft für die Behauptung des Eigenen in der Zukunft benötigte. Die unerläßliche Wiedergewinnung der Wehrfähigkeit konnte nur durch eine Stärkung des Selbstbewußtseins der Gesellschaft und der Identifikation jedes ihrer Mitglieder mit seinem Gemeinwesen erreicht werden. Das waren der politisch-pragmatische Anlaß und das Ziel der in Angriff genommenen Bildungsreformen. Zu diesem Ziel gelangen konnte man freilich, so Humboldts Überzeugung, nur auf dem Wege der Bildung des einzelnen Bürgers. Dieser Gedanke formuliert Schillers Erziehungsidee noch einmal als Leitlinie praktischer Politik für eine neue Bildung.

Alles wesentliche enthalten Humboldts berühmte Sätze:

> „Der wahre Zwek des Menschen – nicht der, welchen die wechselnde Neigung, sondern welche die ewig unveränderliche Vernunft ihm vorschreibt – ist die höchste und proportionirlichste Bildung seiner Kräfte zu einem Ganzen. Zu dieser Bildung ist Freiheit die erste, und unerlassliche Bedingung. Allein ausser der Freiheit erfordert die Entwikkelung der menschlichen Kräfte noch etwas andres, obgleich mit der Freiheit eng verbundenes, Mannigfaltigkeit der Situationen."[15]

Bildung müsse sich nach Humboldt orientieren nicht an sich verändernden äußeren Vorgaben oder individuell begründeten Vorlieben, sondern am Kern und Sinn der menschlichen Existenz. Bildung besteht im Auftrag an jeden einzelnen und in dessen Bemühung, die in ihm angelegten Fähigkeiten möglichst weitgehend und umfassend aus-

---

15 Humboldt I, S. 64.

zubilden und zu verwirklichen. Und nur in Freiheit und reflektierter Verantwortung – indem er in eine „Mannigfaltigkeit der Situationen" gestellt ist – kann der sich Bildende das tun und bringt auf diese Weise entscheidende Wesenszüge seines Menschseins zur Geltung. Stark wird nach Humboldt der Staat – und darauf kam es 1810 ja an –, der seinen Bürgern ein Leben in Freiheit und Eigenverantwortung ermöglicht, indem er einen Raum von Sicherheit und Recht schafft und garantiert, die Bürger ansonsten in ihren Bildungsanstrengungen aber nicht bevormundet. Staatliche Interessen oder die Forderungen beruflicher Nützlichkeit werden damit nicht ignoriert – im Gegenteil: Sie stehen auf sicherem Boden erst und nur dann, wenn Bildung den Menschen selbst mit seinen je eigenen körperlichen, geistigen und moralischen Kräften in den Mittelpunkt stellt.

Humboldts Bildungsbegriff: Vielseitigkeit, Allgemeinheit, Differenzierung

Bildung wird also entworfen als „Allgemeinbildung". Sie soll dazu befähigen, die Fülle des Gegebenen und Wißbaren auf die ihm zugrundeliegenden Muster und Gesetze, Gestalten und Strukturen zu durchdringen – in einem nicht abschließbaren, lebenslangen Fragen und Suchen. Und nur wenn daran der Mensch als ganzer beteiligt ist, mit seinen verstandesmäßigen und leiblichen, seinen sinnlichen und ästhetischen Fähigkeiten und Erfahrungen, kann die Gefahr einer zu großen Vereinseitigung, Isolierung und Entfremdung seiner Bildung gebannt, kann die angestrebte Vielseitigkeit und Allgemeinbildung erreicht werden. Dies geschieht in einer unaufhörlichen Bewegung, in der jede Erkenntnis immer wieder in Frage zu stellen ist. Sie verändert und formt den Menschen, indem sie seine Kräfte entbindet. Humboldt, gesprochen im Hinblick auf die universitäre Bildung:

„Sobald man (...) sich einbildet, sie (die Wissenschaft – d. Verf.) brauche nicht aus der Tiefe des Geistes heraus geschaffen, sondern könne durch Sammeln extensiv aneinandergereiht werden, so ist Alles unwiederbringlich und auf ewig verloren; verloren für die Wissenschaft, (...) und verloren für den Staat. Denn nur die Wissenschaft, die aus dem Innern stammt und in's Innere gepflanzt werden kann, bildet auch den Charakter um, und dem Staat ist es (...) um Charakter und Handeln zu thun.“[16]

Solche Bildung findet nicht im stillen Kämmerlein statt, sondern in menschlichen Begegnungen. Die in verschiedenen Graden voraussetzungsreiche, immer jedoch auch mit Anstrengung verbundene Auseinandersetzung mit den Geistern der Vergangenheit wie den Deutungsangeboten der Lehrer in Schule und Universität fordert immer auch, sich einzulassen auf das Gegenüber anderer Persönlichkeiten und deren Bildungsgänge. Humboldts eigenes Werk setzt daher auch stark auf das Dialogische, einen nie abgeschlossenen Austausch von Gedanken, ein stetes Weiterlernen. Seine offene, immer auf Horizonterweiterung bedachte Bildung entfaltet sich denn nicht zuletzt in einer ausgedehnten persönlichen Kommunikation durch Gespräch und Brief. Ohne dieses persönliche Verhältnis, ohne den „pädagogischen Eros“ kann der impulsgebende Funke für Erkenntnis und Entwicklung nicht überspringen und zünden.

Das Gemeinwohl als letzter Zweck dieser Bildung erwächst schließlich nur dann aus ihr, wenn Allgemeinbildung sich im wörtlichen Sinne auch als Angebot für alle versteht. Humboldt war der Meinung, daß es selbst für einen späteren Handwerker nicht schaden könne, wenn er einmal mit dem Griechischen in Berührung gekommen ist. Daß dies auch in der Gegenrichtung gelten solle, ist bezeichnend für dieses Bildungsideal.

„Auch Griechisch gelernt zu haben könnte auf diese Weise dem Tischler ebenso wenig unnütz seyn, als Tische zu machen dem Gelehrten.“[17]

16 Humboldt IV, S. 257f.
17 Humboldt IV, S. 189.

Der Erfolg der Bildungsanstrengungen der gesamten Gesellschaft wäre dann daran abzulesen, daß sie auf möglichst hohem Niveau und breiter Basis zur Differenzierung führt. Humboldts Ideal schließt insofern die Herauskristallisierung einer Elite des Geistes ein. Es ist indes keineswegs „elitär" im Sinne von exklusiv, sondern zielt auf Inklusion, da es immer für alle offen bleibt und jede erreichte Bildungsstufe allein durch ihren Dienst am Ganzen ihre Berechtigung erhält:

> „Denn in der Verbindung einer hoch kultivirten Gesellschaft kann im genauesten Verstande jede Kenntnis eines Einzelnen ein Eigenthum Aller genannt werden."[18]

Nun war das Studium der antiken, vornehmlich der griechischen Kultur für Humboldt ein Hauptgegenstand der Bildung. Das ist aus der Entwicklung des vorangehenden halben Jahrhunderts nur zu verständlich. Seit den bahnbrechenden Einsichten Johann Joachim Winkkelmanns glaubte man im Griechentum den archimedischen Punkt gefunden zu haben, mit dessen Hilfe man sich aus den Sackgassen des Ancien Regimes befreien könnte. Winckelmann, Goethe, Schiller und die deutsche Klassik vollzogen damit eine genuine und wirkungsmächtige historische Rezeption. Sie stellt methodisch einen Normalfall historischer Sinnbildung dar, ganz unabhängig davon, daß ihre Sicht der griechischen Kultur den ersten Ergebnissen ihrer nur kurz darauf einsetzenden wissenschaftlichen Erforschung kaum standhalten konnte und erst recht heute weitgehend obsolet erscheinen muß. Das gilt bis zu einem gewissen Grade auch, wenn Humboldt den Griechen eine singuläre Ausbildung des Schönheitsgefühls zuschreibt.[19] Er steht auch damit, wie zu sehen war, an der Seite Schillers und vieler anderer Zeitgenossen. Aus heutiger Sicht freilich erscheint dies als eine Engführung. Wir haben seitdem gelernt, daß das Schöne kein exklusives Merkmal der griechischen Kultur ist, sondern sich zu allen Zeiten ereignet hat und ereignet. Das bestätigt seine überragende Bedeutung als Nährstoff von Bildung.

18 Humboldt II, S. 24.
19 Vgl. z. B. Humboldt II, S. 13ff.

Zusammengefaßt: Humboldts neues und die bisherige Praxis umwälzendes Konzept von Bildung zielte auf das Erkennen dessen, was hinter den Erscheinungen liegt, auf die sinnstiftenden Zusammenhänge, es beabsichtigt Veränderung im Inneren, Ausformung wie Umkehr des sich Bildenden; Bildung vollzieht sich in geistigen Begegnungen in Vergangenheit und Gegenwart, sie geht alle an, ungeachtet von Stand und Herkunft, und ist im Prinzip für alle möglich – in den der Verschiedenheit der Menschen angemessenen Abstufungen –, und die Heranbildung der einzelnen in Humboldts Sinne allgemein Gebildeten dient zugleich dem höchsten Zweck, dem Wohl der Allgemeinheit. Daß damit das griechische Ideal der *paideía* für die Moderne reformuliert wird, sei hier nur festgestellt (vgl. u. Kap. 5).

Prekäre Nachgeschichte und bleibende Relevanz von Humboldts Bildungsideal

Humboldts Bildungsideal lieferte die geistige Substanz für das deutsche Gymnasium und die auf ihm aufbauende Universität. Allerdings, so könnte man einwenden: Humboldts wie Schillers strahlende Vision büßte ihren aufrüttelnden Appell bald ein, als sie im Laufe des 19. Jhs. ihren Lebensbezug verlor. Fixiert auf scheinbar unumstößliche Gewißheiten, die sich dem von der deutschen Klassik her vorgegebenen Hauptgegenstand der Bildung, der Beschäftigung mit der klassischen Antike, entnehmen zu lassen schienen, wurde die Glut des Humboldtschen Ideals bald von der Asche lebensferner Irrelevanz bedeckt, in der Schule nicht selten zu einem geistlosen Disziplinierungsmittel entwürdigt, für die bürgerliche Oberschicht zur exklusiven, doch hohl bleibenden Mußebeschäftigung. Die Ursachen dafür liegen in der rasanten Veränderung in Wirtschaft und Gesellschaft sowie der Heraufkunft des nationalen Machtstaats, nicht zuletzt in einer historistischen Geschichtswissenschaft, die dem positivistischen Paradigma der Naturwissenschaften folgen zu müssen meinte und einen unüberbrückbaren

Graben aushob, der die Vormoderne künftig von der Moderne zu trennen schien. Der lebendige Impuls des Anfangs, als seit Winckelmann die Hinwendung zur Antike den Aufbruch in eine bessere Zukunft versprach, wurde zusehends von einer nur noch leblosen Gipsklassik abgetötet. Doch auch sie ist für uns heute längst Vergangenheit, und es ist fraglich, ob nach der Zerschlagung der gipsernen Hüllen noch etwas zurückgeblieben ist, das wir, zwei Jahrhunderte später, für uns zum Sprechen bringen können – selbst wenn man von dem vielfachen Mißbrauch absieht, der das ursprüngliche Ideal zwischenzeitlich bis zur Unkenntlichkeit verstümmelte. Man kann mit Blick auf diese prekäre Nachgeschichte Verständnis dafür haben, wenn Humboldts Ideal heute meist als weltfremd, abgehoben idealisierend und somit vollkommen überholt erachtet wird.

Warum sollten wir es mit Blick auf seine Ursprünge dennoch nicht einfach beiseitelegen? Weil die Idee der Bildung des Individuums zur autonomen und allseitig entfalteten Persönlichkeit ein Potential enthält, das an gesellschaftlicher und politischer Veränderungskraft nichts verloren hat. Wer unvoreingenommen versucht, Schillers und Humboldts Erziehungsmodell mit den Problemen in unserer Gegenwart in Verbindung zu bringen, der wird sich die in der deutschen Klassik entwickelten Maximen ohne weiteres in hochaktuelle Stichworte gegenwärtiger Bildungsdiskussion übersetzen können: Chancengleichheit und individuelle Förderung, Autonomie und Motivation, Ausschöpfung von Begabungen und breites Wissen, Lernen des Lernens und lebenslanges Lernen, der offene und tolerante Umgang zwischen Lehrenden und Lernenden – all das sind Anliegen, die bereits Schiller und Humboldt bewegt und vorgetragen hatten. Und damals wie heute standen sie im Streit mit jenen zu kurz greifenden, da nur den Interessen einer Minderheit und nicht denen des Wohls aller dienenden Ansprüchen an die Bildung, die angeblich den Fortschritt beförderten, tatsächlich aber reaktionär sind. Es ist die Unterwerfung des gesamten Bildungssystems unter das Diktat der Ökonomie, und seine Imperative lauten: Funktionalität und Kompetenzerwerb, Methodentraining und

Leistungsvergleich, Effektivität und Output, Standardisierung und Evaluation, Meßbarkeit und „employability". Wir haben diesen Weg mittlerweile entschlossen eingeschlagen, doch seine Inhumanität, die Zurichtung des einzelnen zum bloß verständigen Funktionieren, ist an den Ergebnissen schon heute mit Händen zu greifen.[20]

Und wie die auf Freiheit und Selbstbestimmung gegründete Verfassung unseres Gemeinwesens das vermutliche Ende von Wohlstands- und Spaßgesellschaft überleben kann angesichts des offenkundigen Unverständnisses, quer durch die Gesellschaft, dessen, was Freiheit und Autonomie heißt, das ist eine völlig offene Frage. Bei ihrer Beantwortung werden wir an dem eminent politischen Verständnis nicht vorbeikönnen, das Bildung, Kultur und Schönheit für Schiller und Humboldt besaßen. Auch wenn diese ganzheitliche Bildung, die Schillers eigener Einschätzung gemäß, zunächst nur eine Sache „weniger auserlesener Zirkel"[21] sein konnte, ist diese „Arbeit für mehr als ein Jahrhundert"[22] noch immer die unsere. Und die Chancen, daß sie einmal breitere Wirkung erzielen könnte, stehen – entgegen dem ersten Augenschein – so gut, wie nie zuvor.

---

20 Zum Verschwinden des Bildungsideals unter den Parametern der heutigen „Bildungs"politik vgl. Liessmann 2006, S. 31ff., 48f., 71ff. u. passim.

21 Schiller, S. 669.

22 Schillers Briefe, S. 208.

2.

„Amor schüret die Lamp' indes ..."
Das Schöne als Brücke zur Vergangenheit:
Beobachtungen an Goethes Fünfter Römischer Elegie

> „Die Weisheit *(sophía – d. Verf.)* gehört zu dem Schönsten,
> und Eros ist Liebe zu dem Schönen;
> so daß Eros notwendig weisheitliebend ist (...)."
>
> Platon[1]

> „Die Gabe des Eros ist die einzig genialische Berührung,
> die den Genius weckt."
>
> Bettina von Arnim[2]

> „Froh empfind' ich mich nun auf klassischem Boden begeistert,
> Vor- und Mitwelt spricht lauter und reizender mir.
> Hier befolg' ich den Rat, durchblättre die Werke der Alten
> Mit geschäftiger Hand, täglich mit neuem Genuß.
> Aber die Nächte hindurch hält Amor mich anders beschäftigt;
> Werd' ich auch halb nur gelehrt, bin ich doch doppelt beglückt.
> Und belehr' ich mich nicht, indem ich des lieblichen Busens
> Formen spähe, die Hand leite die Hüften hinab?
> Dann versteh' ich den Marmor erst recht: ich denk' und vergleiche,
> Sehe mit fühlendem Aug', fühle mit sehender Hand.
> Raubt die Liebste denn gleich mir einige Stunden des Tages,
> Gibt sie Stunden der Nacht mir zur Entschädigung hin.
> Wird doch nicht immer geküßt, es wird vernünftig gesprochen;
> Überfällt sie der Schlaf, lieg' ich und denke mir viel.
> Oftmals hab' ich auch schon in ihren Armen gedichtet
> Und des Hexameters Maß leise mit fingernder Hand
> Ihr auf den Rücken gezählt. Sie atmet in lieblichem Schlummer,
> Und es durchglüht ihr Hauch mir bis ins Tiefste die Brust.
> Amor schüret die Lamp' indes und denket der Zeiten,
> Da er den nämlichen Dienst seinen Triumvirn getan."
>
> (Johann Wolfgang von Goethe: Römische Elegien V)[3]

---

1   Platon, Symposion 204b, Übers.: F. Schleiermacher.

2   Bettina von Arnim: Brief an J.W. v. Goethe (Dez. 1822). – In: Dies.: Goethes Briefwechsel mit
    einem Kinde (=B.v.A.: Werke und Briefe Bd. II. Frechen 1959, S. 296).

3   Goethe HA, S. 160. Der Text folgt der Ausgabe letzter Hand von 1827. Die Abweichungen in

Goethes römisches Erlebnis:
Innere Verwandlung durch Geschichte

Als Johann Wolfgang von Goethe am 1. November 1786 wie zahllose Rom-Pilger vor ihm durch die Porta del Popolo die „Hauptstadt der Welt" betritt, bemerkt er schon nach wenigen Tagen, daß alles Mitgebrachte, das Wissen um die Tradition und die seit Kindestagen geformten inneren Bilder, zuschanden werden müssen vor der mit eigenen Augen geschauten Wirklichkeit der antiken Vergangenheit. Ihre überwältigende Präsenz fordert von dem endlich in Arkadien Weilenden, einen geschichtlichen Zusammenhang neu zu sehen und zu erkennen, „ein Ganzes, das man sich lange denkt, nie mit der Einbildungskraft erreicht"[4]. „Meine Treue das Auge Licht sein zu lassen, meine völlige Entäußerung von aller Prätention"[5], das, wie es Goethe scheint, unvoreingenommene Hinsehen und Aufnehmen sind die Wege, auf denen sich seine „wahre Wiedergeburt" vollzieht, die er nach einem Monat erstmals, in der Eintragung zum 3. Dezember, als solche benennt.[6] Es ist – in Haltung und Anliegen – der gleiche Anruf in der Begegnung mit der Antike, den Rilke – bewegt durch neue gegenwartskritische Erfahrungen, etwa von Nietzsche her – 1908 vor dem archaisch-griechischen Torso im Louvre empfinden sollte: „Du mußt Dein Leben ändern."[7]

Für Goethe verbanden sich in diesem Gefühl – „so mein' ich bis aufs innerste Knochenmark verändert zu sein"[8] – von Anfang an zwei

---

der früheren Fassung (Handschriftliche Ursprungsfassung) der Elegien von 1791 werden bei der Interpretation ebenfalls herangezogen (Römische Elegien. Erotica Romana. – In: Goethe, Jubiläumsausgabe, S. 86ff.).

4   Goethe IR, S. 157 (10. Nov. 1786).

5   Ebd.

6   Vgl. Goethe IR, S. 174 (3. Dez. 1786).

7   Rainer Maria Rilke, Archaischer Torso Apollos (V. 14). – In: Ders.: Sämtl. Werke Bd. 2. Frankfurt a. M. 1975 (zuerst 1955), S. 557.

8   Goethe IR, S. 173 (2. Dez. 1786).

Bestrebungen: die Suche nach einer verwandelten und „solid(en)"[9] Grundlage für das weitere Leben als Künstler und die Bildung einer neuen Vorstellung der Geschichte. Nicht zufällig erkor Goethe sich die Schriften Johann Joachim Winckelmanns zu Begleitern in das zu erkundende Terrain[10], hatte dieser doch eine Generation zuvor die Tür zu einer neu gesehenen Geschichte des Altertums aufgestoßen. Wie für Winckelmann dieses Rom in Anlehnung an den thukydideischen Perikles eine „hohe Schule für alle Welt"[11] gewesen war, so sieht sich auch Goethe in dieser Schule:

> „(...) man hat außer Rom keinen Begriff, wie man hier geschult wird. Man muß, so zu sagen, wiedergeboren werden, und man sieht auf seine vorigen Begriffe, wie auf Kinderschuhe zurück."[12]

Winckelmann wie Goethe haben sich der Vergangenheit zugewandt, um ein von Grund auf neues Geschichtsbild zu schaffen. Das Ergebnis war ein genuiner Akt historischer Rezeption, und bei beiden geht sie einher mit einem persönlichen inneren Wachstum. Geschichte, Erkenntnis in der Dimension des Historischen – das wird hier exemplarisch demonstriert – gibt es nur im Durchgang durch eine je eigene Individualität.

In den unmittelbar nach der Rückkehr aus Italien und der Begegnung mit Christiane Vulpius seit dem Spätsommer 1788 entstandenen Elegien wird die römische Erfahrung der Erweiterung und Veränderung der Persönlichkeit und ihres Bewußtseins intensiv künstlerisch verarbeitet. In dichterischer Form schildert Goethe in diesen Texten das Erlebnis der Bildungsarbeit an sich selbst durch die Arbeit an der Geschichte[13], wovon sein römisches Tagebuch berichtet. Vor allem die berühmte Fünfte Elegie entwirft eine paradigmatische Szene, in der

---

9   Goethe IR, S. 158 (10. Nov. 1786).

10 Goethe IR, S. 174 (3. Dez. 1786), 175 (13. Dez. 1786).

11 In einem Brief an Franke, aus dem Goethe zitiert (Goethe IR, S. 176, 13. Dez. 1786).

12 Ebd.

13 Programmatisch formuliert von Humboldt II, S. 7, 21.

das Intimste streifendes erotisches Erleben als elementares Medium für den Diskurs mit der Vergangenheit und die Erkenntnis von Geschichte erscheint – einer Geschichte freilich, die sich, damals wie noch heute, diametral von den geläufigen Wahrnehmungsmustern von Vergangenheit unterschied.

Die Verschmelzung der Gegensätze als produktiver Prozeß

Der erste Hexameter beschreibt den Ausgangspunkt und Rahmen für das folgende Geschehen. Es ist der Wirkungszusammenhang, den der Gang nach Rom ausgelöst hat: Allein der Ort als solcher, der „klassische Boden", besitzt eine zauberische Kraft, die die Seele des Dichters in einen sensibilisierten Zustand versetzt. In ihm erst wird er fähig zu sehen und aufzunehmen. Er „empfindet" sich, seine Stimmung ist heiter („froh"), und er ist „begeistert", geisterfüllt. Der antike *enthousiasmós*, wenn der Gott durch einen magischen genius loci über den Menschen kommt – „Genius regst du dich nicht?", ruft der Dichter in der Ersten Elegie aus[14] –, hat bei dieser seelischen Transgression des Dichters Pate gestanden. Und dieser wirkende Gott ist Amor, Eros[15], die Macht, in deren Zeichen Erkenntnis und Neuschöpfung stehen, die die sich nun entfaltende poetische Szene beherrschen. Indem die dichterische Individualität sich öffnet und Eros wirken lässt, wird scheinbar Getrenntes zusammengeführt, scheinbar Gegensätzliches verschmolzen: Vergangenheit und Gegenwart, Hand und Herz, Verstand und Sinnlichkeit, das Männliche und das Weibliche. Die Erotik des Geschlechtlichen ist dabei nur eine – allerdings unentbehrliche – Dimension, in der sich der produktive Prozeß vollzieht.[16] Für die göttliche Kraft der Liebe,

---

14 Goethe HA, S. 157 (V. 2).

15 Goethe verwendet die römische Namensform, da die römische Liebeselegie sein literarisches Vorbild ist. Der grundlegende Gedanke ist natürlich griechisch.

16 Goethe hat die Römischen Elegien für den Erstdruck in den „Horen" (1795) noch einmal überarbeitet und dabei einige Passagen verändert und ganze Gedichte weggelassen (vgl. Goethe, Jubiläumsausgabe, S. 86ff.) – nicht nur, weil manches den Zeitgenossen als zu anstößig erscheinen

personifiziert in der Göttin Aphrodite/Venus selbst, ist das Leiblich-Sinnliche – nach Platon wie nach Goethe oder Hölderlin – die existenziell grundlegende Ausdrucksform eines bis ins Kosmische reichenden Prinzips: so beschreibt Diotima den Aufstieg zum Schönen als höchster Form des Eros in Platons „Symposion"[17].

Das Zusammenschauen und Zusammendenken wird vom ersten Pentameter an als der bestimmende Modus des Geschehens herausgestellt: „Vor- und Mitwelt spricht lauter und reizender mir"[18]. Vergangenheit und Gegenwart werden zusammen, uno actu, erlebt und beeinflussen sich wechselseitig. Sie bilden in Goethes Formulierung eine untrennbare Verbindung, einen gemeinsamen Vorstellungskomplex, den der Dichter sich dadurch schafft, daß er sich auf „klassischen Boden" begeben hat. Und erst hier wird das, was Vor- und Mitwelt, Vergangenheit und Gegenwart verbindet, richtig vernehmbar („lauter"), und die Geschichte und ihre Botschaften können den Rezipienten im sinnlich-ästhetischen Sinne („reizender") affizieren. Zugang zur aus der Vergangenheit zu hebenden Geschichte, so Goethes Erfahrung, erhält nur der, der sich ihr als Person aussetzt und sich ihr und damit zugleich der Gegenwart zuwendet.

Die Szene, die mit dem zweiten Distichon heraufbeschworen wird, schließt an einen Vers von Horaz an[19] („Hier befolg' ich den Rat") und läßt in der Begegnung mit der Geliebten und in ihrer physischen Präsenz das umfassende Wirken Amors zum erregenden sinnlichen Erleben werden. Die Auseinandersetzung mit den „Werken der Alten" bei

---

mochte, sondern weil es seine „Erotica Romana", so der ursprüngliche Titel, zu sehr auf eine einseitige Lesart festgelegt hätte. Auch die Textveränderungen bezeugen daher, daß es Goethe auf einen ganz umfassenden Begriff des Erotischen ankam.

17 Vgl. Platon, Symposion 210a – 212a. Vgl. a. u. den Epilog.

18 In der Ursprungsfassung: „Lauter und reizender spricht Vorwelt und Mitwelt zu mir." (Goethe, Jubiläumsausgabe, S. 89) Goethe nimmt mit der Umformulierung und Umstellung sogar einen Lapsus im Metrum in Kauf, um den entscheidenden Zusammenhang zu betonen: „Vor- und Mitwelt".

19 ars poetica 268f.: „Rollt nur die griechischen Muster auf mit fleißiger Hand bei Nacht und bei Tage." (Übers.: Eckart Schäfer)

Tag setzt sich in der Nacht auf andere Weise fort: „Aber die Nächte hindurch hält Amor mich anders beschäftigt"[20]. Für beides, das Beschäftigtsein bei Tag wie bei Nacht, also das Schaffen schlechthin, ist Amor die treibende Kraft, aber erst in der Nacht erreicht er sein Ziel voll und ganz. Im Medium der unmittelbaren Sinnlichkeit des erotischen Spiels erhält die gedankliche Erschließung der Vergangenheit für die Gegenwart jene Überzeugungskraft, die sie für ihre Wirksamkeit benötigt. So begreifen Augen und Hände, indem sie den schönen Körper der Geliebten abtasten, zugleich das marmorne Bildwerk der Antike.[21] Verstehen und Lieben werden eins, die Tätigkeiten des Verstandes – „gelehrt", „belehr'", „versteh'", „denk'", „vergleiche", „vernünftig gesprochen", „denke mir viel" – werden in der liebenden Umarmung zur sinnlichen und emotionalen Erfahrung – „sehe mit fühlendem Aug', fühle mit sehender Hand". Erst dadurch erreichen Verstand und Vernunft das tiefste Innere. Die „Hand" spielt bei Horaz beiläufig auf den handwerklichen Charakter des Rezeptionsvorgangs an[22], für Goethe ist sie das Zentralorgan, das zu dieser rational-sinnlichen Erkenntnis führt: Die Hand ist zunächst, noch fast im Sinne von Horaz, „geschäftig", ein Werkzeug, das dem Geistigen zuarbeitet. Im Dunkeln oder im dämmrigen Schein des Nachtlichts wird die Hand jedoch zum entscheidenden Instrument des Forschens („die Hand leite die Hüften hinab"), des Erkennens („mit sehender Hand") und des Schaffens („des Hexameters Maß leise mit fingernder Hand ... gezählt"[23]). Die Hand,

---

20 In der Ursprungsfassung: „Aber ich habe des Nachts die Hände gerne wo anders". (Goethe, Jubiläumsausgabe, S. 89) Die Neuformulierung entschärft nicht nur das erotische Bild. Sie bringt mit dem neutraleren Verb „beschäftigt" den Gedanken in einen Schwebezustand, der sinnliche und geistige Beschäftigung zusammen evoziert.

21 Auf die Bedeutung des Tastsinns für die Erfassung der plastischen Form wies 1778 Herder hin: „Es bleibt also wahr: ‚der Körper, den das Auge sieht, ist nur Fläche, die Fläche, die die Hand tastet, ist Körper'." (Johann Gottfried Herder: Plastik. – In: Ders.: Werke in zwei Bänden hrsg. v. K.-G. Gerold. München/Wien 1953, Bd. 1, S. 677)

22 Vgl. Anm. 19.

23 Vgl. Goethes noch vor Italien, vermutlich 1774, entstandene Zeilen: „Was nutzt die glühende Natur/Vor deinen Augen dir,/Was nutzt dir das Gebildete/der Kunst rings um dich her,/Wenn liebevolle Schöpfungskraft/Nicht deine Seele füllt/Und in den Fingerspitzen dir/Nicht wieder bildend wird?" (Goethe HA, S. 53, ältere Version s. Komm. S. 497)

deren Bedeutung die Dichtung so betont hervorhebt, ist somit eine poetische Chiffre für den Zusammenklang von Verstand und Sinnlichkeit, von Vernunfterkenntnis und ästhetischer Erfahrung. Um dieses Zusammenspiel geht es Goethe in dieser Dichtung, und es erschien ihm als die Grundstimmung seiner Existenz, wie sie sein Rom-Erlebnis in ihr volles Recht gesetzt hatte.

Die Einheit von Sinn und Sinnlichkeit

Dieser Gedanke der Einheit von Sinn und Sinnlichkeit steht im Zentrum des neuen, ganzheitlich verstandenen Menschenbildes, das Goethe seit der Rückkehr aus Rom in allen seinen Arbeiten beschrieben hat und das zu Recht als Kern des Humanismus der Klassik gilt. Dessen Ziel ist die Überwindung von Vereinzelungen und Vereinseitigungen und die Wiedergewinnung der Totalität des Lebens – ein aufklärungskritisches Plädoyer im Sinne Schillers. Die Fünfte Römische Elegie formuliert dieses Ideal im Bild einer geradezu spielerisch leichten Vereinigung von Fühlen, Sehen, Verstehen, Denken, Dichten und Lieben. Es ist wie eine „Einkehr des Geistes im Leib"[24]. Schließlich weist das Gedicht auf das Feld, auf dem sich das Ideal allererst bildet und bewährt, als Zusammenhang und Zusammenschau von Vergangenheit und Gegenwart.[25] Ihre Wechselwirkung ist konstitutiv für das zu gewinnende Verständnis, also von Geschichte, auch wenn Goethe diesen Begriff selbst nicht

---

24 Gundolf 1916, S. 431.

25 In Gundolf 1916 findet sich eine der wenigen ausführlichen Interpretationen der Römischen Elegien in den konsultierten allgemeinen Darstellungen. Auch Gundolf betont die unlösbare Einheit von Liebe und Bildung durch Geschichte. Ohne die Erfüllung in der Liebe, die Goethe in seiner Verbindung mit Christiane Vulpius zur Zeit der Abfassung der Elegien zuteil wurde, „wäre Rom nur eine große Szene ohne persönlich belebte Mitte, nur ein umfassendes Bildungserlebnis. Ohne Rom wäre Christiane nur eine Mitte ohne Umkreis, ohne Weite, ohne Welt." (Gundolf 1916, S. 430) Die Fünfte Elegie „schildert das bildende, geistig-sinnliche und plastisch praktische Glück der Römischen Umarmungen – das Neben- und Ineinander von Genuß und Bildung." (Gundolf 1916, S. 431)

benutzt.[26] Das geschichtliche Verstehen duldet weder eine Vereinseitigung in der Gegenwart noch eine Flucht aus ihr in die Vergangenheit. Geschichte kann vielmehr nur entstehen, erfahren werden und inneres Wachstum durch Bildung hervorrufen, wenn sie zum gegenwärtig sinnlich-ästhetischen Erlebnis wird. Das ist die Botschaft, der Goethe in diesem Gedicht eine ihrerseits tief beeindruckende ästhetische Form verleiht.

Im eigenen Schaffensprozeß kulminiert denn auch das poetische Geschehen. In den Armen der Geliebten – das heißt also ganz der Gegenwart hingegeben[27] – und mit der auf der Geliebten Rücken das Versmaß zählenden „fingernden Hand", also in einer auf dem Boden der Gegenwart gefundenen Form, gestaltet sich das in der Betrachtung der Vergangenheit gewonnene neue Verstehen von Ich und Welt. Deshalb stimmt das Ergebnis nicht nur, wie es in der älteren Textversion heißt, „vergnügt", sondern es „beglückt", weil es in die Tiefe der Existenz dringt und dort den erhofften Wandel und die erwünschte Erweiterung bewirkt: „Und es durchglühet ihr Hauch" – der ihn aus dem Mund der schlummernden Geliebten berührende Odem ist nichts anderes als der ihn anwehende Atem der Geschichte – „mir bis ins Tiefste die Brust".

Amor überwacht und begleitet das Spiel der Liebenden, das nicht zu Besinnungslosigkeit und Weltabkehr führt – im Gegenteil: Amors vitaler erotischer Impuls öffnet vielmehr erst das Tor zum Verständnis der Welt als Einheit von Gegenwart und Vergangenheit. In der Dreizehnten Elegie läßt Goethe den Liebesgott sich an den Dichter wenden:

> „(...) Die Schule der Griechen/Blieb noch offen, das Tor schlossen die Jahre nicht zu./Ich, der Lehrer, bin ewig jung, und liebe die Jungen./Altklug lieb' ich dich nicht! Munter! Begreife mich wohl!/War das Antike doch neu, da jene Glücklichen lebten!/Lebe glücklich, und so lebe die Vorzeit in dir!"[28]

---

26 Seit Herodot war für das vorwissenschaftliche Geschichtsverständnis allein das Verstehen, also die Bildung von Sinn, konstitutiv. Begriffliche Selbstreflexion benötigte es nicht, da es seiner traditions- oder rezeptionsorientierten Zielrichtung sicher sein konnte. Vgl. Stahl 2008a, S. 39ff.

27 Zur fundamentalen Bedeutung der Gegenwart als des geglückten Augenblicks im Sinne des griechischen *kairós* bei Goethe vgl. Jaeger 2008, S. 64ff., 112ff.

28 Goethe HA, S. 166 (V. 17–22).

Amor wird zum Lehrmeister der Gegenwart und verkörpert die Zukunft ihrer Jugend, indem er Liebesglück spendet und darin die Augen öffnet für das rechte Begreifen der Vergangenheit.[29]

„Amor schüret die Lamp'" – und ihr Schein entzündet ebensosehr das Feuer der Liebe, wie er das Licht der Erkenntnis bringt.[30] Es ist Amors Wirken, welches für den Dichter die von sich aus stummen Steine der Vergangenheit zum Sprechen bringt[31]und zugleich die Verse der römischen Liebesdichter Catull, Tibull und Properz, „seine Triumvirn", zum Leben erweckt. Sie stellen für Goethe kein bloß formales Vorbild dar, kein totes Bildungsgut, unter dessen Einfluß das Leben der Gegenwart abgetötet wird – wozu der Klassizismus im 19. Jahrhundert schon bald verkommen sollte. In der Gestalt Amors selbst wird vielmehr die Verbindung zur Vorzeit hergestellt – „da er den nämlichen

29 Im Herbst/Winter 1787/8 entstand in Italien Goethes Gedicht „Amor als Landschaftsmaler" (vgl. Goethe HA, S. 235ff.). Goethe beschreibt die Entstehung eines erneuerten Weltverhältnisses durch die belebende schöpferische Allmacht Amors. Hier ist Amors Zeigefinger selbst das beseelende Organ des Schöpferischen und damit die Quelle aller Kunst. Die Erkenntnis der Geschichte ist nur eines der Felder in einem viel größeren Rayon.

30 Ulrike Ackermann (vgl. Ackermann 2008, S. 106ff., 155) verdanke ich den Hinweis auf Friedrich Wilhelm Joseph Schelling, der in seiner Schrift „Über das Wesen der menschlichen Freiheit" (1809) auf die Analogie von „Erkenntnistrieb" und „Zeugungstrieb" hinweist (Sämtliche Werke Bd. VII, 1860, S. 414). Die „Freiheitsschrift" Schellings ist das Zeugnis der Kritik an einem vereinseitigenden Verständnis aufklärerischer Vernunft, das von der dunklen Seite der menschlichen Natur, auf der auch jede rationale Erkenntnis aufruht, absieht. Im Kontext des im Text besprochenen Zusammenhangs bezieht Schelling sich denn auch auf ein Distichon Goethes („Fortzupflanzen die Welt, sind alle vernünftigen Diskurse/Unvermögend; durch sie kommt auch kein Kunstwerk hervor", Vier Jahreszeiten Nr. 55), das den Zusammenhang des Irrationalen und der Kunst betont. Schelling: „Nur in der Persönlichkeit ist Leben; und alle Persönlichkeit ruht auf einem dunklen Grunde, der also allerdings auch Grund der Erkenntnis sein muß." (S. 413) (Vgl. ähnlich Gottfried Benn: den „dunklen Grund, auf den du angewiesen." („Letzter Frühling"), in: Ders.: Sämtl. Werke Bd. 1. Stuttgart 1986, S. 305.) Interessant auch die Übereinstimmung Schellings mit Goethe in dem anderen zentralen Begriff der „Begeisterung", die nach Schelling „im eigentlichen Sinn das wirksame Prinzip jeder erzeugenden und bildenden Kunst oder Wissenschaft" ist (S. 414).

31 Vgl. Goethe HA, S. 157 (Römische Elegie I, V.1): „Saget, Steine, mir an, o sprecht..." Der Wunsch des Dichters wird mit dem Auftreten des Liebesgottes erfüllt, V. 9–12: „Noch betracht' ich Kirch' und Palast, Ruinen und Säulen,/Wie ein bedächtiger Mann schicklich die Reise benutzt./Doch bald ist es vorbei; dann wird ein einziger Tempel,/Amors Tempel nur sein, der den Geweihten empfängt."

Dienst seinen Triumvirn getan" –, und unter seinem Einfluß gerät das Alte zu einer mit allen Sinnen aufgenommenen Quelle der Erneuerung.

Vergangenheit wird zu Geschichte

Wer Vergangenheit zu Geschichte formen will, darf nicht in jener früheren Welt statt in seiner eigenen leben. Damit rückt die ganz gegenwärtig sich empfindende und allseitig, also humanistisch gebildete Person in den Mittelpunkt der Bildung von Geschichte. Diese Grundlage historischen Denkens, die sich bei allen maßgeblichen Geschichtsschreibern von Herodot bis Humboldt, Ranke, Nietzsche oder Burckhardt praktisch unverändert findet[32], wird von Goethe ausdrücklich auf ihren innersten Kern geführt. Eros/Amor heißt die Kraft, die die Totalität des Menschseins ermöglicht. Auch die Auseinandersetzung mit der Vergangenheit gelingt nur, wenn dabei alle rationalen und sinnlichen Potenzen mobilisiert werden. Daher die Rolle, die das gegenwärtige Lebensumfeld, für Goethe Rom als der Ort schlechthin, und die Lebenssituation, hier die neu entflammte Liebe, für die historische Erkenntnis spielen. Die Geliebte der Elegien-Dichtung ist weder dekoratives Beiwerk einer erhabenen Handlung, die auf einer ganz anderen Ebene stattfindet, noch ist sie als vermeintliches Objekt der Begierde das wirkliche Zentrum des Gedichts. Vielmehr dient sie als literarische Figur der sinnlichen Vergegenwärtigung des aus den „Werken der Alten" Geschöpften. Erst die von der Geliebten ausgehende erotische Macht erschließt die tote Vergangenheit dem Verständnis des Dichters. Die Fünfzehnte Elegie malt in aller Breite eine Genreszene aus: Der Dichter trifft in einer Osteria auf die Geliebte, die ihm heimlich die Stunde ihres Zusammenseins bedeutet. Die Zeit bis dahin wird dem

---

32 Vgl. Herodot, Historien prooim. (dazu Stahl 2008a, S. 39ff.); Wilhelm von Humboldt: Über die Aufgabe des Geschichtsschreibers. – In: Humboldt I, S. 585ff.; Leopold von Ranke: Geschichten der romanischen und germanischen Völker von 1493 bis 1535. Erster Bd. Vorrede. Leipzig/Berlin 1824, S. III – VIII; Nietzsche 1874, S. 209ff.; Jakob Burckhardt: Griechische Kulturgeschichte. Hrsg. v. Jakob Oeri. Bd. 1 Einleitung. Berlin/Stuttgart 1898, S. 1–12.

Dichter zwar lang, aber der Impuls der erotischen Vorfreude vermag ihm in diesen Stunden das Panorama der römischen Geschichte vor das innere, nun erst begreifende Auge zu stellen.

> „Erst noch so lange bis Nacht! Dann noch vier Stunden zu warten!/Hohe Sonne, du weilst, und du beschauest dein Rom!/(...)" [Es folgt eine Reflexion zum Verlauf der römischen Geschichte] „Sahst eine Welt hier entstehn, sahst dann eine Welt hier in Trümmern,/Aus den Trümmern aufs neu fast eine größere Welt!/(...)/Aber sie eile herbei, die schön bezeichnete Stunde!"[33]

Goethes entscheidende Erkenntnis findet sich im letzten Distichon bereits der Ersten Elegie:

> „Eine Welt zwar bist du, o Rom; doch ohne die Liebe/Wäre die Welt nicht die Welt, wäre denn Rom auch nicht Rom."[34]

Dieses Rom als Geschichte sich zu eigen zu machen, bedeutet, eine Brücke zwischen Gegenwart und Vergangenheit zu schlagen. Der Baumeister dieser Brücke ist der Historiker; damit man über sie jedoch gehen kann, dazu bedarf es der Werke des Eros, und das heißt auch des Schönen und der Kunst. Goethe erfaßte in seiner römischen Dichtung poetisch genau die Bedeutung des Schönen für die Bildung von Geschichte. Diese indes und damit auch das Schöne ist grundlegend für das Leben und Selbstverständnis jeder Gemeinschaft, also für die „Politik".

---

33 Goethe HA, S. 168 f. (Römische Elegie XV, V. 25ff., 43ff.).
34 Goethe HA, S. 157 (Römische Elegie I, V. 13–14).

3.

„statt einer Rede ... einen Kosmos von Versen"
Der Zirkel der Poesie: Dichtung und Literatur als politisches Handeln in der Antike

> „Vor einer Runde dichterischer Freunde
> ein erhabenes Gedicht vollkommen zu lesen oder herzusagen,
> aber nicht als einzelner, nicht als Außenstehender,
> sondern im Wechsel, der diesen und jenen aufruft,
> und wo der Redende Hörer wird
> und mit dem folgenden den Platz tauscht,
> ist erlesener Ausdruck der Bildung einer Zeit.
> Ein solches Gastmahl des Geistes, der Sprache, der Dichtung
> hebt die Geladenen an den Tisch des Genius
> und läßt sie einen Augenblick dessen Glück mitempfinden."
>
> Robert Boehringer[1]

Der „engagierte" Schriftsteller und die Autonomieästhetik

Schon seit über einem halben Jahrhundert gehört es für viele Dichter und Literaten zu ihrem Selbstverständnis, ihre Arbeiten in den Kontext einer gesellschaftlichen und politischen Situation zu stellen, ja sie in manchen Fällen sogar einem konkreten politischen Zweck dienstbar zu machen. Solches war in den totalitären Regimes seit dem 20.Jh. bis heute ein Zwang für den, der überhaupt mit seinem Schaffen in die Öffentlichkeit treten wollte. Doch auch später, besonders seit der Kulturrevolution von 1968 forderte ein verändertes Verständnis von der Aufgabe der Literatur dem Autor im Grundsatz die Selbstverpflichtung ab, sich in die öffentlichen Diskurse einzumischen, sei es durch direkte

---

1   Robert Boehringer: Das Leben von Gedichten. Düsseldorf/München 1972 (zuerst 1932), S. 30.

Stellung- und Parteinahmen oder durch bewußte Bezüge in der literarischen Arbeit. Es erübrigt sich, Beispiele näher zu besprechen – von den Mitgliedern der „Gruppe 47" bis zu gegenwärtigen Autoren wie Herta Müller, Botho Strauß oder Sibylle Lewitscharoff. Der Gegenbeispiele sind wenige wie Arno Schmidt, Karl Krolow oder Walter Kempowski.

Obwohl das heute überwiegende gesellschaftspolitische Paradigma des engagierten Schriftstellers nicht neu ist – man denke etwa an die Literatur des Vormärz im 19. Jh. –, war das Bild des Dichters und Literaten seit dem 18. Jh. nicht selten ein anderes. Machen wir uns den Unterschied am Beispiel der Lyrik klar.

> „(...) der echte Lyriker (schafft) ohne Rücksicht auf ein Publikum (...). Wie könnte er auch etwas ihm Gegenüberstehendes, Äußeres sehen oder gar darauf Rücksicht nehmen, wo doch sein Blick so ganz in das eigene Innere gerichtet ist? Er schaut in tiefem Selbstbesessensein, was in seiner Brust wogt und wallt, was ihn beglückt und quält, und wenn es übermächtig in ihm anschwillt, drängt es sich nach außen, wird es Wort. (...) Ob ihn jemand hört, kümmert ihn nicht; aber lieber ist es ihm, wenn ihn niemand hört."[2]

In seiner Zuspitzung streift das schon das Komische, aber es ist eine in der Literaturtheorie lange Zeit weithin gültige Auffassung – hier formuliert in dem 1921 entstandenen und in der germanistischen Lehre noch lange benutzten Werk von Emil Ermatinger.

Dieser als Autonomieästhetik bekannte Ansatz hält Dichtung also für den ungebundenen Selbstausdruck eines Individuums. Er folgt dem Leitbild des Dichters als Originalgenie, das aufkommt mit der Ablösung der Kunstproduktion von den höfischem Repräsentationsansprüchen und damit verbunden dem Bedeutungsrückgang regelgeleiteter Kunstlehren. Die Figur des ganz auf sich selbst gestellten und aus seinem Inneren heraus schaffenden Dichters muß freilich nicht wie bei Ermatinger Weltabgewandtheit zur Folge haben. In den Jahrzehnten um 1800 nutzten vielmehr viele Autoren der deutschen Klassik und Romantik ihre neu in Anspruch genommene poetische Freiheit und soziale Ungebundenheit dazu, sich in kritischer Distanz zu den bestehen-

---

2   Ermatinger 1923, S. 312.

den gesellschaftlichen und politischen Verhältnissen zu artikulieren. In unvergleichlicher Kreativität und Selbständigkeit formulierten sie die Vision eines erneuten Zeitalters und Lebens. Das war Opposition gegen das Überlebte und Öffnung für die Zukunft zugleich. An dieses Vorbild schlossen sich im Laufe der Folgezeit einzelne immer wieder an und nahmen damit das gegenwärtige Paradigma vorweg.

Sieht man jedoch einmal ab von dem bewußten Heraustreten eines Autors aus der Einsamkeit und Ungebundenheit seiner literarischen Produktion, durch die er sich in die Arena öffentlicher Diskurse oder in die abgegrenzte Öffentlichkeit eines Dichterzirkels begibt, dann sind die Entstehungsbedingungen von Literatur in der Vormoderne, von der hier die Antike ins Auge gefaßt werden soll, ganz andere als seit dem 18.Jh. Seitdem steht im Vordergrund zunächst einmal, daß der Autor für einen anonymen literarischen Markt schreibt, auf dem sein Werk sich in Konkurrenz zu anderen durchsetzen muß. Insofern ist es in literatursoziologischer Hinsicht nicht völlig unberechtigt, den Ursprung eines Werks in der Autonomie des Autors zu suchen. In der Antike hingegen hat ein der Moderne vergleichbarer Vermarktungsmodus höchstens in Ansätzen existiert. Die Entstehungsumstände von literarischen Kunstwerken waren hier deshalb gänzlich andere.

Antike Dichtung als Akt der Kommunikation

Bei der Betrachtung der antiken Dichtung würde es deshalb in die Irre führen, von einem Dichter-Ich auszugehen, das allein aus sich selbst heraus, ohne Bezug zu einer konkreten gesellschaftlichen oder menschlichen Umgebung schafft, auch wenn sich die Klassische Philologie dieser Brille nicht selten bediente. Freilich gab es schon lange andere Stimmen wie die von Rudolf Borchardt, Werner Jaeger oder Wolfgang Schadewaldt, die die Lebenswelt antiker Dichterpersönlichkeiten selbstverständlich einbezogen und für das Verständnis der Dichtungen fruchtbar machten. Theoretisch etabliert wurde ein angemessener

Zugang zur antiken Dichtung – in Deutschland auch angeregt durch Diskussionen in der Neueren Literaturwissenschaft etwa im Rahmen der Gruppe „Poetik und Hermeneutik" – mit den Arbeiten von Eric Havelock, Bruno Gentili und Wolfgang Rösler.[3]

Seitdem wird Dichtung zumindest auch als Akt der Kommunikation betrachtet. Denn alle Dichtung – selbst wenn sie, wie die moderne, ihre Adressaten nur imaginieren kann –, auch und gerade die antike Dichtung, spricht auf etwas und zu jemandem hin. Dort aber, wo ein Autor auf ein ihm bekanntes Publikum trifft und sich mit einem konkreten situativen Kontext auseinandersetzt, sind von der Moderne sehr verschiedene Faktoren für das dichterische Bilden wie für den späteren Mit- und Nachvollzug gegeben. Alles Dichten vollzieht sich dann in einem bestimmten umgrenzten und an Ort und Zeit gebundenen Lebenskreis und für ihn. Es ist von vornherein immer auch soziales bzw. politisches Handeln.

Aus dem breiten Horizont, der sich hier nun für die über tausend Jahre der Antike auftut, seien drei Beispiele herausgegriffen, beginnend mit der archaischen Epoche der Griechen. Um 600 v. Chr. begegnen uns die ersten Zeugnisse lyrischen Sprechens. Diese ersten lyrischen Dichtungen gehören zu den zahlreichen Neuerungen, mit denen sich die griechische Poliskultur im 7. und 6. Jh. v. Chr. herausbildet. Vom dem, was bis dahin als Dichtung kanonisch war, dem Epos, unterscheidet sich die neue Sprachkunst in wesentlichen Hinsichten: in der Form, denn die Dichter singen in neuen Rhythmen zu den Klängen von *lýra* oder *aulós*; in den Themen, die über den Mythos hinaus Leben und reale Erfahrung einbeziehen – Krieg, Politik, Geselligkeit, Liebe, Kult; und schließlich im menschlichen Zusammenhang, an dem und durch den das Dichten sich entfaltet. Wir kennen jetzt erstmals die Persönlichkeiten einzelner Dichter, und sie sprechen fraglos auch noch zu uns. Doch fanden sie damals zu ihren poetischen Gebilden in ganz konkreten menschlichen Bezügen und in bestimmten Situationen, in die

---

3   Vgl. Havelock 1963; Gentili 1980; Rösler 1980.

hinein sie sprachen. Nicht immer vermögen wir das heute noch nach-
zuvollziehen, manchmal müssen wir uns mit Andeutungen begnügen.
Aber wir würden diesen frühesten lyrischen Fragmenten der europäischen Literatur nicht gerecht werden, wenn wir nicht versuchten, uns
einzudenken in die geschichtliche Zeit und den Ort, in den Kreis der
Menschen und in ihr Tun, die dem Dichter vor Augen standen, als er
an seinen Versen arbeitete.

Die Dichtung Solons im Zentrum der Polis

> „Ich selbst kam als Bote vom lieblichen Salamis,
> Statt einer Rede in Prosa hab' ich ein Lied komponiert,
> einen Kosmos von Versen."[4]

So tritt der Athener Solon zu Beginn des 6. Jhs. v. Chr. auf die Agora
vor seine athenischen Mitbürger, um sie mit der Macht der Göttin Pei-
thó, der überirdischen Kraft der Beredsamkeit, für sein politisches Wirken einzunehmen, sie emotional aufzurütteln, aber auch aufzuklären,
wie sie mit einer neuen, auf die Polis orientierten inneren Einstellung
den Weg in eine bessere Zukunft finden können. So in seinem berühmtesten Gedicht, der sog. Eunomia-Elegie:

> „Dies die Athener zu lehren, befiehlt mir mein Herz
> (thymòs Athenaíous me keleúei)."[5]

Solon ist nicht der einzige Dichter, der mit seiner Kunst im Kampf wie
im Diskurs um Einrichtung und Gestalt eines auf den Bürgerwillen
gestellten Gemeinwesens lebte. Sein Wirkungskreis war die Mitte der
Polis[6], die ihn zum Schlichter und Retter in ihrer inneren sozialen Zerrissenheit berufen hatte. Solon erreichte sein Ziel durch ein umfassendes, erstmals schriftlich fixiertes Gesetzeswerk, und er formulierte eine

---

4   Solon F(ragment) 2D. V. 1–2; Übers.: Verf.
5   Solon F 3D. V. 30; Übers.: Verf.
6   Zu Solon als zentrale Gestalt der griechischen Archaik vgl. Stahl 2003a, S. 228ff.

die Polis tragende politische Ethik als Kern des zu schaffenden Bürgerstaates. Solon war überzeugt von der Macht des dichterischen Wortes, mit der er sich an die gesamte Bürgerschaft wandte. Das entsprach den Bedingungen einer noch bald zwei Jahrhunderte nach ihm vorwiegend durch mündliche Kommunikation getragenen Gesellschaft[7] und ebenso seiner eigenen Position als von seinen Mitbürgern bestellter Schiedsrichter und Vermittler ohne institutionelle Befugnis. So stand er allein als Person für einen weltgeschichtlich bedeutsamen Moment im Zentrum seiner Polis, um die er den Zirkel seiner Verse schlug: Zum ersten Mal erhält und enthält das Dichten eine staatsbildende Kraft. Mit ihr wirkte Solon nicht bloß in den politischen Raum hinein, Dichten war vielmehr selbst und unmittelbar politisches Handeln, indem in ihm die Idee der Polis und des Politischen formuliert und vernehmbar wurde. Wie ein fernes Echo auf die solonische Zusammenführung und Verbindung von Dichtung und Staat klingt über die Zeiten hinweg Gneisenaus Wort an seinen König (Friedrich Wilhelm III.), daß die Sicherheit der Throne auf der Poesie gegründet sei.[8] Von Solon aus führt schließlich eine Linie zum attischen Drama des 5. Jhs. v. Chr., das die Lyrik als Leitmedium des Sprechens in der Bürgerschaft ablöste.[9] Aber wie schon bei Solon verbanden sich im Theater aufklärende Belehrung mit seelischer Erregung und emotionaler Identifikation.

Solon ist einzigartig durch seinen Standort in der Mitte seiner Polis und ihres Geschehens. Doch kennen wir noch viele andere, als Dichter, Staatsmänner und Philosophen, die auch ohne eine Stellung, wie man sie Solon zugestanden hatte, eine große geistige Bewegung in Gang hielten. Das war entscheidend für den Wandel der griechischen Welt in der archaischen Epoche.[10] Denn Denken und Schreiben standen völlig im Bannkreis der Polis. Denken wir an Tyrtaios oder Alkman

---

7 Vgl. Havelock 1963, S. 36ff., 61ff., 115ff.; Rösler 1980, S. 9ff., 77ff.; Gentili 1980, S. 3ff., 41ff.

8 Schreiben von August Graf Neidhart von Gneisenau an Friedrich Wilhelm III. v. 8. August 1811. Vgl. Fahrner 1937, S. 22f.

9 Zur Bedeutung des athenischen Theaters vgl. Stahl 2003b, S. 121ff. (mit weiterer Literatur)

10 Vgl. Stahl 2012, S. 115ff.

in Sparta, deren Dichten der ethischen Ertüchtigung der Krieger und Bürger galt, an Alkaios in Mytilene, der seine spitze Feder gegen eine in seinen Augen apolitische Alleinherrschaft richtete und den Kreis seiner Gefährten und Mitstreiter auf Kampf und Tat einzustimmen suchte.[11]

Saphhos Lieder im Dienst an der Polis

Nicht zuletzt tritt hier die ebenfalls leidenschaftlich bewegte Dichterin Sappho von Lesbos in den Blick, eine Zeitgenossin von Solon. Sie vermochte der ehrwürdigen Institution des religiösen *thíasos*, der Mädcheninitiation, durch ihre poetischen Gebilde eine einzigartige Tiefe des Sinns zu verleihen. Sapphos Dichten erschuf einen neuen Raum des religiösen Begegnens – ganz so wie das Solon für die Polis als ganze gelang. Sapphos Gedichte waren also nicht bloß schmückendes Beiwerk zum Kult. Indem Sappho die Liebe, – nach einer Formulierung von Schadewaldt – „das Dasein in der Liebe (...) so ganz ins Wort hineingenommen" hat[12], vollzog das Dichten selbst den Kult auf einer neuen Seinsebene und rief mit der *cháris* der Rede die Göttin als wirkende Gegenwart in den Kreis ihrer Adoranten:

> „Kypris
> Komm, eilends von des Himmels Häuptern
> Herabgegangen
> Hierher mir, wo einst Kreter den Tempel bauten,
> Den heiligen, da lieblich dir ein Hain ist
> Von Apfelbäumen, und Altäre sind drin, die
> Dampfen von Weihrauch,
> Und drin rauscht kühles Wasser durch Apfelzweige,
> Von Rosen ist der ganze Platz
> Beschattet, und von den bebenden Blättern
> Fließt tiefer Schlummer nieder.
> (...)"[13]

---

11 Vgl. Rösler 1980, S. 115ff.
12 Schadewaldt 1950, S. 7.
13 Sappho F 2V.; Übers.: Schadewaldt 1950, S. 78.

Ein in allen sinnlich-süßen Eindrücken genau vorgestellter Ort wird hier evoziert. Sein Zauber durchdringt den Kreis der Mädchen – in anderen Poemen werden sie mit ihren Namen genannt. In diesem vom Sprechen der Dichterin gezeichneten, vom Kult für die Göttin erfüllten und von Eros durchwirkten Zirkel geschieht die Bildung und Erziehung der werdenden Frauen und damit der Dienst an der Polisgemeinschaft.

Unzweifelhaft geschieht in der griechischen Archaik das bildnerische Sprechen der Dichter wie das gnomische der Philosophen an genau bestimmten Orten wie in konkreten menschlichen Vereinungen, in deren Mittelpunkt die Gebilde eines Wortschöpfers die jeweilige Welt umfassen.

Es waren kleinste Gemeinschaften von Bürgern, die gleichsam die Infrastruktur der griechischen Polisgemeinschaften darstellten und deren spezifische Form von Staatlichkeit charakterisierten. Der griechische Bürger wurde über sein eigenes Haus hinaus zum Teil seines Gemeinwesens stets mit anderen Bürgern zusammen. Jeder gehörte dadurch zu seiner Heimatstadt, daß er am vielfältig ausgestalteten und immer auch unter der Ägide göttlicher Mächte stattfindenden Eigenleben ihrer Bürgergenossenschaften teilnahm. So besaß der Personenverband der Polis als ganzer eine reiche innere Gliederung durch politische, soziale oder kultische Verbände, die ihn trugen.[14]

14 Vgl. Stahl 2003b, S. 51ff.

KAPITEL 3

Poesie und Bürgergemeinschaft

Polis, *hetairíe* (der Kreis aristokratischer Männer) und *thíasos* (religiöse Vereinigung) sind mithin als Elemente des Lebens zwar auch unabhängig von den jeweiligen Dichterpersönlichkeiten vorhanden. Die Polis gibt es auch nach Solon, die *hetairíe* ist eine Strukturgegebenheit des aristokratischen Wettbewerbs, und den *thíasos* führen auch andere Frauen, denen Sappho zuweilen zornige Hiebe austeilt. Aber: der eine, unverwechselbare Einzelne bildete mit seinem poetischen Wort in den überkommenen Strukturen eine neue und neu wirksame und weiterwirkende Wirklichkeit.

So scheint es mir durchaus zu erwägen, was Edith Landmann im Frühjahr 1914 mit Bezug auf den um Stefan George gescharten Kreis in einem Brief an Berthold Vallentin schreibt:

> „Ich finde nun: wenn George überhaupt unter einen historisch uns bekannten Typus sich fassen lässt, dann muss die Analogie zu diesen gigantischen Gestalten des 6ten und 5ten Jahrhunderts mit an erster Stelle stehn. (...) In ihnen ist noch die Einheit der geistigen Welt, mit deren zersprengten Gliedern wir heut darben: Das Philosophische, das Dichterische, das Religiös-Prophetische, das Staatsmännische, das Pädagogische – alles wirkt in ihnen mit gleicher Stärke und auf das gleiche Ziel. (...) um sie scharen sich Jünger oder Schüler, welche die gemeinsame Verehrung des Meisters und des von ihm verkörperten und verkündeten Lebensideals zu einer Art Gemeinde verbindet. (...) Wunderbar, in der Tat, zu denken, dass es damals einen Boden gegeben haben muss, der ihnen Nahrung gab (...).“[15]

Eben letzteres, scheint mir, können wir heute mit Gewißheit sagen, nachdem wir die Eigenart der zum Zeitpunkt dieses Briefes gerade entdeckten griechischen Archaik besser zu verstehen gelernt haben. Der Boden, aus dem deren große geistige Bewegung hervorgetrieben wurde, und der seinerseits von ihr die entscheidende Befruchtung erhielt, war der sich in dieser Epoche herausbildende Bürgerstaat der Polis. Daher sind vermutlich nur selten wieder in der Geschichte Europas Dichter so geschichtsmächtig geworden wie damals. Denn sie haben das Dichten nicht als ästhetisches Spiel betrieben, sondern sie haben ihre poetische

---

15 Landmann 1982, S. 62.

Sache immer als tätige Teilhabe an der Bürgergemeinschaft sehen wollen, weil ihr dichterisches Sagen sich dort entfalten sollte. Und was die griechischen Bürger in ihren Vereinungen einst verbunden und sie mit ihrem Gemeinwesen verwoben hatte, das gemeinsame Ideal des guten Lebens, das könnte in der Gegenwart der Moderne als raison d'etre „auserlesener Zirkel" (Schiller[16]) wieder aufleben.

Literarische Zirkel in der augusteischen Epoche

Die beiden anderen Beispiele führen in die römische Kaiserzeit, zunächst in die augusteische Epoche. Jenes halbe Jahrhundert zwischen 36 v.Chr. und 14 n.Chr., in dem Augustus das innere Zerbrechen des römischen Gemeinwesens durch die Schaffung der neuen Ordnung des Prinzipats überwand (vgl. u. Kap. 4), war auch eine, vielleicht die höchste Blütezeit der römischen Literatur. Die augusteischen Dichter ließen sich in starkem Maße auf das Gemeinschaftlich-Staatliche ihres Volkes ein und stellten sich aus freien Stücken in den Dienst an der Konsolidierung der Herrschaft des Princeps, indem sie ihrer Zustimmung zu ihr in ihren Werken Ausdruck verliehen. Daß wir sie dennoch nicht als Propagandisten verstehen dürfen, wird später in Kap. 4 ausgeführt werden. Für die Perspektive des vorliegenden Kapitels wichtig ist, daß sie allesamt ihrer Arbeit in einem dichten Gewebe von menschlichen Bezügen nachgingen und dadurch eingebunden waren in verschiedene Foren von Öffentlichkeit. Hier lebte jener Geist, von dem die augusteische Ordnung durchdrungen und getragen war. Er wurde kultiviert in literarischen Zirkeln, die der Princeps um sich versammelte, etwa im sog. Maecenas-Kreis mit seinen herausragenden Dichterfiguren Vergil, Horaz und Properz sowie im Kreis um Messalla Corvinus, dem u.a. Ovid und Tibull angehörten, um nur die bekanntesten zu nennen. In beiden Fällen handelte es sich darum, daß ein Mitglied der römischen Oberschicht sich als patronaler Förderer von Literaten betätigte – ein

---

16 Vgl. o. Kap. 1.

Phänomen, das sich schon seit dem 2. vorchristlichen Jahrhundert beobachten läßt und verbreitet war. Die Zusammenschlüsse mehrerer Dichter – darunter übrigens eine Frau, des Messala Corvinus Nichte Sulpicia –, wurden initiiert von einem gemeinsamen Mäzen. Die Dichter kamen zusammen, um aus ihren Werken vorzulesen und sich gegenseitig auszutauschen und zu befruchten.[17] Von einem verbindenden poetischen Programm verlautet nichts, doch bewegte sie nicht nur die Atmosphäre, die in diesen Kreisen herrschte und für Entstehung und Wirkung ihrer Dichtung förderlich war. Es verband sie auch das Wissen, gemeinsam dem Werk des Neuaufbaus ihres Gemeinwesens verpflichtet zu sein.

Der äußere Anlaß, der die augusteischen Dichter und ihre Werke ins helle Licht öffentlicher Aufmerksamkeit führte, war zwar die gemeinsame Ausrichtung von Klienten auf einen Patron wie Maecenas, dessen eigene dichterische Versuche nicht zählten und von seinen Günstlingen doch der Form halber zu loben waren. Aber auf ein solches Forum warf stets ein noch größerer Patron seinen Schatten. Dieser, der neue Princeps, bildete das Zentralgestirn, dessen Strahlen in der Dichtung aufgefangen und zurückgeworfen wurden. Diese Leistung der Dichter ist in ihrer historischen Bedeutung für die Etablierung der erfolgreichsten Monarchie des Abendlandes gar nicht hoch genug einzuschätzen. Und mit dem gängigen Mißverständnis von der „monarchischen Herrschaftslegitimation" hat das dichterische Engagement im übrigen nicht das Geringste zu tun. Schließlich entstanden unter den geschilderten Umständen Werke, die bis heute zu den berühmtesten und wichtigsten der europäischen Literatur zählen. Die Tatsache, daß sie mit Blick auf die römische Gesellschaft und *res publica* entstanden sind, ist dazu kein Widerspruch. Im Gegenteil könnte man sogar die Ursache für die staunenswerte Fruchtbarkeit des kulturellen Gefüges der augusteischen Zeit darin sehen, daß es engstens verwoben war mit den wichtigsten

---

17 Zum Phänomen der Dichterzirkel in augusteischer Zeit zusammenfassend Fantham 1998, S. 50ff.

und drängenden Aufgaben der Zeit – nicht anders als die Dichtung der griechischen Archaik und Klassik.

Literarischer Betrieb in der römischen Kaiserzeit: Das Streben nach Schönheit und Form

Geht man in der Kaiserzeit hundert Jahre weiter, so stößt man auf eine Erscheinung – das dritte Beispiel –, die mir unter dem hier angelegten Gesichtspunkt besonders wichtig erscheint. In einem seiner Briefe schreibt der jüngere Plinius um 100 n. Chr. an seinen Briefpartner, den Konsular Octavius Rufus, das folgende:

> „Was bist Du doch für ein (...) beinahe grausamer Mensch, daß Du Deine hervorragenden Werke (seine Gedichte – d.Verf.) so lange zurückhältst! (...) Mit der Herausgabe (...) magst Du es (...) halten wie Du willst; aber lies Deine Werke wenigstens vor, damit Du mehr Lust bekommst, sie hinauszulassen (...). Denn ich stelle mir vor, welcher Andrang, welche Bewunderung, welch lauter Beifall, auch welches Schweigen Dich erwarten; darüber freue ich mich, wenn ich rede oder vorlese, ebenso wie über lauten Beifall, wenn es nur ein aufmerksames, erwartungsvolles Schweigen ist, eifrig darauf bedacht, Weiteres zu hören."[18]

Die literarische Produktion in der römischen Kaiserzeit erreichte bis zur Spätantike nur selten mehr die qualitative Höhe der ausgehenden Republik und der Epoche des Augustus. Gleichwohl wurde literarische Betätigung zu einem nicht wegzudenkenden Element der politisch-öffentlichen Existenz von Generationen kaiserzeitlicher Aristokraten. In diesem Betrieb gewährt uns Plinius durch eine Momentaufnahme Einblick, eine ganze Reihe weiterer Beispiele und Bezüge findet sich in seinem Briefcorpus.[19]

Was hier wie selbstverständlich zu einem Leben als Senator oder Ritter gehörig vor Augen tritt, ist ein fortwährendes Mühen um Bildung

---

18 Plin. ep. 2,10, 1/2/6/7; Übers.: H. Philips.

19 Grundlegend zu Plinius und zu diesem Gesichtspunkt seines Lebens als Senator vgl. Page 2015, S. 247ff.

durch Lesen und Schreiben, ein nie nachlassendes Streben nach Schönheit und Form. Gewiß ist dabei nur selten etwas entstanden, das über die Zeiten Geltung bewahren konnte, wie etwa die Werke von Tacitus, Plinius d. Ä. oder Sueton. Doch treffen wir hier auf die Welt eines nicht abreißenden literarischen Austauschs in mehr oder weniger exklusiven Zirkeln, dessen Intensität wir unsere Bewunderung nicht versagen können. Noch einmal Plinius:

> „(...) ich (...) schicke Dir das Buch zu, das ich Dir in meinen früheren Briefen versprochen hatte. Ich bitte Dich, es nach Deiner Gewohnheit zu lesen und zu verbessern (...).“[20]

Und in einem anderen Brief:

> „Ich habe daher folgende Gründe, meine Gedichte vorzulesen. Erstens widmet der, der vorliest, aus Achtung vor seinen Zuhörern eine viel größere Aufmerksamkeit seinem Werk; dann, weil er das, worüber er im Zweifel ist, gleichsam aufgrund der Meinung der Versammlung entscheidet.“[21]

Wechselnde Gruppen von Autoren befinden sich also in einem lebhaften Gespräch über das, was sie verfaßt haben, sie lesen sich gegenseitig daraus vor, nicht selten über mehrere Tage, oder sie rezitieren aus ihren Werken in öffentlichen Veranstaltungen, gelegentlich auch in Anwesenheit des Kaisers. Jeder Autor durfte auf ernsthafte und ehrliche Kritik des Gegenübers hoffen und war selbst in der Pflicht, im Rahmen der Gegenseitigkeit der Freundschaft *(amicitia)* sich anderer Werke korrigierend und kommentierend anzunehmen. Auch die großen Vorbilder – wie Homer oder Cicero – wurden in diesem dichten literarischen Austausch immer wieder zu Gehör gebracht, Plinius zitiert sie jedenfalls an vielen Stellen. Dieser literarische Betrieb hatte sich im Laufe der späten Republik herausgebildet und bekam seit augusteischer Zeit feste Strukturen, die sich in den folgenden beiden Jahrhunderten nicht mehr veränderten und allmählich über das gesamte römische Weltreich verbreiteten.

20 Plin. ep. 1,2,1; Übers.: H. Philips.
21 Plin. ep. 5,3,8; Übers.: H. Philips.

Gewiß spielen hier immer noch Patronats- oder Freundschaftsverhältnisse eine Rolle. Wesentlich ist aber, daß sich um Dichtung und Literatur ein Netz von Kommunikationsräumen bildete, das – entfernt vergleichbar den griechischen Bürgergenossenschaften – gleichsam als Infrastruktur der kaiserzeitlichen Gesellschaft und ihrem Staat Halt und Form verlieh. Zudem prägte sich in dieser intensiven literarischen Beschäftigung der römischen Reichsaristokratie auch ein persönlicher Habitus im Umgang mit Dichtung aus, nicht zuletzt in der Begegnung mit Poesie. Auf dem Humus eines benennbaren menschlichen und gesellschaftlichen Umkreises aus Angehörigen der Oberschicht ist diese Literatur hervorgewachsen und wurde in einer konkreten geschichtlichen Situation lebendig.

Dieser Befund sollte uns zu denken geben. Erneut dürfen wir feststellen, daß Dichtung und Literatur nicht im stillen Kämmerlein gedeihen, weitgehend ohne Blick auf konkrete Adressaten. Gewiß, heute ist sie bestimmt für einen anonymen und dazu dem ökonomischen Interesse unterworfenen Markt. Und dennoch: Das unser tägliches Leben Transzendierende, das der Dichter schafft und in seinem Werk geborgen hat, erschließt sich am besten und wirkungsvollsten in Gemeinschaft. Daraus werden gemeinsame Erfahrungsräume, die für Bildung und Selbsterziehung und damit für die Weiterentwicklung jeder Gemeinschaftsordnung unerläßlich sind. Die Kreise, in die uns die Briefe des Plinius führen, sind nichts anderes als jene „Zirkel", von denen viele Jahrhunderte später Friedrich Schiller sprach (vgl. Kap. 1) und die sich im 20. Jh. – bei aller zuweilen bedenklichen Ausformung in concreto – auch als politisch wirkmächtig erwiesen (vgl. die beiden folgenden Kap.).

4.

„fug des volkes"

Vom Umschmelzen der Macht in Herrschaft.
Ein historischer Brückenschlag

> „Aber komt, wie der Stral aus dem Gewölke komt,
> Aus Gedanken vieleicht, geistig und reif die That?"
>
> Friedrich Hölderlin[1]

> „In großem geschichtlichem Sinne (...) heißt Herrschaft
> die Durchsetzung der Macht im Dienste einer Idee, einer Ordnung;
> geplante Abstufung, Sammlung unter einer Bestimmung."
>
> Reinhold Schneider[2]

Der „Schwur" im Juli 1944

In den ersten Tagen des Juli 1944 brachten die Verschwörer gegen Hitlers Tyrannis, Berthold und Claus von Stauffenberg, unter Mitarbeit von Rudolf Fahrner einen Schwur zu Papier. In ihm formulierten sie die Grundsätze, die hinter ihrem Widerstand und ihren Plänen zum Aufstand lagen.[3] Dieses im Original erst 1992 veröffentlichte Dokument bekundet in schlichten Wendungen ein Programm zur geistigen, gesellschaftlichen und politischen Erneuerung Deutschlands. Es sei in Gänze zitiert[4]:

---

1   Hölderlin I, S. 193 (An die Deutschen, 1800).

2   Reinhold Schneider: Macht und Herrschaft in der Geschichte. – In: Ders.: Schwert und Friede. Frankfurt a. M. 1987 (=Ges. Werke Bd. 11), S. 109.

3   Zu Stauffenbergs politischem Vermächtnis Hoffmann 1992, S. 417ff., 493ff.; Riedel 2006, S. 214ff.

4   Hoffmann 1992, S. 422f.

Wir	glauben an die Zukunft der Deutschen.
Wir	wissen im Deutschen die Kräfte, die ihn berufen, die Gemeinschaft der abendländischen Völker zu schönerem Leben zu führen.
Wir	bekennen uns im Geist und in der Tat zu den grossen Überlieferungen unseres Volkes, das durch die Verschmelzung hellenischer und christlicher Ursprünge in germanischem Wesen das abendländische Menschentum schuf.
Wir	wollen eine Neue Ordnung die alle Deutschen zu Trägern des Staates macht und ihnen Recht und Gerechtigkeit verbürgt, verachten aber die Gleichheitslüge und beugen uns vor den naturgegebenen Rängen.
Wir	wollen ein Volk, das in der Erde der Heimat verwurzelt den natürlichen Mächten nahebleibt, das im Wirken in den gegebenen Lebenskreisen sein Glück und sein Genüge findet und in freiem Stolze die niederen Triebe des Neides und der Missgunst überwindet.
Wir	wollen Führende, die aus allen Schichten des Volkes wachsend, verbunden den göttlichen Mächten, durch grossen Sinn, Zucht und Opfer den anderen vorangehen.
Wir	verbinden uns zu einer untrennbaren Gemeinschaft, die durch Haltung und Tun der Neuen Ordnung dient und den künftigen Führern die Kämpfer bildet, derer sie bedürfen.

Wir geloben

untadelig zu leben,

in Gehorsam zu dienen,

unverbrüchlich zu schweigen,

und füreinander einzustehen.

Zeit- oder Ideenhistoriker mögen über diese Setzungen vermutlich den Stab brechen – als eine schon damals obsolete „Idealisierung" aus den Interessen seiner aristokratischen Autoren und im Geiste der Welt Stefan Georges, längst vergangen und allenfalls noch von wissenschaftlichem oder musealem Interesse. Das sind, um es klar zu sagen, Vorurteile, entstanden aus einer weitreichenden, leichtfertigen und fatalen Geschichtsvergessenheit. Macht man sich von solchen Vorurteilen frei, dann birgt dieses Manifest, das zum Testament seiner Verfasser wurde, ein bis heute uneingelöstes Versprechen auf Erneuerung durch historische Rezeption. Man kann die Grundgedanken des Stauffenbergschen Schwurs auch heute noch produktiv aufnehmen, wieder denken und mit unseren Worten formulieren, also wiederum zum Bezugspunkt von zukunftsorientierender Rezeption machen.

Aktualisieren versus Rezipieren: Der geschichtliche Brückenbau

Rezeption von Vergangenheit als Geschichte bedeutet etwas grundsätzlich anderes als das in manchen populären Geschichtsbüchern oder zuweilen in der Schuldidaktik beliebte, doch gänzlich abwegige „Aktualisieren". Dieses setzt darauf, in der Vergangenheit auf äußere Gegebenheiten zu stoßen, die sich durch den oberflächlichen Augenschein irgendwie mit Phänomenen der eigenen Gegenwart vergleichen oder gar ineins setzen lassen. Dabei wird ausgeblendet, wie fremd, gerade auf der Oberflächenebene, das Leben der Vormoderne gegenüber dem der Moderne gewesen ist. Gladiatoren sind eben keine modernen Sportathleten, eine römische domus kein Einfamilienhaus, ein populärer Senator kein Mitglied einer Fortschrittspartei. Als Historiker müssen wir dennoch Verbindungen zwischen Gegenwart und Vergangenheit zu entdecken suchen, und wir tun dies nicht durch Aktualisieren, sondern indem wir Brücken des Verstehens bauen. Deren Konstruktion beruht auf dem Prinzip des *tertium comparationis*. Wir blicken dabei hinter die Merkmale der äußeren Fakten auf beiden Seiten der Brücke, der Gegenwart und der Vergangenheit, und fragen nach äquivalenten Strukturen und Konstellationen. Bezugspunkte solcher vergleichbaren Bedeutung sind die unveränderlichen Parameter geschichtlichen Lebens in seinen wesentlichen Grundkräften: Wirtschaft, Gesellschaft, Gemeinschaft, Kultur, Religion.

Das Ergebnis der folgenden Untersuchung zeugt von der im eben beschriebenen Sinne tieferen Wahrheit, die in den oben zitierten Sätzen vom Juli 1944 steckt. Deren Urheber, also die Hauptakteure des gescheiterten Attentats auf Adolf Hitler, hätten, nach ihrem historischen Bezugspunkt gefragt, wohl am ehesten auf die Griechen verwiesen. Das wäre gewiß nicht abwegig gewesen, doch soll es im folgenden um unsere eigene Rezeption gehen – ein doppelter, sich gegenseitig spiegelnder geschichtlicher Brückenschlag. Man kann nämlich in den Worten der Stauffenbergs erstaunlicherweise auch eine Zielbeschreibung finden für eine Ordnung, die vor 2000 Jahren tatsächlich aus einer welthistorischen Umbruchssituation hervorgegangen ist. Ja, man könnte sogar die – zugegebenermaßen durch keinerlei Zeugnis belegte – Vorstellung ausmalen, daß im Frühjahr des Jahres 44 v. Chr. auch ein Schwur geleistet wurde, der dem der Stauffenbergs mutatis mutandis entsprochen haben könnte – über die naheliegenden Racheschwüre der Anhänger Caesars und seines Adoptivsohnes Octavian hinaus.

Der Eintritt Octavians in den Kampf um die Macht

Wir befinden uns in Apollonia an der nordwestgriechischen, heute albanischen Küste. Caesar war im Begriff, zu seinem großen Feldzug gegen die Parther aufzubrechen, und sammelte seine Streitmacht für den Zug durch den griechischen Osten. In diesem Heerlager befand sich auch C. Octavius, Caesars Großneffe und künftiger Adoptivsohn. Mit ihm war eine Gruppe junger, offenbar gleichgesinnter Aristokraten, enge persönliche Freunde, von denen wir wenigstens Marcus

Agrippa und Salvidienus Rufus namentlich kennen. Schon kurz nach den sprichwörtlich gewordenen Iden des März, dem 15. März 44 v. Chr., müssen die jungen Männer von der Ermordung des Diktators Caesar und von dessen Testament gehört haben, das den 19-jährigen Octavius zum Erben des Getöteten und damit zum Sachwalter seines Vermächtnisses bestimmte.

C. Iulius Caesar Octavianus – so wurde Caesars post mortem adoptierter Sohn nun genannt – bewegte sich bereits seit einigen Jahren in der engsten Umgebung seines Großonkels.[5] Er muß daher gewußt haben, worauf er sich einließ, als er, ohne zu zögern, die mit dem Testament Caesars an ihn als Adovtivsohn gestellte Verpflichtung annahm und auf sich nahm: nicht nur den Mord an seinem Vater zu rächen, sondern auch der Not des Staates endlich zu steuern. Ihr war die bisherige Macht Caesars noch in keiner Weise Herr geworden. Was dabei auf dem Spiel stand, war mit Händen zu greifen, und was nottat, darüber nachzudenken hatte Octavius an der Seite seines mächtigen Mentors in den zurückliegenden Jahren zur Genüge Anlaß und Gelegenheit gehabt. Es ging – so mußte die Konsequenz aus Caesars leblos und ohnmächtig gebliebener Alleinmacht lauten – um nichts weniger als um die Wiederherstellung der gesellschaftlichen und staatlichen Ordnung des römischen Volkes. Aus Anarchie, dem Verlust herrschaftlich geordneter Machtbeziehungen, mußte wieder Ordnung, ein *ordo novus*, eine Neue Ordnung, werden, wenn anders die geschichtliche Leistung der römischen *res publica* nicht zunichte werden sollte. Wie aus anderen Gründen die Deutschen im Juli 1944, nach mehr als einem Jahrzehnt von Unfreiheit, Verbrechen, Terror und Krieg, so standen die Römer im März 44 v. Chr. auch vor einem Abgrund.

Alle persönlichen Voraussetzungen und alles weitere Handeln Octavians sprechen dafür, daß seinem Entschluß, den mörderischen und vielleicht selbstmörderischen Gang in die Politik anzutreten, eine in diesem Sinne illusionslose Analyse der Lage und eine klare Vorstellung

---

5   Zu Caesar vgl. Meier 1982; Dahlheim 2005.

über die eigenen Ziele vorausgegangen sind. Warum sollte nicht ein entsprechender Schwur die Handvoll junger Gesinnungsgenossen zusammengeschweißt und sie mental gestärkt haben für das, was bevorstand – ein Wagnis voller Hoffnungen, nicht ein Abenteuer von Hasardeuren! Doch auf das Gedankenspiel kommt es nicht an – entscheidend ist: Die Aufgabe, die sich – offensichtlich in beiden geschichtlichen Augenblicken – stellte, war, von katastrophaler Unordnung der Macht wieder zu funktionierenden Beziehungen von Herrschaft zurückzufinden.

Von der Macht zur Herrschaft

Macht ist ein Rohstoff des menschlichen Lebens und der Geschichte. Dies war auch in der Antike von Beginn an bewußt. Der Odyssee-Dichter schildert in einem dicht gedrängten Bild das Leben der wilden, noch nicht menschlichen Kyklopen (Od. 9, 106–115). Bei ihnen fehlen all die Einrichtungen, die spezifisch menschliches Leben in den Augen der Griechen ausmachten. Dadurch sind für Homer die mythischen Wesen als Unmenschen ausreichend charakterisiert, er braucht sie als Folie für die Selbstverständigung über die eigene Zivilisation. Die Kyklopen werden „übergewaltig" *(hyperphíalos)* genannt, da sie allein aus ihrer physischen Kraft und Stärke leben. Aus ihrer schier unendlichen Macht vermögen sie jedoch weder eine Gesellschaft noch eine Gemeinschaft zu bilden. Denn sie sind, wie der Dichter sagt, *athémistos*, ohne gefügte Ordnung. So fällt es Odysseus zwar nicht gerade leicht, sich aus der Gewalt des Kyklopen zu befreien. Aber mit seiner spezifisch menschlichen Geisteskraft und mit seiner intelligent organisierten List, ins Werk gesetzt unter seiner Führung, kann er sich und die meisten der Gefährten retten.

Der Rohstoff Macht, über den auch die homerischen Kyklopen verfügen, muß also gewissermaßen bearbeitet, ja veredelt werden, damit er seine Funktion erfüllen kann. Macht ist dem Menschen nur gemäß und zuträglich, wenn sie als das Mittel erkannt wird, das jede menschliche Gesellschaft und Gemeinschaft für ihre dauerhafte Existenz wohl benötigt, das für diese aber nur dann segensreich wirkt, wenn es in bestimmter Weise wirksam wird. Kurz: Aus Macht muß soziale und politische Herrschaft werden. Ich plädiere nachdrücklich dafür, den Begriff „Herrschaft" ausschließlich solchen Systemen vorzubehalten, in denen sich keine bloßen Machthaber finden, sondern Herrscher, Führer, Leiter, denen es, griechisch gesprochen, um das *árchein* (dt.: leiten), *ágein* (dt.: führen) oder *prássein* (dt.: handeln) geht, nicht um ein *krátein* (dt.: Macht haben). Ein Tyrann, ob ein einzelner oder eine Gruppe, kann niemals herrschen. Solange er sich und seine Macht nicht einem höheren geistigen Prinzip unterwirft, bleibt er immer nur ein Macht- und Gewalthaber. Und alle historische Erfahrung zeigt, daß dies stets nur ein vorübergehender Zustand sein kann.

Max Weber sprach von der Herrschaft als der Chance, für einen Befehl Gehorsam zu finden. Alles kommt freilich darauf an, wie diese Chance genutzt wird. Im Prinzip gilt Webers Definition auch für Homers Kyklopen. Man darf bei ihr also nicht stehen bleiben. Gesellschaft und Gemeinschaft entstehen nämlich erst dann, wenn diese Chance in einer geordneten Form, und das heißt: in einer für beide Beteiligten, den Herrschenden wie den sich Fügenden, für richtig, stimmig und förderlich gehaltenen Weise wahrgenommen wird. Denn nur dann wird der dem „Befehl" Unterstehende nicht in jedem Augenblick darauf aus sein, sich der Anordnung zu entziehen oder seinerseits zum Befehlshaber zu werden. Kommt es dazu, dann verbreitet sich, wenigstens potentiell, die Anarchie der Kyklopen.

Macht ist also ein Element in den menschlichen Beziehungen, ohne das diese weder zu Gesellschaft noch zu Gemeinschaft werden können. Alle Konstellationen, durch die der einzelne in die Gesellschaft gestellt ist, und alle Assoziationsformen, die daraus hervorgehen, setzen das universale Phänomen der Ungleichheit voraus, in der die Macht als Potenz liegt. Nur: ein dauerhaftes und stabiles Gefüge, Gesellschaft mithin, wird daraus allein durch die Bändigung und Formung der

Machtpotenzen. Gesellschaft besteht in der Existenz von Institutionen und ihnen entsprechenden Verhaltensformen, durch die sich Macht in Herrschaft verwandelt. Aus dem Weberschen „Befehl" wird dann eine als richtig und sinnvoll erkannte Weisung, aus dem Machthaber ein Führer und Vorbild, aus dem Gewaltunterworfenen und potentiellen Aufrührer das seinen individuellen Beitrag leistende Mitglied eines gefügten Verbandes.

Das gilt ganz ebenso für die Bildung von Gemeinschaft, die jede Gesellschaft benötigt zur Bewältigung ihrer gemeinsamen Aufgaben. Dies kann nur gelingen wiederum durch in Herrschaft gleichsam umgeschmolzene Macht. Je mehr sie sich von ihrem Rohzustand durch diesen Prozeß entfernt, um so erfolgreicher kann sie wirken. Man sollte nicht meinen, es könne ohne Macht eine Gemeinschaftsordnung geben. Selbst dort, wo die Bürger über sich selbst herrschen, in der Demokratie, tun sie dies aufgrund einer Machtbeziehung zwischen dem Kollektiv der Bürger und dem einzelnen. Soll Demokratie nicht zur Ochlokratie, zur Willkürmacht wechselnder Mehrheiten, ausarten, so müssen die Bürger ihre Herrschaft über sich selbst bewußt als eine solche gestalten. Auch hier muß Macht zu Herrschaft werden – mit allen Konsequenzen, deren wichtigste die Ausbildung einer verbindlichen politischen Ethik ist. Nur wenn tendenziell alle Bürger von dieser Bürgertugend erfüllt sind, kann die demokratisch geordnete Gemeinschaft ihre Aufgaben erfolgreich erfüllen. Das stellt höchste Anforderungen an jeden einzelnen Bürger und macht Demokratie zur schwierigsten und gewagtesten Form von Gemeinschaft.

Vergleichsweise einfacher und daher in der Geschichte am meisten verbreitet ist dagegen die Lenkung der Gemeinschaft durch einen einzelnen. Nicht jede solche Machtstellung führt, auch wenn Herodot dies im Hinblick auf die griechischen Tyrannenherrschaften zu Recht herausarbeitet, zur moralischen Depravierung ihres Inhabers. Dies gilt nur für nicht in dauerhafte und akzeptierbare Formen gebundene, eben tyrannische Macht. Seit der Entstehung hochkultureller Formationen und damit einhergehend der staatsförmigen Organisation von

Gemeinschaften nennen wir dagegen Alleinherrschaften in der Regel monarchische Herrschaft. Diese wirkt wie ein Magnet, der Metallspäne auf sich ausrichtet. Von monarchischer Herrschaft gehen berechenbare, der Gestaltung eines Ganzen dienliche Kräfte aus. Sie wirken im Recht und in ethisch-religiöser Selbstbindung des Herrschers.

Universalhistorisch gesehen war nun die Herrschaftsordnung des römischen Prinzipats eine der erfolgreichsten. An ihrer Konstituierung durch Augustus können wir den Prozeß der Umgestaltung von Macht in Herrschaft exemplarisch beobachten.[6]

Die Not des Staates

Die Krise der späten römischen Republik[7] hatte vor allem darin bestanden, daß die stadtstaatlich gebundene republikanische Aristokratie aus sich heraus nicht imstande war, ihren über etwa 300 Jahre hin zusammengeraubten, weltumspannenden Machtbereich ordnungsgemäß zu regieren. Die Zustände in den *praedia populi Romani*, den Beutegütern des römischen Volkes, waren weitgehend gekennzeichnet durch den Einsatz schierer Gewalt und durch hemmungslose Ausbeutung. Einzelne, ob sie nun Tib. Gracchus, Sulla, Lucullus, Pompeius, Caesar oder Marcus Antonius hießen, bedienten sich des Weltreichs als Mittel, um ihre persönliche Macht zu vergrößern. Das konnte zwangsläufig nur auf Kosten des inneren Zusammenhalts der Senatsaristokratie gehen.

Aber keiner dieser Männer hätte anders handeln können. Die zur aristokratischen Existenz notwendig gehörende Wettbewerbsethik forderte von jedem römischen Senator als oberstes Handlungsziel den Erwerb von *dignitas*, *honor* und schließlich *auctoritas*. Zum Erweis solcher

---

6   Die maßgeblichen neueren Darstellungen der augusteischen Ordnung sind Bleicken 2000; Bringmann 2007; Dahlheim 2010; Giebel 1984; Kienast 1982. In keiner wird der Übergang von der Republik zum Prinzipat unter dem hier vorgeschlagenen Gesichtspunkt einer Umwandlung von Macht in Herrschaft diskutiert. Zu dem von mir entwickelten Begriff des Prinzipats vgl. Stahl 2008a u. 2011.

7   Zur späten römischen Republik vgl. Holland 2016; Blösel 2015.

virtus eröffneten sich nun seit dem Ende des Hannibalkrieges einzelnen Männern bisher ungeahnte Möglichkeiten. Sie wollten jeweils ergriffen sein, sollte ihre Nutzung nicht Konkurrenten und Rivalen überlassen bleiben. Die damit verbundenen Regelverletzungen und die neuen Handlungshorizonte wurden im 1. Jh. v. Chr. in ihren Folgen so einschneidend, daß sie den politischen Handlungsrahmen irreversibel veränderten. Die Grundlage republikanischer Politik, die ggf. immer wieder neu zu schmiedende Standessolidarität der nobiles und damit ihre kollektive Herrschaft, ließ sich nicht wiederherstellen.

Dabei war – vergleichbar der Entstehung griechischer Tyrannenherrschaften – die Anhäufung unerhörter Reichtümer und sozialer Ressourcen und damit von Macht nichts anderes als die Erfüllung eines jeden aristokratischen Traums, sobald diesem die Wirklichkeit einer funktionierenden sozialen Einbindung und Kontrolle nicht mehr Einhalt gebieten konnte. Zuerst entstanden aus den sich neu eröffnenden Gelegenheiten zur Machtakkumulation empfindliche Störungen der politisch-sozialen Balance innerhalb der Mächtigen, schließlich wurden Verlockungen und Herausforderungen, aber auch die aus der Kontrolle der besetzten Räume erwachsenden sachlichen Erfordernisse zu explosiven Sprengsätzen. Ihre Detonation setzte innere Konflikte und Gewalt frei, unter denen die Nobilität als Führungsschicht des römischen Staates zerrieben und zu einem beträchtlichen Teil sogar physisch ausgelöscht wurde. So hat am Ende der weltumspannende Machtbereich indirekt seine Urheber gewissermaßen unter sich begraben.

Diese rings um das Mittelmeer angesiedelten, Rom untertänigen Gebiete waren indes keine eigenständigen Akteure. Trotz der katastrophalen Rückwirkungen der Machtausdehnung auf das innere Gefüge der Gebietenden stand ihr Machtbereich zu keiner Zeit als solcher zur Disposition, d.h. in der Gefahr, durch Auflehnung und Widerstand verloren zu gehen – zu groß waren die militärische Überlegenheit der Römer und ihr unbedingter Wille, jedes Widerstreben und jede potentiell gefährliche nichtrömische Machtballung zu zerschlagen. Doch aus der Perspektive dessen, was sich nachher, seit der augusteischen Zeit, als möglich erwies, muß man konstatieren: Das Untertanengebiet verlangte immer dringlicher nach einem Wandel von Macht zu Herrschaft. Erst durch sie bestand Hoffnung auf eine Beendigung der Ausbeutung, auf eine Neutralisierung der Provinzen im innerrömischen Wettbewerb um Macht und Ehre und endlich darauf, den Unterworfenen Frieden, Sicherheit, Wohlstand und eine wie auch immer geartete politische Teilhabe zu bescheren. Die neue Herrschaft hatte, anders gesagt, ein Reich erst zu begründen.

Die Überwindung der Anarchie

Jede Zeit muß die Aufgaben, die ihr gestellt sind, erkennen. Aus jeder Krise findet sich ein Ausweg, auch wenn es lange so scheinen mag, als böte sich vom Bisherigen her keine Alternative. Gewiß hätte das römische Reich zusammen mit der republikanisch-oligarchischen Ordnung Roms zerfallen können, bevor es als Reich überhaupt existierte. So war es dem Alexanderreich ergangen. Doch von besonderem historischem Interesse sind Krisenbewältigungen wider die Wahrscheinlichkeit. In ihnen treten plötzlich Menschen auf, die die Zeichen der Zeit zu lesen vermögen, ihre Forderungen erspüren und erkennen und sich in die Pflicht nehmen lassen, etwas Neues zu schaffen.

Die Krise der späten römischen Republik bedeutete letztlich die Selbstauflösung des bisherigen Trägers staatlicher Macht, der Senatsaristokratie, und d. h. die unwiederbringliche Zerstörung des lange fraglosen Zentrums der bestehenden Herrschaftsordnung. Jeder Weg aus der Krise konnte daher nur über die Formierung einer neuen Macht führen. Sie hatte auch die inzwischen nicht mehr integrierten Akteure, allen voran die Soldaten und die italischen beziehungsweise provinzialen Eliten, auf Dauer einzubeziehen. Das erste und vordringlichste Ziel jedes zukunftsorientierten politischen Handelns in einer Situation des Mangels an staatlich geordneter Macht mußte somit die Erringung und Sicherung einer neuen Machtposition sein. Die Dinge lagen nun einmal aber so, daß die herkömmliche kollektive Machtausübung durch die Senatsaristokratie offenkundig versagt hatte, daß diese Führungsschicht, strukturell bedingt, reformunfähig war, daß andererseits der weltweite Machtbereich nach einer ordnenden Hand dringend verlangte und daß schließlich vor dem Hintergrund zeitgenössisch allein vorstellbarer Alternativen eine neue Machtkonzentration kaum anders zu verwirklichen war als im Alleinbesitz der Macht durch einen einzelnen.

Zu solchen Erkenntnissen hatte der junge Octavius an der Seite Caesars aus eigener Anschauung kommen können. Die Umstände, unter denen Caesar am Ende gescheitert ist, haben diese Lehrzeit gerade nicht dementiert, sondern noch einmal eindrucksvoll bestätigt. Denn die Mörder des Diktators waren ohne jede zukunftsweisende politische Perspektive und deshalb schon am Tag der Tat mit ihrem Latein am Ende.

Damit spitzte sich die Krise der hergebrachten Staatsordnung neuerlich und rasch zu. Wie hätte vermieden werden können, daß noch einmal Blut zu fließen begann, vielleicht so lange, bis alle Widerstände gegen das Neue weggeschwemmt waren? Wäre es, wie ein Cicero vielleicht geglaubt hatte, wirklich möglich gewesen, das Regime der Nobilität wiederzubeleben, nachdem seit hundert Jahren alle Versuche dazu nur tiefer in die Krise geführt hatten? *„Nec vitia nostra, nec remedia pati possumus"*, „wir können weder unsere Fehler länger ertragen noch die Heilmittel dagegen", so diagnostizierte Livius im Rückblick treffend.[8] Und Cicero selbst hatte immer wieder davon gesprochen, daß der Staat als solcher zugrunde gegangen sei, *„amissa re publica"*[9]. Es war kein Ausweg in Sicht, der aus der bestehenden instabilen Machtlagerung selbst hätte hervorgehen können. Alle politischen Vorstellungen, die nach der Ermordung Caesars im Raume standen, hätten die Agonie der alten Ordnung sehr wahrscheinlich nur verlängert. Denn nirgendwo war zu sehen, wie die Grundfrage zu lösen war: wie nämlich die

---

8   Livius praef. 9; Übers.: Jürgen Hillen.
9   Cicero, Briefe an Atticus 1, 18,6; 9, 5,2.

Anarchie zu überwinden und ein stabiles Zentrum staatlicher Macht zu errichten war.

An dieser Aufgabe führte also kein Weg vorbei. Ob der junge Octavian sie schon als solche wahrnehmen konnte, wissen wir nicht. Anfangs hat er vielleicht primär in der Überzeugung gehandelt, seinen Adoptivvater und die Ehre der iulischen Familie nicht im Stich lassen zu dürfen und – eine tief in der römischen Moral wurzelnde Pflicht erfüllend – Rache üben zu müssen. Das war in römischen Augen weder abwegig noch moralisch anrüchig. Daß Octavian in diesen für ihn zunächst ja vollkommen aussichtslos erscheinenden Konflikt allerdings mit der von Beginn an gezeigten Entschlossenheit, Verve und unbeirrten Zielstrebigkeit gegangen ist, läßt die Vermutung aufkommen, er habe von Anfang an zumindest gespürt, daß sich mit seinem respektablen Kampf um die Familienehre noch eine größere Aufgabe verband. Zumindest ist ihm wohl sehr schnell klar geworden, daß es darauf ankam, sich selbst erst einmal in eine Machtposition zu bringen, die ihm die Verwirklichung seiner Sohnespflichten überhaupt ermöglichte und ihm eine gewisse Sicherheit verschaffte. Wir können nicht sehen, wann Octavian sich über sein größeres Ziel letztlich klar geworden ist. Doch spricht sein über knapp eineinhalb Jahrzehnte sehr geradliniger und ohne jedes Zögern gegangener Weg dafür, einen hohen Grad von Bewußtheit schon von Beginn an anzunehmen.

Die Lage verlangte von ihm, sich persönlich durchzusetzen, so schnell es ging, ohne jede Rücksicht, auch gegen sich selbst. So brach der Bürgerkrieg noch einmal auf. Wollte er in ihm bestehen, so hatte Octavian keine andere Wahl, als seine Hände in Blut zu tauchen. Daß er sich in diesem Ringen behaupten und daß es ihn 13 schreckliche Jahre später zur Alleinherrschaft führen würde, grenzt selbst für den rückschauenden Historiker an ein Wunder.

Nun endet allerdings die Geschichte des Octavian nicht im September 31 v. Chr., als er bei Aktium die militärische Auseinandersetzung definitiv für sich entschied. Die Gestalt Octavians wäre sonst auch nichts als ein weiterer Eintrag in die Liste der großen Übeltäter in der

Weltgeschichte. Statt dessen wurde eine neue Form der Herrschaft, der Prinzipat, begründet, indem der siegreiche Heerführer erklärte, sich künftig in den Bahnen von wiederbegründetem Recht und Gesetz bewegen zu wollen. Das hieß vor allem, sich demonstrativ an bestimmte Verabredungen und Vereinbarungen mit dem Senat zu halten.

Ein neues Akzeptanzsystem

Aufs Ganze gesehen hat sich der von Augustus installierte, rechtlich gebundene politische Verhaltenskodex über 200 Jahre hin bewährt – nicht zuletzt deshalb, weil eine elementare Notwendigkeit hinter ihm stand. Die Regierung des Weltreichs forderte die Konzentration der Macht in einer monarchischen Spitze, konnte aber ebensowenig verzichten auf das Engagement und die Leistungen der senatorischen Führungsschicht und des Militärs. Für die Regierung des Princeps unabdingbar waren weiterhin die Verantwortung der Eliten für eine weitgehende Selbstverwaltung der provinzialen Städte und schließlich der Resonanzboden der Stadt Rom.

Senat, Militär, *plebs urbana* und italische sowie provinziale Führungsschichten waren denn auch die für das Handeln des Princeps wichtigsten Bezugsgruppen. Auf deren Konsens und Akzeptanz kam es an für die Herrschaft des Princeps[10], mit ihnen mußte er daher unaufhörlich und eng kommunizieren. Dies schuf einen übergreifenden Handlungszusammenhang, innerhalb dessen der Prinzipat als öffentliche Rechtsordnung überhaupt erst funktionsfähig wurde.

Das entspricht im übrigen genau den Strukturen, die dem römischen Staat in der Zeit der Republik zugrundelagen. Wie Jochen Bleicken herausgearbeitet hat, ist die republikanische Verfassung nur auf der Grundlage einer Gesellschaftsordnung verständlich, deren Grundge-

---

10   Zum Akzeptanzsystem vor allem Flaig 1991.

setz im System von *amicitia* und *clientela* lag.[11] Diese Bindungsformen hielten die römische Gesellschaft zusammen, und hieran hat Augustus wieder angeknüpft. Die von ihm unermüdlich proklamierte *restitutio* der *res publica* bestand in einer produktiven Wiederbelebung des traditionellen Kerns der politischen Ordnung. Diese erhielt wieder eine gesellschaftliche Basis, nachdem sich die alte in der späten Republik selbst aufgelöst hatte. In ihrem Zentrum stand nun freilich der Monarch.

Von den sozialen Grundlagen der Macht her wird verständlich, daß im Januar 27 v. Chr., als der Alleinherrschaft vom Senat eine rechtliche Gestalt gegeben wurde, nicht nur der erste wichtige Schritt zu einer neuen rechtlichen Verfaßtheit gegangen wurde – ihm folgten bis 19 v. Chr. eine Reihe weiterer. Davon nämlich nicht zu trennen – und also nicht bloß Blendwerk – ist eine Folge ingeniöser Symbolhandlungen.[12] Sie sind Ausdruck der Kommunikation des Herrschers mit dem restituierten Gemeinwesen und seinen tragenden Gruppen. Diese Dedikationen des Senats, allen voran die Verleihung des Namens Augustus, muten in ihrer äußeren Form geradezu bescheiden an, in ihren inhaltlichen Bezügen und semantischen Konnotationen sind sie jedoch weittragend und beschreiben den erstrebten Neuanfang, die „Geisteswende", in der nach Rudolf Borchardt der geschichtliche Sinn von Aktium liegt.[13] Die symbolische Kommunikation bildet also einen integralen Bestandteil der Konstitution der sog. Prinzipatsverfassung. Ihren Abschluß und zugleich den von Augustus selbst so empfundenen Höhepunkt fand der Vorgang in der Zuerkennung des Titels *pater patriae*, Vater des Vaterlandes, im Jahre 2 v. Chr.

---

11 Vgl. Bleicken 1975, S. 120ff.
12 Vgl. Bleicken 2000, S. 371ff., 509ff.
13 Vgl. Borchardt 1929, S. 69ff.

Auctoritas

Die Ehrungen für den Monarchen stimmen also keine ablenkende Begleitmusik an, und sie waren auch nicht beliebige speichelleckende Schmeichelei gegenüber dem Mächtigen. Dahinter stand vielmehr die Erkenntnis, daß die neue und unerhörte Stellung des Herrschers in genauen, leicht faßlichen und plastischen Bildern und Begriffen eingefangen und verständlich gemacht werden mußte. Es ging darum, die Person Octavians, hinfort des Princeps Augustus, in eine völlig neue Seinsweise zu rücken, weil eben sie den Angelpunkt bildete, von dem aus allein die Ordnung funktionsfähig werden und bleiben konnte. Die besondere Qualität dieser Person verdichtete sich im Begriff der *auctoritas*. Die *auctoritas* des Princeps war der Kern des neuen politischen Systems.

Auctoritas ist eine persönliche, situativ gebundene und nur in der Relation zu anderen vorhandene Qualität.[14] Sie mußte beständig verwirklicht und erneuert werden. Deshalb bedurfte die Funktionsfähigkeit der auf *auctoritas* gründenden Alleinherrschaft eines breiten Spektrums von Verkehrsformen, von Medien und Kanälen der Kommunikation. Politische Rituale, öffentliche Repräsentation und fortgesetzte Ehrenbezeugungen bildeten unverzichtbare Elemente der politischen Praxis. Sie kreisten immer um die *auctoritas principis*. Wie in der Zeit der athenischen Demokratie kann man daher die gesamte Kultur auch der augusteischen Epoche als eine genuin politische Kultur bezeichnen.[15] Denn in ihr ging es ganz wesentlich darum, daß die *auctoritas* des Princeps immer wieder sichtbar wurde und einprägsame Formen annahm. Ihre schöpferische Kraft bezogen die Architekten, Maler, Bildhauer oder Dichter genauso wie die Senatoren und der Herrscher selbst vor allem daraus, daß sich das Neue bestimmen ließ mit Hilfe der Tradition. Je für sich genommen wirkten die neuen Begriffe und Ge-

---

14 Vgl. Heinze 1925.

15 Die besten Darstellungen der augusteischen Kultur sind Simon 1986; Zanker 1987; Galinsky 1996.

stalten, verwurzelt in der Geschichte, wie sie waren, wenig spektakulär, und doch mußten sie beschreiben, was alles Bisherige hinter sich lassen und überwinden sollte.

Das gilt zu allererst für den Begriff der *auctoritas* selbst. Mit ihm ist von den frühesten Zeiten an die Verantwortlichkeit in den gesellschaftlichen und politischen Verhältnissen benannt worden. Am wichtigsten war die *auctoritas senatus*, der Inbegriff der zentralen Stellung, die das Gremium und seine Mitglieder in der *res publica* einnahmen. In der *auctoritas* des Senats wurde die Führungsverantwortung mit dem maßgeblichen und nie in Frage gestellten Einfluß auf alle politischen Entscheidungen in eins gesetzt. Und hier findet sich denn auch das Vorbild für die von Augustus in seinem Tatenbericht wie selbstverständlich angeführte Unterscheidung von *potestas* (Amtskompetenz) und *auctoritas*[16]: Nicht durch die *potestas* der Magistrate wurde in der Republik das Gemeinwesen gelenkt, sondern durch das Beratungs- und Bestätigungsrecht des Senats. Dessen *auctoritas* basierte auf der persönlichen *auctoritas* aller seiner Mitglieder, die Leistungen, Fähigkeiten und sittliche Qualitäten umfaßte. Allein die *auctoritas senatus* bewirkte, daß dessen Beschlüsse von allen politischen Akteuren von vornherein als bindend erachtet wurden. Diese Konstellation, die für die Verfassung der römischen Republik grundlegend war, hat Augustus wiederhergestellt – nur daß jetzt die frühere auctoriale Rolle des Senats auf ihn selbst als Princeps überging und der restituierte Senat zu einem von mehreren Faktoren des institutionellen politischen Gefüges wurde – dem bedeutendsten allerdings.

16 Vgl. Augustus, Res Gestae 34.

Schöpferische Rezeption: Augustus, der *pater patriae*

Res publica restituta – das hieß, sich Tradition und Vergangenheit nicht einfach zu unterwerfen, sondern sie produktiv anzueignen in einem genuinen Akt historischer Rezeption. In ihm bedeutet die Hinwendung zur Vergangenheit der Republik nicht eine lediglich behauptete Traditionswahrung, in Wirklichkeit aber leblos bleibende Maskerade. Rezeption meint vielmehr, daß die neue Ordnung in der republikanischen Vergangenheit ihren sinnhaltigen und damit geschichtlichen Bezugspunkt fand. Das prägt auch alle Formen, in denen die *auctoritas principis* Gestalt annahm. Die zwei wichtigsten Beispiele dafür sind der Augustus-Name und der *pater patriae*-Titel.

Der von L. Munatius Plancus im Januar 27 v. Chr. dem Senat für Octavian vorgeschlagene Ehrenname war etwas Neues und Einzigartiges. Weder ein Mensch noch ein Gott hatten vorher je so geheißen. Die Quellen stimmen darin überein, daß mit dem Adjektiv *„augustus"* stets eine Sakralisierung gemeint war. Etymologisch verbindet sich mit dem Wort das semantische Feld *augur, augurium, augeo* und verweist auf die Wurzel **augos* als eine göttlich inspirierte Kraft, Wachstum hervorzubringen.

Mit dem Namen Augustus wurden ehrwürdige Bestandteile der Tradition aufgerufen und in verdichtetster Form als Geschichte vergegenwärtigt. An folgende Bezüge ist zu erinnern: Zunächst an das *augurium augustum* des Romulus, weiterhin an Octavians Auszeichnung mit der *corona civica* als *conservator rei publicae*, dann an Augustus' Rolle als *auctor*, als Urheber und Gewährsmann des wiederhergestellten, gleichsam neu gegründeten Staates und dazu an seine beispiellosen Verdienste als Mehrer des Reiches, ferner an Augustus' in den Res Gestae selbst hervorgehobene Sorge um die Restauration von Tempeln und Kulten[17], einschließlich seiner eigenen Mitgliedschaft in allen Priesterkollegien, schließlich an die von Cicero als Voraussetzung für die Aufnahme unter

---

17 Vgl. Augustus, Res Gestae 20.

die Götter genannten[18] und mutatis mutandis auf dem sogenannten Tugendschild verzeichneten Tugenden *virtus, clementia, iustitia, pietas erga deos patriamque.* Diese Tugenden können also auch als Vorzeichen für die zu erwartende Vergöttlichung verstanden werden.

Der Name Augustus bringt seinen Träger in Einklang mit der Geschichte Roms und in unmittelbare Verbindung mit seinen Göttern. Dies machte den wesentlichen Inhalt und zugleich das Versprechen der überragenden *auctoritas principis* aus. Sie erhielt im Namen Augustus ihren bleibenden Ausdruck, und mit ihm wurde eine – und das ist das Wesen historischer Rezeption – in die Zukunft weisende Summe aus der Vergangenheit gezogen.

Das andere, die Titulatur auch künftiger *principes* wesentlich bestimmende Element war die Ehrung als *pater patriae.* Ein Vierteljahrhundert nach der Gründung des Prinzipats, als die segensreichen Wirkungen der neuen Ordnung im Leben jedes Römers offensichtlich waren und damit die *auctoritas* des Herrschers geradezu ins Unermeßliche wuchs, schlug diese sich in einer letzten möglichen Steigerung nieder, der Ausrufung des Herrschers als Vater des Vaterlandes. Die Ansprache eines verdienten Mannes als *pater* – um einer Tat der Hilfe, Fürsorge, Rettung oder Gründung willen – folgte wiederum altrömischem Brauch. Augustus wurde in den Jahren vor 2 v. Chr. wiederholt und spontan in verschiedenen Formen, etwa auf Münzen oder Inschriften, als *pater* bezeichnet. Überdies war bereits der *genius Augusti* in die traditionelle und verstärkt wiederbelebte Verehrung der Laren in den *vici* der Stadt Rom einbezogen worden – so als besitze die ganze Stadt in der Gestalt des Princeps von nun an einen gemeinsamen Hausvater, der sich fürsorglich zu zeigen hatte und den es zu ehren galt.

Schon Caesar ließ sich als *parens patriae* apostrophieren. Damit wurde die hausväterliche Kompetenz erstmals ganz allgemein auf das Gemeinwesen übertragen. Das blieb jedoch ein möglicher Entwurf, und erst Augustus durfte sich rühmen, den Ehrentitel der übereinstimmen-

---

18 Vgl. Cicero, De Legibus 2, 19.

den Willensbekundung aller Stände zu verdanken.[19] Damit schloß sich zugleich ein Kreis in seinem politischen Leben. Denn als der entscheidende Durchbruch zum Gewinn der Alleinherrschaft, noch bevor der entscheidende Schwertstreich bei Aktium geführt worden war, muß in der Rückschau schon jener *consensus universorum* erscheinen, der sich im Treueid des Jahres 32 v. Chr. niederschlug. Er war Ausdruck des in dem von Octavian kontrollierten Teil der Welt schon weitgehend vorhandenen Einverständnisses mit einer seit 36 v. Chr. einsetzenden neuen konstruktiven Politik und artikulierte zugleich die Erwartungen, die sich mit der *patria tutela* Octavians verknüpften.

Er hat sie nicht enttäuscht, und so wurde ein Menschenalter später, als seine Gefolgschaft schon längst mit dem gesamten Bürger- und Heeresverband identisch geworden war, die patronale Verpflichtung des obersten Klientelherrn gegenüber dem nunmehr reichsweit ausgesprochenen *consensus universorum* im Titel des *pater patriae* endgültig besiegelt.

Auch dies war also keine substanzlose Lobhudelei, sondern umschrieb so treffend wie nur möglich die tatsächliche historische Leistung des Herrschers. Indem er stets als Patron der *res publica* agierte, stabilisierte und erneuerte er nämlich diese in der späten Republik brüchig und fragwürdig gewordene Grundnorm des gesellschaftlichen Zusammenhalts: Das System von *clientela* und *amicitia* verlor infolgedessen nichts von seiner einstigen Bedeutung, sondern bildete auch für die Prinzipatszeit einen wesentlichen Pfeiler der Stabilität. Augustus' oberstes gesellschaftliches und daraus erwachsend sein politisches Patronat wurden Vorbild und Richtschnur für die Aufgabe der vielen großen und kleinen Patrone, auf deren Pflichterfüllung die Gesellschaft elementar angewiesen war. Und indem die *potestas* des Princeps primär als *patria potestas* verstanden wurde, war sie ausschließlich Ausfluß seiner *auctoritas*. Von ihr ging die entscheidende Bindekraft aus, die Staat und Gesellschaft einte. Daher bedeutete Augustus *pater patriae* zu nennen

---

19 Vgl. Augustus, Res Gestae 35.

immer eine gegenseitige Verpflichtung, die auch die Ehrenden ihrerseits dem ihnen Verpflichteten gegenüber eingingen.

Es wundert deshalb nicht, daß der *pater patriae*-Titel religiöse Dimensionen enthält, in denen die Schutzbefohlenen sich ihrem Patron zuwenden konnten: von der schon erwähnten Verehrung des *genius Augusti* oder dem Anschluß an den Romulus-Kult über die in zahlreichen bildlichen Varianten formulierte Analogie zum *pater* Jupiter – etwa auf der Gemma Augustea – bis zur Übernahme hellenistischer Soteriologie, durch die – etwa am Horologium – die altrömische Landesvater-Vorstellung ins Kosmische gesteigert wurde.

Im Jahre 2 v. Chr. wurde dem Gebäude des Prinzipats somit der Schlußstein eingesetzt. Neben der Bezeichnung des Herrschers als Augustus bedeutete seine Ausrufung zum *pater patriae* nichts weniger als den zweiten Konstitutionsakt der neuen Ordnung.

Herrschaft und Geist

Neben den rechtlichen Verkehrsformen und der offiziellen Formulierung der *auctoritas* des Herrschers gehörten auch alle Facetten der Kultur, besonders Literatur und Kunst, integral zu den Gestaltungselementen, durch die aus Macht Herrschaft wurde. Darauf ist hier weder umfassend noch in Einzelheiten einzugehen. So viel muß aber gesagt werden: Hier ging es nicht um Herrschaftslegitimation. Das Wort Legitimation führt in die Irre, denn es wäre nur am Platze, wenn das kulturelle Schaffen lediglich die beliebige Schaufassade wäre zur Camouflage der häßlichen Kehrseite eines in Wirklichkeit auf bloße Macht und Gewalt sich stützenden Regimes wie etwa im Falle von Mussolini, Hitler oder Stalin. Bei diesen war der Anspruch auf Schönheit der kulturellen Produktion denn auch nur eine Illusion. In einer Herrschaftsordnung dagegen folgen Griffel, Pinsel oder Meißel nicht den Befehlen eines Propagandaministeriums, sondern gestalten mit ihren Mitteln die

Ordnung der Herrschaft. Diese besitzt ihr Existenzrecht allein durch sich selbst, d. h. durch ihr segensreiches Wirken.

In den Gebilden des Schönen kommt die Überwindung von anarchischem Chaos und barbarischem Abgrund zum Vorschein. Dichterisches oder bildnerisches Gestalten ist nicht erst die Folge oder beliebige Dekoration von Herrschaft. Vielmehr ist diese darin erst eigentlich sie selbst, indem die kulturellen Manifestationen Zeichen dafür setzen, daß in den gesellschaftlichen und politischen Fügungen ein geistiges Prinzip waltet.[20]

So signalisiert, um doch ein Beispiel anzusprechen, die Schönheit der bekannten Statue des Augustus von Primaporta, indem sie sich das ideale Menschenbild der griechischen Hochklassik aneignet, jene – in den Worten Michel Foucaults – „Sorge um sich selbst", die schon seit dem Hellenismus die Voraussetzung für die politische Handlungsfähigkeit der Oberschichten bildete. Die augusteische Kultur schließt sich in dieser Verbindlichkeit im Geistigen zusammen zu einem beziehungsreichen und stimmigen Zusammenhang von Lebensformen und Handlungszielen, aus denen sich das Selbstverständnis der Herrschaft bildete.

Nehmen wir diese grandiose Gestaltwerdung ernst, dann wird auch die innere Geschlossenheit des augusteischen *ordo novus* evident: Sowohl *auctoritas*, der Kardinalbegriff der Monarchie, wie die Rechtsformen, in denen sich das monarchische Handeln zu vollziehen hatte, weisen zurück auf Grundpfeiler der gesellschaftlichen und staatlichen Ordnung der Republik. *Res publica restituta*, so lautete die immer wieder auftauchende Formel. Augustus hat die Tradition in einem veränderten Rahmen neu vergegenwärtigt und seinem Prinzipat anverwandelt. Das war nichts weniger als eine Meisterleistung historischer Rezeption in einem Akt „schöpferischer Restauration" (Rudolf Borchardt). Mit ihm entstand in der augusteischen Epoche ein Geschichtsbild, das seiner

---

20 Zum Verhältnis zwischen Macht und Geist die Debatte zwischen Walter Jens und Wolfgang Graf Vitzthum, vgl. Jens/Vitzthum 1991.

Gegenwart aus der Tradition die entscheidenden Werte zur Orientierung auf die Zukunft beschrieb.

Gewiß, von den Handelnden selbst wurde nicht wahrgenommen oder reflektiert, wie hier aus dem Alten etwas Neues geschöpft wurde, sondern man verstand es als Vergewisserung des *mos maiorum* (der Vätersitte) und als Rückkehr zu ihm. Die Berufung auf den *mos maiorum* spiegelt auf der persönlichen Ebene aber auch die Einheit, die den greisen Friedensfürsten mit dem jungen 19-jährigen Mann verbindet, der an den Beginn von Augustus' Leistungs- und Lebensbilanz gestellt ist.[21] Zu dessen frühesten intellektuellen Erfahrungen dürfte die Einsicht gehört haben, wie hohl die *exempla maiorum* angesichts der Realität mittlerweile klangen, aber ihre Botschaften waren ihm deswegen um so weniger gleichgültig, und sie lieferten ihm Orientierungsmarken für den Bau der neuen Ordnung.

Wer die Prinzipatsordnung nur für eine Theaterfassade zur Verschleierung von Tyrannenmacht hält – und das tun nicht wenige in der Fachwelt[22] –, degradiert die geisterfüllte Gestaltung der augusteischen Herrschaft zur hohlen Kulisse, insbesondere die reiche Fülle der Kultur dieser Epoche. Es sind aber nicht zuletzt deren Botschaften des Schönen, die den Charakter der neuen Ordnung beglaubigen – nicht um den „dunklen Grund" (Gottfried Benn) von Krieg, Gewalt und moralischer Schuld einfach vergessen zu machen, sondern indem sie für deren Überwindung zeugen. So wurde die Pax Romana im Zeichen des Princeps zum Signum eines neuen Kapitels der Weltgeschichte.

---

21 Vgl. Augustus, Res Gestae 1.
22 Vgl. den ausführlichen Forschungsbericht bei Page 2015, S. 20ff.

Vom Beruf der Herrschaft: Das schöne Leben

Nun kann sich ein Kreis schließen. Gewiß ist die Verschiedenheit der historischen Umstände 1944 und 44 v. Chr. nicht zu übersehen. Während im einen Falle eine Nation, in einen hoffnungslosen äußeren Krieg verstrickt, schließlich vor ihre physische Existenzfrage gestellt war, stand im anderen Falle ein neuerlicher innerer Krieg vor der Tür. Doch in beiden Fällen stemmten sich zur Tat entschlossene Männer gegen den zwangsläufig scheinenden Weg in den Untergang. Was wir vergleichen können, ist der Stern, dem sie dabei folgten.

Der Schwur der dem Tyrannen Hitler Widerstehenden ist geleitet von der Vision einer „Neuen Ordnung". Sie sollte eine scharfe Wende herbeiführen gegenüber den herrschenden, aber auch schon früheren Zuständen. Die Vision des Augustus hingegen können wir vor allem dem entnehmen, was tatsächlich geschichtliche Wirklichkeit wurde. Gerade dies aber zeugt von der Umwälzung, die das augusteische Rom auszeichnet. Dem ersten Princeps gelang jener „fug des volkes", wie der überlebende Bruder der Attentäter, Alexander von Stauffenberg, in seiner poetischen Fassung des Schwurs, die kurz nach Kriegsende entstand, die angestrebte Neue Ordnung nannte.[23]

Es ist nun auffällig, doch vielleicht nicht so ganz überraschend, daß die Leitlinien, von denen die augusteische Restitution der *res publica* geführt wurde, sich auch – in der entsprechenden zeitspezifischen Formulierung – entdecken lassen im Schwur der Stauffenbergs und seinen Grundgedanken der Wiederherstellung von Volk und Staat:

- In beiden Fällen ist die Umwälzung von einem historischen Bewußtsein durchdrungen, das die Zuversicht für eine offene und gestaltungsfähige Zukunft eng verknüpft mit dem Rückgriff auf Tradition und Geschichte. Aus ihnen erwächst die Kraft zu lebendiger Erneuerung, nicht eine leblose und daher nicht lebensfähige

---

23 Stauffenberg 1964, S. 24.

Restauration. In beiden Fällen geht das Neue mit historischer Rezeption einher.

- Dem Anruf der Deutschen und dem Aufruf der ihnen innewohnenden Kräfte zu Beginn des Schwurs entspricht der Appell Octavians, noch im Zuge des Endkampfs mit Antonius, an die *romanitas* als Wesenszug der römischen Ordnung, und er demonstriert dies besonders durch den Riesenbau seines Grabmals, das er trotz formaler Anleihen an die hellenistische Architektur ganz altrömischen Formtraditionen folgend verstanden wissen wollte. Zur selben Zeit schrieb Vergil den Römern eine imperiale Mission ins Stammbuch, die sich in Frieden und Ordnung, Gesittung und Integration verwirklichen sollte.[24] Die höchst erfolgreiche und segenbringende Reichspolitik der beiden folgenden Jahrhunderte beruhte auf einem breit geteilten Vertrauen in die eigenen Kräfte. Kein Volk, so Stauffenberg in seiner Proklamation, kann zu einem gelingenden Leben beitragen, ohne von der eigenen Berufung überzeugt zu sein.

- Ein solches Volk besteht, so wäre das dritte Element des Schwurs zu verstehen, weniger durch die Verbundenheit in blutsmäßiger Abstammung als durch seinen Schatz an Tradition und seine Verwurzelung in der Geschichte. Wichtig ist, daß das hier gemeinte Deutschtum vielfältige und weit zurückreichende Wurzeln hat und sich nicht allein auf Germanisches oder Preußisches beruft, sondern die Öffnung der deutschen Geschichte auf ihre europäische Dimension in den Blick nimmt. In Analogie dazu die *res publica restituta* des Augustus, zurückgreifend bis auf die römischen Anfänge und, in der Kaiserzeit, zugleich das Römische in den *orbis terrarum* hinein öffnend.

- Die Wiederherstellung der Rechtsförmigkeit, Rechtlichkeit und damit Berechenbarkeit allen politischen Handelns war in den Jahren 27 und 23 v. Chr. der unübersehbare und definitive Schritt in die Neue Ordnung. Recht und Gerechtigkeit verbürgt, so die vier-

---

24   Vgl. Vergil, Aeneis VI, 851ff.

te Stipulation Stauffenbergs, den Deutschen ihre Fähigkeit, wieder eigenverantwortlicher Träger des Staates zu werden, führt also zu einer erneuerten inneren Eintracht des Ganzen über die dem einzelnen gegebenen Lebenskreise hinaus.

- Andere wichtige Maßnahmen des Augustus zur Rekonstruktion betrafen die Gesellschaft. Die Errichtung der Stände *(ordines)* folgt dabei der gleichen Maxime der Achtung vor den „naturgegebenen Rängen", die Stauffenbergs Gesellschaftsbild bestimmt, wie dessen Vorstellung einer sozialen Elite. Ihm schwebt Vergleichbares vor, was im Rom der Kaiser Wirklichkeit geworden war, wenn er auf die unabdingbare Offenheit für soziale Mobilität ebenso pocht wie auf eine persönliche Haltung, in der Gebundenheit *(religio)* mit Idealismus („grosser Sinn"), Demut und Selbstzucht mit Gehorsam und Bereitschaft zum Dienst an der Gemeinschaft in unverwechselbarer Weise zusammenspielen (sechster und siebenter Punkt des Schwurs). Ein vergleichbares geistesaristokratisches Ideal zeichnete auch den persönlichen Habitus der kaiserzeitlich-römischen Reichsaristokratie aus, wie er uns exemplarisch etwa in den Briefen des jüngeren Plinius in trajanischer Zeit entgegentritt[25] (vgl. o. Kap. 3).

- Allein eine in innerer Haltung und äußerem Auftreten so geformte Elite kann den Aufgaben, die ihr gestellt sind, gerecht werden. Von einem solchen gesellschaftlichen Kraftzentrum aus – das der monarchischen Spitze wie im „Schwur" durchaus entbehren mag – kann der „fug des volkes" gelingen – das „wunder", von dem Stefan George in seinem Gedicht „Leo XIII" spricht, das die „tausendköpfige menge (...) ergreift", sie eins werden läßt („verschmolzen") mit dem vorbildlichen Führenden und – dies ist entscheidend – eben dadurch zu sich selbst kommen läßt („Die schön wird").[26]

---

25 Vgl. Page 2015, S.78ff.
26 George 1902/1907, S. 21.

Hier, in dem ganz von den Ideen von Georges „staat" durchdrungenen Zukunftsbild eines erneuerten Deutschland aus dem Jahre 1944[27], wie dort, in dem sich besonders in der augusteischen Kultur offenbarenden Ideal einer Herrschaftsordnung, sind jene Elemente zu erkennen, die die Macht in Herrschaft umschmelzen können bzw. umgeschmolzen haben. Und sie zeichnen deshalb das Gesicht der Herrschaft in der restituierten Gesellschaft wie Gemeinschaft: Aus Zusammenführung und Versöhnung, aus verbürgtem Recht, Rechtlichkeit allen Handelns und Gerechtigkeit dem einzelnen gegenüber, aus dem Respekt vor naturgegebener Ungleichheit und der Restituierung des sozialen Gefüges, aus der Anerkennung von aus dem Volksganzen für die Aufgaben der Führung Geeigneten, aus deren Haltung in Enthusiasmus wie gebildeter Selbstzucht, Hingabe an den Dienst wie selbstloser Opferbereitschaft, aus der Bindung an die Kultur der Heimat und ihre Natur und schließlich aus der Verpflichtung gegenüber den göttlichen Mächten – aus all diesen Formkräften gewinnt die Ordnung einer neuen Herrschaft ihre Gestalt. Offenbar dürfen wir über die Zeiten hinweg in diesen Größen jene geschichtlichen Potenzen sehen, aus denen uns immer wieder ein *ordo novus* und ein schöneres Leben erwachsen kann. Wir müssen das Ziel nur erkennen und bedingungslos dafür einstehen.

27   Zum georgeanischen Hintergrund der Brüder Stauffenberg vgl. Vitzthum 2010.

5.

„Wir werden nur bestehen,
sofern wir uns eine neue Antike schaffen"
Über die Bedeutung der Antike
für eine andere Moderne

„Nur dadurch, daß wir ihnen (den Werken der Alten – d. Verf.) unsere Seele
geben,
vermögen sie fortzuleben: erst u n s e r Blut bringt sie dazu, zu u n s zu reden.
Der wirklich ‚historische' Vortrag würde gespenstisch zu Gespenstern reden.

Friedrich Nietzsche[1]

„Gips-Klassizismus"

Die im Laufe des 19. Jahrhunderts aufblühende Altertumswissenschaft
im Zeichen des Historismus zielte darauf ab, Griechen und Römer ausschließlich in ihrer eigenen Welt zu betrachten, sie dort zu belassen
und ihre dort gemachten Erfahrungen zu rekonstruieren. Auf diese
Weise hob die wissenschaftliche Erforschung des Altertums von ihren
Anfängen in der ersten Hälfte des 19. Jahrhunderts an einen immer
tiefer werdenden Graben aus, der die Gegenwart der Moderne fortan
von allem Früheren unüberbrückbar abtrennte. Als Folge wurde der
noch in der Goethezeit allgemeine Glaube an die sinnstiftende Kraft
der Antike für die Gegenwart zunehmend problematisch. Altertumswissenschaft und das Altertum als Teil des öffentlichen Geschichtsbe-
wußtseins trennten sich. Fortan standen die quellenkritische Auflösung
bisheriger Gewißheiten und ein öffentlich zelebrierter „Humanismus"
vielfach unverbunden nebeneinander.[2]

---

1   Nietzsche 1880, S. 786 (§ 126).
2   Zu dieser Entwicklung Landfester 1988; Marchand 1996; Sünderhauf 2004.

In dieser Konstellation wurden die Ideen und der Idealismus des einstigen humanistischen Aufbruchs der Jahrzehnte um 1800 im Rahmen der sich weithin positivistisch verstehenden Forschung obsolet. So erstarrten sie zu einem leblosen Klassizismus. Leblos deswegen, weil sie verkamen zu einem dogmatischen Kanon und normativen Klischee, aus dem nicht mehr die Bildung einer inneren Haltung erwachsen und ein ganzes Weltverhältnis errungen werden konnte. Klassizismus geriet so zum beliebigen Dekor und sein Angebot bestand in der Einladung zur Flucht ins Erbauliche – gewissermaßen als Kompensation zur sich beschleunigenden Modernisierung. Man könnte geradezu von einem „Gips-Klassizismus" sprechen – „Gips", weil er gleichsam bloße Abformungen der Originale bot, wie sie sich übrigens zuhauf in wilhelminischen Wohnzimmern fanden, und weil seine Aussagen in der Substanz wenig belastbar waren. Dieser Blick auf die Antike bewegte sich, je länger umso unvermeidlicher, auf eingefahrenen Gleisen, dachte in eingebimsten Sprichwörtern und in ubiquitären Leerformeln. Das alles hatte mit der Realität der nachgeholten Modernisierung in der wilhelminischen Zeit nichts zu tun und taugte nur noch zu ebenso ideenarmen wie folgenlosen Sonntagsreden. Das Vorhandensein und die Pflege – wie emsig auch immer – scheinbar unantastbarer Traditionsbestände darf eben nicht verwechselt werden mit einem lebendigen Geschichtsbewußtsein.

Der Gymnasiast der Jahre um 1900 begegnete der Antike als einer, wie Uvo Hölscher resümierte, „Hohenschule der Langenweile"[3], sofern er nicht selbst aktiv den Stoff durchdrang. Der sterile Pseudohumanismus wurde in der Folge immer stärker in eine schier aussichtslose Verteidigungsposition gedrängt und belastete die öffentliche Wahrnehmung des Altertums noch bis in die 60er Jahre des 20. Jahrhunderts.

Kurzum und in der Tat: In dem Maße, in dem die Berufung auf das „Wahre, Schöne und Gute" – man denke z. B. an die Inschrift auf dem Giebel der Alten Oper in Frankfurt – jeglichen Kontakt mit der

---

3 Sic! Hölscher 1965, S. 61.

Wirklichkeit der modernen Welt verlor, verfiel dieser „Humanismus" einer unfreiwilligen Selbststigmatisierung durch Unwahrhaftigkeit und Heuchelei. Daß eine derart entleerte Hülle von den Nationalsozialisten ohne Schwierigkeit für ihre perfiden Zwecke einzuspannen war, überrascht nicht, hat aber die mit ihr verbundenen Vorstellungen noch ein weiteres Mal gründlich diskreditiert.

Dies ist jedoch nur die Geschichte jenes unechten Humanismus, den die historistisch-positivistische Wissenschaft so lange duldete, wie er ihr eine scheinbare Begründung versprach, die sie aus sich nicht hervorzubringen vermochte. Indessen wurde die Entwicklung der modernen Wissenschaft und ihrer pseudohumanistischen öffentlichen Fassade schon im 19. Jahrhundert begleitet von ihrer Kritik. Im folgenden sei an drei Stationen der kritischen Auseinandersetzung mit diesem falschen Humanismus erinnert.

Nietzsche, George, Jaeger: Die Frage nach dem „wahren" Humanismus

Friedrich Nietzsche richtete sein Okular auf bisher ausgeblendete Züge der Antike. Er entdeckte den dunklen Grund, mit dem die strahlende Helligkeit der Olympier untrennbar verschwistert ist. Daß er damit den Idealen der Klassik nach einem halben Jahrhundert abzuschwören gedachte, wie bis heute immer wieder gesagt wird, ist ein Mißverständnis. Es ging Nietzsche vielmehr darum, einem äußerlich verknöcherten Humanismus, dessen Inneres sich durch die „historische Krankheit" zersetzte, wieder einen gesunden Humanismus des Lebens gegenüberzustellen.

Der Weg dahin war, sich erneut in die Haltung des bewußt Rezipierenden zu versetzen. Nietzsches Theorie der Geschichte in der „Zweiten Unzeitgemäßen Betrachtung" von 1874 enthält im Kern nichts anderes, als was schon Wilhelm von Humboldt dem Geschichtsschreiber zur Aufgabe stellte. Er müsse, so Humboldt, die Idee und die Form mitbringen, unter denen allein Geschichte als Zusammenhang erkennbar werde. Dazu gehöre eine „vorhergängige, ursprüngliche Uebereinstimmung" zwischen erkennendem Subjekt und dem Objekt der Vergangenheit. Nur dann führe eine

> „Brücke der Verständigung von einem zum andren, und um sich zu verstehen, muss man sich in einem andren Sinn schon verstanden haben."[4]

Eben diese Maxime verleugne nach Nietzsche im Zeichen der heiligen Objektivität der zeitgenössische wissenschaftliche Positivismus, dieses „Geschlecht von Eunuchen":

> „Ja man geht so weit, anzunehmen, daß der, den ein Moment der Vergangenheit *gar nichts angehe,* berufen sei, ihn darzustellen. So verhalten sich häufig Philologen und Griechen zueinander: sie gehen sich gar nichts an – das nennt man dann wohl auch ‚Objektivität'!"[5]

Eine knappe Generation später ergreift Stefan George die von Nietzsche entzündete Fackel.

> „Dass ein strahl von Hellas auf uns fiel: (...) darin finde man den umschwung des deutschen wesens bei der jahrhundertwende."[6]

So lautet die berühmte Formulierung in der vierten Folge der „Blätter für die Kunst" von 1897. Dabei beruft sich George ausdrücklich auf die „führenden geister" der deutschen Klassik. In der neunten Folge der „Blätter" 1910 heißt es:

> „Sie (jene führenden Geister – d. Verf.) kamen vielmehr zur erkenntnis dass hier für die ganze menschheit ein unvergleichbares · einziges · und vollkommenes eingeschlossen läge dem nachzueifern alles aufgeboten werden müsse und dass die bestrebungen des so beliebten fortschrittes vorerst einmal in diese bahn zu lenken seien. (...) Freilich verlangten diese führenden geister nicht ein äußerliches nachzeichnen das zu dem gerügten Klassizismus führte · sondern eine durchdringung · befruchtung · eine Heilige Heirat."[7]

---

4   Humboldt I, S. 597.
5   Nietzsche 1874, S. 249.
6   Landmann 1964, S. 25.
7   Landmann 1964, S. 48f.

Auch George also bezichtigte den Klassizismus seiner Zeit der oberflächlichen Nachahmung und forderte eine befruchtende Aneignung,
um das Leben seiner Gegenwart zu verändern. Dies ist freilich nicht zu
erzwingen und fordert zunächst das geduldige Wirken in einem kleinen Kreis, gewissermaßen die Hefe für das Heranreifen eines künftigen
Umschwungs.

Ganz ähnlich fand ein Jahrhundert zuvor Friedrich Schiller 1795
in seinen von George hochgepriesenen „Briefen über die ästhetische
Erziehung des Menschen" seinen „Staat des schönen Scheins" nur
„in einigen wenigen auserlesenen Zirkeln (...), wo nicht die geistlose
Nachahmung fremder Sitten, sondern eigne schöne Natur das Betra-
gen lenkt."[8] Schillers Morphologie einer inneren Erneuerung von Gesellschaft und Staat am Beginn der Moderne verlangt seiner eigenen
Einschätzung nach allerdings die „Arbeit für mehr als ein Jahrhundert"[9]
(vgl. o. Kap. 1).

So ist denn auch George keineswegs entmutigt ob der scheinbar negativen Bilanz des zwischen ihm und Schiller liegenden Jahrhunderts,
im Gegenteil: Er ist überzeugt, daß trotz der historistischen Dekadenz
seiner Zeit

> „Lang in tiefinnerstem schacht/Weihlicher erde noch ruht –/Wunder undeutbar
> für heut/Geschick wird des kommenden tages."[10]

Und schon ein knappes Jahrzehnt vor diesen Versen aus dem Gedicht
„Geheimes Deutschland" hieß es 1914 im „Stern des Bundes", daß
auch wenn die Überlieferung, „kostbar bild und blatt", in einem „sammelgrab" scheinbar entsorgt worden sei,

> „Einst (...) aus noch kargern resten/Vom schutt behütet – aus (...)/(...)/Vergilbter
> schrift ein leben sich entzünde!.." Doch: „Die art wie ihr bewahrt ist ganz verfall."[11]

---

8   Schiller, S. 669.
9   Schillers Briefe, S. 208.
10 George 1928, S. 49.
11 George 1914, S. 35.

Diesen Verfall prangerte nach dem 1. Weltkrieg auch ein hochangesehener Klassischer Philologe an, der Nachfolger von Ulrich von Wilamowitz-Moellendorff an der Berliner Universität, Werner Jaeger. Mit der Proklamation eines „erneuerten Humanismus" – nach dem internationalen Renaissance-Humanismus und dem deutschen Neuhumanismus der Goethezeit aus der Rückschau als „Dritter Humanismus" bezeichnet – wollte Jaeger ein Fanal setzen gegen die modernen Friedhofsgräber der klassischen Bildung und zugleich gegen deren Pervertierung im herkömmlichen Klassizismus. Diesem wirft er „stumpfe Unterwerfung" unter eine zum „Dogma" erhobene „Vorbildlichkeit der Antike" vor.[12] Aber diese sei nicht wirklich die Antike, sondern „nur eine neue Erstarrungsform dessen, was zur Zeit Goethes und Humboldts, Herders und Hegels innerste Kraft gewesen war"[13]. Sinn einer neuerlichen „Hinkehr zu den Griechen" könne daher nur sein: „Abbruch der geradlinigen Fortsetzung der bisher gültigen Tradition"[14] und – ganz im Gestus Nietzsches – „Verneinung der Überlieferung", einer „Last, die abgeworfen werden muß", „berechtigte Emanzipation" „aus innerer Reife"[15].

Jaeger sieht in seiner Zeit den „ungeheuersten Bruch mit aller Tradition", der „sich von 1830 bis 1929 in unheimlicher Stille vollzogen" habe, und fragt: „Wo ist der Ansatzpunkt für den Humanismus in dieser veränderten Welt?"[16] – nicht zuletzt angesichts des Verschwindens seiner ehemaligen sozialen Trägerschicht.

> „Die mächtigsten Wirtschaftsschichten unseres Volkes, Arbeitermasse und Großkapital, sind (...) den Grundlagen unserer humanen Kultur im Wesen fremd, ja ihr teilweise feindselig."[17]

---

12 Jaeger 1937, S. 23.
13 Jaeger 1937, S. 25.
14 Jaeger 1937, S. 30.
15 Jaeger 1937, S. 23.
16 Jaeger 1937, S. 178.
17 Jaeger 1937, S. 110.

Das bestimmende Prinzip dessen, was noch euphemistisch „Bildung" genannt werde, sei, „nützliches Glied" eines „Zivilisationsmechanismus" zu werden, der allein nach wirtschaftlicher Zweckrationalität funktioniere und daher notwendig „zu rationalistischer Entleerung und Abplattung des Lebens, (...) zur ungesunden Hypertrophie des Erwerbs- und Vergnügungssinnes" führe.[18]

Die unveränderte Bedeutung von Jaegers Initiative und Konzeption liegt darin, daß er die Frage nach einer Erneuerung des Humanismus ausdrücklich von dieser doppelten Kritik aus angegangen ist. Er verwirft das in seiner Zeit geläufige unfruchtbare Zerrbild eines Humanismus und verband dies mit einer klarsichtigen Benennung der Kräfte, welche die moderne Welt in Gang halten und einem neuen Humanismus prinzipiell entgegenstehen. Jaegers Bestandsaufnahme ist nach wie vor im Prinzip richtig, die Phänomene wie die Analyse müssen für unsere Gegenwart natürlich neu beschrieben werden (vgl. u. Kap. 8). Jaeger hat aber ganz klar erkannt und explizit ausgesprochen, daß in diesem zu Recht weiter gefaßten Bezugsfeld, innerhalb dessen sich einer neuer Humanismus zu bewähren hätte, dieser Humanismus „unbedingt ein Politicum" darstelle.[19] Soll die Antike wieder „geistige Gegenwart" gewinnen, so dürfe man weder „in den Fehler verfallen, das Vergangene wieder lebendig machen zu wollen, (...)" noch es „nur als selbstgenügsames Spiel, gelehrten Sport oder bloße Demonstration der Pietät" zu erachten.[20] Dem Humanismus gehe es ums Ganze eines Lebensaufbaus, weswegen in der Sicht Platons, so Jaeger, Sokrates „der einzige wirkliche Politiker seiner Zeit" gewesen sei.[21]

Dem ist gewiß insofern nicht zu widersprechen, als Sokrates tatsächlich das Grundproblem der griechischen Polis und damit die Überlebensfrage jeder auf das Politische gestellten Gemeinschaftsordnung

---

18 Jaeger 1937, S. 111.
19 Jaeger 1937, S. 173.
20 Jaeger 1937, S. 189.
21 Jaeger 1937, S. 188.

tiefer verstand als jeder politische Denker vor ihm: wie nämlich der einzelne Bürger als gleichberechtigter Teilhaber des Ganzen der Gemeinschaft überhaupt selbstverantwortlich handlungsfähig werden könne. Sokrates' Antwort, wie Platon sie berichtet, war: zum guten Bürger könne nur werden, wer seine Bürgertugend in der sittlichen Vervollkommnung seiner ganzen Persönlichkeit gründe.[22] Dieser Weg, so schließt sich der letztlich auf Humboldt fußende Gedanke Jaegers, ist Inhalt und Sinn von Bildung. Daß Sokrates aufgrund eines gerichtlichen Fehlurteils scheiterte[23], ändert an der überzeitlichen Gültigkeit seiner Forderung ebenso wenig, wie daß „statt eines dritten Humanismus das Dritte Reich Wirklichkeit wurde"[24], so Uvo Hölscher kritisch gegen Jaeger. Die Nazis im Verein mit einigen opportunistischen Anhängern Jaegers sorgten denn auch gründlich dafür, daß das Projekt eines Dritten Humanismus bis heute in jenem von George beschworenen „sammelgrab" verschwand. Jaegers Idee wird damit wieder selbst zum Bezugspunkt neuerlicher Rezeption.

Entscheidend für einen wirklichen Humanismus ist für Jaeger nicht die Existenz von Traditionen als solchen, sondern deren produktive Vergegenwärtigung. Das steht ganz in Übereinstimmung mit den Forderungen wahren geschichtlichen Denkens. Dies richtet sich immer gegen bloß prätendierte Tradition, die tatsächlich nur noch tote und hohle Form ist. Geschichte ist daher immer kritisch, ja nach Jaegers Formulierung „jugendlich, revolutionär"[25]. Ein humanistischer Rückgriff auf die Antike bringt also nicht jene „Wissenssteine" hervor, die nach Nietzsche „bei Gelegenheit auch ordentlich im Leibe rumpeln"[26], sondern versteht sich als „Gegengift und Schutzwehr"[27] vor solchen Unpäßlichkeiten. Lebendig wird Rezeption, dem gegenwärtigen Leben

---

22 Vgl. dazu Stahl 1999, S. 243.

23 Vgl. Stahl 2003b, S. 114ff.

24 Hölscher 1965, S. 75. Vgl. a. Winterling 2003, S. 415.

25 Jaeger 1937, S. 29.

26 Nietzsche 1874, S. 232.

27 Jaeger 1937, S. 29.

zugewandt und dienend – Nietzsche: „Nur aus der höchsten Kraft der Gegenwart dürft ihr das Vergangene deuten"[28] – , also wirklich tragfähig wird die Brücke zur Vergangenheit, wenn sie, so Jaeger weiter, aus einem „schöpferischen Akt", einem „geistigen Zeugungsvorgang" hervorgeht, der in „seelischer Teilnahme", „innigster Wesensberührung", „spontaner innerer Ergriffenheit des Empfangenden", in „Intuition und Erlebnis" sich vollzieht.[29] Diese geistige Befruchtung und Durchdringung nun – Rudolf Borchardt nennt sie „schöpferische Restauration"[30] – ist Bildung, das Sich-Abarbeiten an der Überlieferung, das Sich-Selbst-Formen, geistig wie emotional, in der Offenheit für den sich in den vergangenen Gestaltungen aussprechenden unverfügbaren Lebensgrund und in der verpflichtenden Bindung an ihn (vgl. o. Kap. 1).

Jaeger hält diesen Gedanken der Bildung für das formende Vermächtnis der Antike schlechthin, d. h. zunächst und in erster Linie das der Griechen, und er hat diesen Gedanken in der „Paideia", seinem monumentalen Werk zur griechischen Geistesgeschichte von ihren Anfängen bis ins 4. Jahrhundert. v. Chr., mit der Genauigkeit und methodischen Sorgfalt eines großen Philologen ausgebreitet.[31] Viele seiner Textexegesen sind auch heute noch erhellend. Gleichwohl halte ich die Ausschließlichkeit, mit der Jaeger seinen Humanismus-Entwurf auf die „Pflege des Studiums der antiken, insbesondere der griechischen Geisteswerke"[32] konzentrierte, für eine methodisch unnötige und, schon zu seiner Zeit und heute erst recht, ungewollt kontraproduktive Beschränkung. Ähnlich wie im Hinblick auf die Autoren um 1800 kann der Blick in die Vergangenheit heute nicht mehr allein der klassischen Antike gelten.

---

28 Nietzsche 1874, S. 250.
29 Jaeger 1937, S. 28.
30 Borchardt 1927.
31 Vgl. Jaeger 1933–47.
32 Jaeger 1937, S. 20.

Der Schliff der Brille: neue Antiken

Jaegers noch uneingelöstes Erbe aber für eine Revitalisierung des Humanismus bleibt dessen methodisch-theoretische Grundlegung. Sie führt fort, was in der Linie von Winckelmann, Goethe, Humboldt, Hölderlin, Nietzsche, Borchardt und George unter einem wahrhaften Humanismus verstanden worden war. Dieser bezieht sich auf eine Antike, die kein statisches Objekt der Erkenntnis darstellt, sondern sich im Akt der Rezeption zu immer neuen Bildern fügt – auch dies übrigens eine bei Jaeger nicht in den Blick tretende Konsequenz seiner eigenen methodischen Voraussetzungen.

Rezeption bringt also gleichsam immer neue „Antiken" zum Vorschein.

> „Die Kultur, die uns trägt, (...) ist in den Grundfesten der Antike verankert. Aber auch diese Grundfesten selber sind kein Starres und kein Totes, sondern ein Lebendes. Wir werden nur bestehen, sofern wir uns eine neue Antike schaffen: und eine neue Antike entsteht uns, indem wir die griechische Antike, auf der unser geistiges Dasein ruht, vom großen Orient aus neu anblicken."[33]

Was Hugo von Hofmannsthal in dieser bemerkenswerten Stellungnahme von 1921 fordert, hat die Wissenschaft auf breiter Front erst sehr viel später aufgegriffen, in der letzten Generation aber in allen Bereichen des griechischen Lebens durchzudeklinieren gesucht. Die Griechen an den Orient anzuschließen, ja ihre Kultur aus ihm abzuleiten und ihrer Einzigartigkeit zu entkleiden – welch probates Mittel im Kampf gegen jede Form des heute zumeist belächelten oder mißbilligten Strebens nach Klassizismus und Humanismus!

Im Streit um die historische Verortung von Troja und Homer, zuletzt gipfelnd in den obskuren Vermutungen von Raoul Schrott, wurde evident, was auch der wissenschaftlichen Orientalisierungsmanie zugrunde lag und liegt: „Wir sind Kinder des Orients" – so überschrieb der Journalist Dieter Bartetzko einen Leitartikel auf der Titelseite der

---

33 Hofmannsthal 1921, S. 73.

FAZ.[34] „Das Epos," so Bartetzko, „das wir als fernen Spiegel der eigenen Befindlichkeit und Besonderheit verehrt haben, ist durchwirkt von jener Kultur, die wir als das Andere, das Fremde zu sehen gewohnt sind." Homer werde „humanisiert", indem man ihn als „multikulturellen Dichter" erkennt, und dann drängten sich „Fakten gemeinsamer Wurzeln" auf, angesichts derer man an den bisher gesehenen Unterschieden und Gegensätzen zwischen Abend- und Morgenland nicht mehr festhalten könne.[35] Jeder Humanismus wird damit aber obsolet.

An ein derartiges Ergebnis seiner Forderung nach einem neuen Blick auf die Antike hatte Hofmannsthal einst gewiß nicht gedacht – im Gegenteil: Ihm ging es darum, das Leben und die Kraft, die in den antiken Grundfesten Europas schlummern, wieder neu zu entzünden. Vergleichbar hatte einst Friedrich Hölderlin, dem wir eine der leuchtendsten Vergegenwärtigungen des antiken Geistes verdanken, in einer brieflichen Notiz (an Friedrich Wilmans, v. 28. Sept. 1803) bemerkt, er hoffe,

> „die griechische Kunst, die uns fremd ist, (...) dadurch lebendiger, als gewöhnlich dem Publikum darzustellen, daß ich das Orientalische, das sie verläugnet hat, mehr heraushebe (...)"[36].

Auch wir müssen die Brille, mit der wir in die antike Vergangenheit schauen, also wieder neu einschleifen.

Brückenschläge in die Antike

Kurzum: Die antike Vergangenheit in Perspektiven der Gegenwart hereinholen – was kann das heißen? Es heißt nicht, Phänomene der Antike auf einer vordergründigen Ebene zu aktualisieren und etwa Modernes in ein äußerlich antikes Gewand zu hüllen – wie z. B. in manchen In-

---

34 FAZ v. 29. Dezember 2007, S. 1.
35 Ebd.
36 Hölderlin II, S. 925.

szenierungen bei den Olympischen Spielen oder in der Verarbeitung der Antike im Film oder in der Werbung. Genauso wenig kann es umgekehrt heißen, im Antiken das Moderne im Verhältnis eins zu eins wiederzufinden – beides leider bis heute besonders im schulischen Unterricht eingesetzte Mittel. Perspektivierung des historischen Blicks zielt auch nicht darauf, die Antike als absolut gesetztes Vorbild wiederholen zu wollen. Das Ergebnis wäre in ästhetischer Hinsicht Kitsch und in der Aussage unverbindlich, weil nicht einlösbar. Die Ausfertigung von Patentrezepten ist nicht statthaft, und einfach übertragbare Lehren sind nicht zu haben.

Meine Antwort fußt auf den angesprochenen Versuchen seit dem 19. Jahrhundert, den Humanismus immer wieder neu zu denken. Ihre geschichtstheoretische Grundlage ist ein Historismus, wie ihn besonders Wilhelm von Humboldt formulierte und wie er in Nietzsches bis heute nicht überholtem Geschichtsdenken einen strikt antipositivistischen Grundzug erhielt. Danach kann Geschichte sich nur bilden, wenn Gegenwart und Vergangenheit miteinander in Verbindung gebracht werden. Das bedeutet, über das Erkennen von Fremd- und Andersartigkeiten hinaus und gegen das moderne Singularitätsbewußtsein nach Möglichkeiten neuerlicher Rezeption zu fragen. Denn der Blick in unsere Zukunft jenseits der gegenwärtigen Moderne kann auf eine produktive Aneignung der Vormoderne nicht verzichten – vom Bewußtsein der immer noch vorhandenen Existenz von Traditionsverbindungen ganz abgesehen. Im übrigen wird nur eine echte Wiederbelebung der vormodernen Vergangenheit ein privilegiertes öffentliches Interesse an ihr begründen. Und schließlich und vor allem meint eine solche Rezeption weder Flucht in idealisierte und unwirkliche zeitliche Fernen noch die unreflektierte Affirmation scheinbarer historischer Vorbilder.

Was heißt das methodisch und konkret? Die aus der Gegenwart gewonnenen Perspektiven auf die Antike fördern an ihr etwas zutage, das auf einer dritten Ebene, einem *tertium comparationis* liegt. Über die Epochenbrüche hinweg kann man auf dieser Ebene beiden Zeiten gemeinsame Probleme und Aufgaben identifizieren und die Wesensmerkmale der einstmals gefundenen Lösungen beobachten. Dieser Gedankengang basiert letztlich darauf, daß wir, wie Hölderlin es einmal ausgedrückt hat, „im Urgrunde aller Werke und Thaten der Menschen uns gleich und einig fühlen mit allen"[37]. Und dies deshalb, weil der Mensch in der Geschichte immer in gewisse unhintergehbare Lebensordnungen gestellt ist. Sie konfrontieren ihn mit dem unverfügbaren Grund seines Daseins und fordern von ihm, sich ihnen zu stellen und Antworten zu finden in der jeweils konkreten Gestaltung seines geschichtlichen Lebens.

In fünf für die gegenwärtige Moderne wesentlichen Problemfeldern sei im folgenden exemplarisch versucht, Brückenschläge zur Antike „aufzuweisen" – um den Begriff aufzugreifen, mit dem Herodot, der erste Historiker Europas, im Prooimion zu seinem Werk das Geschäft des Geschichtsschreibers charakterisierte.[38]

Tertium comparationis I: Der Kosmos des Lebens

Grundlegend für viele Fehlentwicklungen der Moderne ist der Vorrang, den diese dem Ökonomischen nunmehr in allen Lebensbereichen eingeräumt hat. Das die Neuzeit konstituierende Denken weist dem Menschen die geschichtliche Aufgabe zu, sein irdisches Dasein in einem prinzipiell unendlichen Fortschreiten immer weiter zu verbessern und zu vervollkommnen. Gewiß, Aufklärung und soziale Emanzipation eröffneten dem einzelnen große Chancen für die Gestaltung seines Lebens und setzten eine unerhörte Kreativität frei. Doch zur eigentlichen Signatur der Moderne wurde seit dem späteren 19. Jahrhundert die historisch beispiellose Schaffung materiellen Wohlstands für breiteste Schichten mittels der Vermarktung einer Lawine wissen-

---

37 Hölderlin II, S. 63f.
38 Vgl. dazu Stahl 2008a, S. 39ff.

schaftlich-technischer Neuerungen im Rahmen des industrie- und später finanzkapitalistischen Wirtschaftens. Dessen zentrale Triebkräfte sind schrankenlose Profitmaximierung und unersättlicher Konsum, sein Erfolg wird gemessen am ständigen und als unendlich gedachten quantitativen Wachstum der Wirtschaft. Diesem Ökonomismus wohnt notwendig die Tendenz inne, sich alle Lebensbereiche zu unterwerfen. Deren bisherige Eigenlogiken – etwa in Familie, Bildung, Gesundheit oder Kultur – werden verdrängt und zerstört durch das Diktat meßbarer Effizienz und unmittelbar zählbaren materiellen Gewinns. Die in Kauf genommenen Nebenfolgen für Umwelt, natürliche Resourcen, kulturelle Lebenswelt, physische und psychische Gesundheit und freiheitliche politische Verfassung sind hinlänglich bekannt. Die dagegen gerichteten Eingriffe gleichen allerdings mehr einem Reparatur- und Optimierungsbetrieb und zielen primär auf die Erhaltung natürlicher und sozialer Voraussetzungen des Wirtschaftens; dessen wachstums-, fortschritts- und gewinnfixierte Denkweise bleibt davon unberührt (vgl. u. Kap. 8).

Blicken wir von dieser die Moderne prägenden Struktur zurück auf die Vormoderne, so wird sofort deutlich, daß dem fatalen Ökonomismus der Gegenwart eine unübersehbare Verzerrung in der Konfiguration der menschlichen Lebensbereiche zugrunde liegt. Das gegenseitige Verhältnis von Wirtschaft, Gesellschaft und Gemeinschaft war in allen vormodernen Epochen ganz anders ausbalanciert als in der Entwicklung der letzten 200 Jahre. Schon im Jahre 1947 wies der Wirtschaftshistoriker und Ethnologe Karl Polanyi auf diese entscheidende Differenz hin:

> „Aristoteles hatte Recht: Der Mensch ist kein ökonomisches, sondern ein soziales Wesen. Er zielt beim Erwerb materiellen Besitzes nicht auf die Sicherung seiner individuellen (Gewinn-, *Zusatz v. Verf.*) Interessen, vielmehr auf die Erlangung gesellschaftlicher Anerkennung, gesellschaftlichen Rangs und gesellschaftlicher Werte. Er bewertet Besitz primär als Mittel zu diesem Zweck. Seine Motivationen sind von jener ,gemischten' Art, die wir mit dem Bemühen zur Erlangung von gesellschaftlicher Anerkennung verbinden – Bemühungen um Produktion sind hierbei bloß eine Begleiterscheinung. Die Wirtschaft des Menschen ist in der Regel in seine gesellschaftlichen Verhältnisse eingebettet. Der Übergang von dieser Form zu

einer Gesellschaft, die, umgekehrt, im Wirtschaftssystem eingebettet ist, war eine gänzlich neuartige Entwicklung."[39]

Die Sorge des Menschen um seine materielle Reproduktion gehört zweifellos zu den Uräußerungen menschlicher Existenz. Damit sie den ihr zukommenden Sinn erfüllen kann, muß die Wirtschaftstätigkeit jedoch in den Kreis der humanen Sphären eingebunden sein und darf diese nicht dominieren. Was heißt es, das Wirtschaften sei in diesem Sinne „eingebettet"? Ein Beispiel:

Der römische Senator Plinius (61 – nach 113 n. Chr.), ein Freund des Kaisers Trajan, stellt sich uns dar als ein repräsentativer Angehöriger der Elite des römischen Reiches um die Wende vom ersten zum zweiten nachchristlichen Jahrhundert (vgl. o. Kap. 3). Plinius veröffentlichte eine Briefsammlung, aus der wir auch etwas erfahren über sein wirtschaftliches Denken und Verhalten.[40] In einem Brief an einen befreundeten Stadtoberen seiner Heimatstadt Como berichtet er von der Lösung wirtschaftlicher Probleme auf einem seiner Güter. Er pflegte seine Weintrauben schon vor der Ernte an mehrere Händler zu verkaufen. Aus nicht bekannten Gründen konnten diese in einer bestimmten Saison den anvisierten Marktpreis nicht erzielen. Plinius reagierte darauf mit nachträglichen Preisnachlässen in einem wohldurchdachten differenzierten System:

„Es wäre am leichtesten gewesen, allen gleichviel nachzulassen, doch nicht ganz gerecht. Mir aber erscheint es vor allem erstrebenswert, in der Öffentlichkeit wie im Hause (...) Gerechtigkeit zu üben. (...) allen (erließ ich) also den achten Teil des Kaufpreises. Weiterhin habe ich die, die für ihre Käufe sehr große Summen angelegt hatten, noch gesondert unterstützt. Denn sie hatten mir mehr geholfen und selbst einen größeren Verlust erlitten."[41]

Gerechtigkeit und Hilfe scheinen uns keine Faktoren wirtschaftlicher Kalkulation zu sein. Dazu kommt noch die Honorierung einer guten

---

39 Polanyi 1947, S. 135.

40 Vgl. Page 2015, S. 294ff., 306ff.

41 Plin. ep. 8,2; Übers.: H. Philips.

Zahlungsmoral, wie Plinius im weiteren detailliert ausführt. Er resümiert:

> „Denn dadurch glaubte ich höchst angemessen einerseits für die Vergangenheit jedem, wie er es verdiente, gedankt zu haben, andererseits für die Zukunft alle sowohl zum Kaufen als auch zum Bezahlen ermuntert zu haben. Dieses Verfahren oder diese Gefälligkeit kam mich teuer zu stehen, war es mir aber wert. Denn in der ganzen Gegend lobt man die neue Art des Nachlasses und auch die Form. Selbst von denen, die ich nicht, wie man sagt, mit einer Elle gemessen, sondern unterschiedlich und abgestuft behandelt habe, ging jeder, je besser und rechtschaffener er war, desto dankbarer von mir weg."[42]

Gerechtigkeit, Hilfe, Angemessenheit, Verdienst, Freundlichkeit, Rechtschaffenheit, Dankbarkeit, gesellschaftliche Anerkennung – all dies sind Verhaltensanforderungen, die in den ökonomischen Rentabilitätserwägungen des heutigen Wirtschaftsdenkens kaum mehr einen Platz haben. Für den antiken Ökonomen rangieren sie jedoch gleichwertig mit und im Zweifel vor dem Zwang zu finanzieller Rentabilität. Plinius hat das Gefüge und die in ihr geltenden Werte seiner ganzen Lebenswelt im Blick, in die sich um ihrer inneren Stabilität willen das bloß Wirtschaftliche einzuordnen hat.

Die Wirtschaft ist also mitnichten, auch wenn es häufig so gesagt wird, unser Schicksal. Der Weg aus dieser gedanklichen Sackgasse ist die Erkenntnis, daß das Aufeinanderbezogensein verschiedener Lebensbereiche in einem in sich stimmigen Kosmos zum humanen Grundbestand gehört und wir uns um dessen innere Justierung stets aufs Neue zu kümmern haben.

---

42 Ebd.

Kapitel 5

Tertium comparationis II: Konflikt und Gemeinschaft

Eine – nicht zuletzt in den Sozialwissenschaften – verbreitete Vorstellung ist, daß Relativität, Konflikt und normative Desintegration historisch nicht mehr hintergehbare Wesenszüge der Moderne seien. In der Tat ist nun die aus der Vormoderne überkommene, auf gemeinsam geteilten Werten basierende Integration von Gemeinschaft in der Moderne erheblich erodiert. Freilich, diese Feststellung ist empirisch nicht total gedeckt. Es gibt nach wie vor sehr bewußt gelebte gemeinschaftliche Identitäten und ein verbreitetes und vielfach unerfüllt bleibendes Streben nach Zugehörigkeit zu einer Gemeinschaft.

Ferner ist die moderne Desintegration, und mit ihr einhergehend die von Max Weber diagnostizierte Entzauberung der Welt, kein selbstläufiger, anonymer und quasi naturnotwendiger Vorgang. Durchaus lassen sich konkrete Ursachen und Akteure namhaft machen, die für die Desintegrationsphänomene verantwortlich sind – Wirtschaft, Politik, Medien, Erziehungswesen. Man kann sich mit Zerfall und Konflikt folglich aktiv auseinandersetzen und der Desintegration entgegenwirken.

Schließlich ist eine sich desintegrierende Gesellschaft auch theoretisch nur denkbar als Durchgangsstadium zu einer neuen und stabilen, also kräftigen gesamtgesellschaftlichen Integration und Identität. Denn Gemeinschaft stellt sich her in einem Raum, der definiert ist durch gemeinsame, inkludierende und exkludierende Koordinaten. Raum bedeutet also Einheit und Gemeinsamkeit. Man kann aber nicht ohne Folgen für die Glaubwürdigkeit des politischen Diskurses in den Augen der Bürger davon ausgehen, wie dies in der politischen Theorie gegenwärtig proklamiert wird, daß Dissens und Konflikt die einzigen in der Moderne verbliebenen Parameter sind, die das Gemeinwesen zusammenhielten.

Jede politische Bearbeitung von Konflikt und Gegnerschaft muß vielmehr auf deren Beilegung und Überwindung zielen. Konflikt ist ein universales Problem, eine Herausforderung, die jede Gemeinschaftsordnung zu bewältigen hat. Konflikt ist aber fruchtbar nur dann, wenn er bewältigt wird. Die Aufgabe, Streit und Konflikt beizulegen und zu überwinden, resultiert daher nicht aus Konfliktscheu oder Harmoniebedürfnis und ist auch nicht gleichzusetzen mit dem Streben von Mächtigen, jede Art von Vielfalt zu unterdrücken. Konfliktbeilegung ist vielmehr elementar notwendig, um den für das Weiterbestehen einer Gesellschaft nötigen Raum der konfliktfreien Gemeinsamkeit immer wieder herzustellen. Diese Gemeinsamkeit hat ihren Bezugspunkt letztlich in unverfügbaren Grundbeständen des gemeinsamen Seins, und auf sie muß sich jede Gesellschaft und Gemeinschaft immer wieder besinnen – im freien Zusammenwirken der ebenso notwendig unterschiedlichen Welterschließungen und Wissenszugänge. Dieses Ringen um die Gemeinsamkeit durch die Überwindung der partikularen Interessen und pluralen Gegensätze ist exemplarisch an der Herausbildung der griechischen Polis als erster europäischer Staatsordnung ebenso zu studieren wie an der Errichtung des Prinzipats durch Augustus.

Die Geschichte der römischen Republik endete in ihrem letzten halben Jahrhundert in innerer Anarchie und Weltbürgerkrieg. Erst als Octavian, der Erbe Caesars, das Feuer des Kampfs um die Macht durch militärischen Sieg und zivilen Wiederaufbau ausgetreten hatte, konnten sich Gesellschaft und Staat der Römer von ihrer hundert Jahre währenden Krise erholen. Als alleiniger Machthaber befand sich der nachmalige Augustus im Zentrum der neuen Ordnung. Diese wurde zum bislang vielleicht stabilsten und dauerhaftesten politischen System der europäischen Geschichte, das sich mehr als zwei Jahrhunderte bewährte.

Das Arcanum der wieder wirksamen, neu strukturierten rechtlichen Verfaßtheit der Prinzipatsordnung bestand in der persönlichen Aufgabe und Fähigkeit des Princeps, bei den entscheidenden sozialen Gruppen Akzeptanz für seinen Vorrang zu gewinnen. Durch unaufhörliche Kommunikation mit ihnen mußte er sich bemühen, Konsens über ein gemeinsames politisches Handeln herzustellen. Das vielleicht wichtigste Medium dieser die gesamte Gesellschaft durchdringenden permanenten Selbstverständigung bildeten alle Facetten der Kultur, besonders Literatur sowie Bau- und Bildkunst. Das kulturelle Schaffen war denn auch nicht beliebige Schaufassade zur ideologischen Bemäntelung eines sich bloß auf Macht und Gewalt stützenden Regimes, sondern gehörte integral zu den Gestaltungselementen, durch die aus roher Macht gefügte Herrschaft wurde. Eindrückliche politische Rituale, öffentliche Repräsentation und fortgesetzte Ehrenbezeugungen dem Herrscher gegenüber verdichteten sich zu einer unverzichtbaren politisch-symbolischen Praxis. Sie kreiste immer um die *auctoritas principis* und brachte deren zentrale Bedeutung für das politische System zur Sprache (vgl. o. Kap. 4).

Die Überwindung von blutigem Konflikt und anarchischem Chaos kommt in den Gebilden des Schönen zum Vorschein. Sie sind geradezu ein Beweis dafür, daß es Augustus gelungen ist, Gewalt und Macht in eine stabile, weil akzeptierte Herrschaft zu transformieren. Ganz analog zur augusteischen Epoche wäre dies auch zu zeigen für die athenische Demokratie als dem anderen politischen Vermächtnis der Antike an Europa. Beiden gelungenen Ordnungen von Herrschaft war vor allem deshalb eine erstaunliche Stabilität und lange Dauer beschieden, weil es gelang, die Idee, aus der sie lebten, in einer bis heute bewunderten politischen Kultur zum gemeinsamen Gut werden zu lassen.

Tertium comparationis III: Freiheit und Verantwortung

Zu den Grundwerten der Aufklärung und kaum anders des deutschen Neuhumanismus um 1800 zählten persönliche Freiheit und persönliche Verantwortung. Der einzelne sollte künftig in seiner Freiheit zu denken, zu reden und zu handeln möglichst wenig eingeschränkt werden. Zugleich aber wurde ihm Verantwortung für sich wie für das Ganze zugestanden und zugemutet. Beides ist nicht voneinander zu trennen: je höher die Freiheitsgrade eines einzelnen sind, umso größer die Verantwortung, die er tragen muß. Freiheit und Verantwortung sind also keine Gegensätze, sondern können, richtig verstanden und dann in der Lebenspraxis positiv wirksam, nur als untrennbar zusammengehöriges Wertepaar gelebt werden.

Es bedarf keiner detaillierten Ausführungen um zu erläutern, daß die Entwicklung der Moderne bis zur Gegenwart gemessen an diesen Prinzipien immer schneller wachsende Defizite aufweist. Einige unsystematische Stichworte mögen genügen: Bürokratisierung, Anonymität, Mangel an persönlicher Kompetenz, rechtliche Regelungsdichte, Einschränkung von Rede-, Gedanken- und Publikationsfreiheit durch unausgesprochene Tabuisierungen, behördliche Bevormundungen, „therapeutischer Staat", Manipulationen des Wahlrechts, Eingriffe in die Verantwortung der Familie, Mißachtung von Elternrechten, soziale „Hängematten" und „Wärmestuben", staatliche Beeinflussung sozialer Wertvorstellungen durch gezielte Förderung von Minderheitspositionen, Zerfall der Gesellschaft in sich separierende Subkulturen, völliges Fehlen von Gemeinsinn in allen sozialen Schichten u. v. m. – entgegen dem von Aufklärung und christlich-europäischer Tradition geprägten Geist der freiheitlichen Verfassung unseres Gemeinwesens steht die Verfassungswirklichkeit in vielen Hinsichten gegen die Ziele von Freiheit und Verantwortung.

In der antiken Gesellschaft kamen Freiheit und Verantwortung in ihrem Bezogensein auf existenzielle Seinsgründe – nicht in ihrer modernen, eher auf positive Rechte und Kompetenzen zielenden Ausprägung – wesentlich zur Geltung innerhalb des patronalen Sozialmodells. Es besteht darin, daß durch die Institutionalisierung sozialer Abhängigkeit und sozialer Fürsorge das zeitweise extreme gesellschaftliche Oben und Unten überbrückt und zu einer für beide Seiten befriedigenden Lebensform werden konnte. Sie stellte an alle Akteure enorme Ansprüche: an diejenigen, für die aus ihrer privilegierten sozialen Stellung große Freiheit erwuchs, diese so zu nutzen, daß der soziale Friede im kleinen wie im großen gewahrt blieb; d. h. gegenüber denen, die ihrer gesellschaftlichen Macht ausgesetzt waren, Selbstbeherrschung zu üben und Fürsorge walten zu lassen; Anforderungen aber auch an ihre sozialen Antipoden, also die Masse der Bevölkerung, ihre in verschiedenen

Graden unfreiere Rolle im Sinne des Ganzen zu verstehen, doch ebenso im Rahmen der persönlichen Beziehungen zu ihren Patronen auf deren Sorge um die Nöte der kleinen Leute zu vertrauen oder sie ggf. einzufordern.[43]

Der antiken Gesellschaft haben Patronat und Klientel über mehr als ein Jahrtausend eine staunenswerte Stabilität und Funktionsfähigkeit verliehen. Die Funktion des Patronats für die damalige Gesellschaft liegt also darin, daß es den grundlegenden Mechanismus darstellt für den dauerhaften sozialen Zusammenhalt trotz extremer Ungleichheit. Aus dieser Erkenntnis ergibt sich für die Moderne die Frage, ob sie überhaupt über ein Bewußtsein über die anhaltende Virulenz dieses Problems verfügt, wo doch die Überwindung von sozialer Ungleichheit zu den Arcana der modernen Programmatik gehört und daher jedes Nachdenken darüber, wie die tatsächlich ja bestehende Ungleichheit lebbar gemacht werden könnte, in die Tabuzonen der political correctness fällt.

Der Blick auf den antiken Paternalismus macht aber sichtbar, daß unter der Decke der modernen Ideologie wie der sog. sozialstaatlichen Praxis ein Problem schwelt. Zwar flammt es immer wieder auf, aber ohne Reflexion auf die Tiefenschichten von Gesellschaft ist es nicht zu benennen. Die staatliche Bürokratie der anonymen sozialen Umverteilung strebt, freilich nur scheinbar und realiter vergeblich, eine möglichst weitgehende Einebnung oder wenigstens Milderung der sozialen Hierarchie an. Wäre es jedoch nicht ehrlicher, Ungleichheit nicht nur anzuerkennen, sondern sie durch die Schaffung gegenseitiger Bindungen und Verpflichtungen wirksam zu überbrücken und damit lebenswert zu machen? Diese Frage stellt sich im Rahmen des bisherigen Sozialstaats nicht, und er kann auf sie auch keine Antwort haben. Überdies bewältigte die antike Gesellschaft diese Aufgabe des sozialen Brückenschlags auf eine Weise, die auch unsere Gesellschaft beschäftigen müßte: wieweit diese nämlich im Innersten zusammenhält,

---

43 Zu diesem Komplex ausführlich Stahl 2008a, S. 167ff.

hängt entscheidend vom persönlichen Verhalten, d. h. dem Ethos ihrer Mitglieder ab. Sozialer Zusammenhalt wird nämlich nicht durch bürokratisch-unpersönliche Maschinerien erzeugt, sondern primär durch persönliche Beziehungen.

Der Rekurs auf die Antike bringt hier also zutage, welch entscheidendes Gewicht vor allem den sozialen Eliten und ihrem Leben in Freiheit und Verantwortung zukommt. Gewiß, die beiden Begriffe tauchen in der hier gemeinten Semantik in der Antike noch nicht auf. Aber ich sehe Äquivalente, die sich auf dasselbe humane Substrat beziehen. Die Alten sprachen von *areté, kalokagathía* und *euergesía* oder *virtus* und *officium*, um das Ideal einer in Freiheit, aber ohne Hybris vollzogenen Lebensgestaltung zu benennen, und sie nannten *epiméleia, sophrosýne* und *cháris* oder *pietas, fides* und *beneficium* die davon untrennbare verantwortliche Selbstbindung gegenüber den nicht zur Disposition stehenden und Ehrfurcht gebietenden Lebensgesetzen. Die nicht mehr abreißenden und sich steigernden Krisen der Moderne sollten uns zum Nachdenken darüber bewegen, ob wir nicht andere als die offenkundig erfolglosen Strategien für eine gesellschaftliche Erneuerung benötigen.

Tertium comparationis IV: Ästhetik und Form

Sichtbares Zeichen des herrschenden Ökonomismus ist die überall anzutreffende und zunehmende Häßlichkeit unserer selbstgeschaffenen Lebenswelt. Denken wir an die Stadtbilder, so können auch die erkennbaren Anstrengungen zu Erhaltung und Rekonstruktion nicht darüber hinwegtäuschen, daß dies in erster Linie der Errichtung von Fassaden dient, hinter denen ganz anderes geschieht: für das sog. shopping, also zumeist Konsum um seiner selbst willen, werden eine möglichst beeindruckende Kulisse und einladende Atmosphäre angeboten. Die Überreste alter Stadtlandschaften figurieren dabei als austauschbares Dekor, und nur der Kundige vermag zwischen der aufdringlichen Werbung für die in jeder Stadt gleichen lifestyle-Angebote einstige sinnhaltige architektonische, stadtbauliche oder bildliche Zusammenhänge zu entdecken. Immerhin, der Kommerz spekuliert dabei erfolgreich auf ein Kaufpublikum, das der Drapierung des knallharten Umsatzziels mit Pseudo-Geschichte offenbar etwas abgewinnt, weil es ein diffuses Bedürfnis danach verspürt. Man kann freilich auch darauf verzichten, weswegen der wichtigere Trend zur Errichtung monströser shopping-center auf der grünen Wiese geht oder zum geräusch- und aufwandlosen Einkauf via internet. Beides erfordert eine logistische Infrastruktur, die mit riesigen Lagerhallen und Transportkapazitäten inzwischen praktisch jeden bisher noch unberührten Winkel des Landes heimsucht. In all diesen neuen Facilitäten ist die Häßlichkeit und Verunstaltung der Stadt-, Dorf- oder Naturlandschaft mit Händen zu greifen.

Diese Bestandsaufnahme ließe sich mit vielen weiteren Beispielen mühelos fortsetzen – von der Licht- und Tonverschmutzung über die nach wie vor praktizierte rücksichtslose Entsorgung kleiner und großer Mengen von Konsummüll bis zur jüngsten, gewohnt sorg- und gefühllos begangenen Todsünde der allzu verharmlosend so genannten „Verspargelung" unserer Landschaftsbilder durch Windkraftanlagen. Wir wohnen in einem der schönsten und reichsten Länder Europas und haben anscheinend jedes Sensorium für Natur und Landschaft ebenso verloren wie die in der Antike verankerte Idee von urbanem Leben.[44] Jedenfalls ist das der Eindruck, der sich einem aufdrängt, wenn man die Folgen betrachtet jenes Tag für Tag medial höchst geschickt lancierten kategorischen Imperativs von Wirtschaftswachstum und Konsum.

Freilich gibt es auch andere Signale. Sie weisen darauf hin, daß das über Dutzende von Generationen tradierte und gelebte Empfinden für Ästhetik und Form noch nicht gänzlich erloschen ist. Und diese Spuren offenbaren sich bezeichnenderweise dort, wo ein keineswegs fachlich vorgebildetes Publikum in erstaunlich großer Zahl etwa den Hinterlassenschaften der Antike begegnet – in situ oder in den zahllosen Mu-

---

44   Dazu vgl. Stahl 2008a, S. 81ff.; Stahl 2004.

seumspräsentationen und Ausstellungen, die zuweilen geradezu einen Publikumsansturm erleben.

Im Berliner Pergamonmuseum wurde z. B. über Monate die Geschichte der antiken Metropole Pergamon gezeigt mit einer Fülle von künstlerischen Glanzstücken. Sie vermitteln einen Eindruck davon, warum eine antike Stadt ein kulturelles Gesamtkunstwerk war und daß es dieses war, auf das Griechen und Römer ihre ganze Kraft und Sorgfalt verwandten und dafür ungeheure Ressourcen einsetzten. Daß sie ihre Städte deshalb für die beste aller Welten hielten, wurde jedem Besucher sofort evident, der in Berlin des gewaltigen und technisch vorzüglich gelungenen Panoramas des antiken Pergamon ansichtig wurde. Es ermöglichte einen sehr nahe an den Quellen rekonstruierten Blick auf Pergamon im Jahre 129 n. Chr. Das Panorama machte erlebbar, wie Stadt sich anfühlen konnte und kann. Dabei ging und geht es immer um die Gestaltung einer Stadtlandschaft im ganzen, um Proportion und Stil, um Bilder, von denen geistige Botschaften ausgehen, schließlich um eine gemeinschaftliche Praxis in diesen Räumen.

Vergleichbares läßt sich etwa für die zahlreichen und immer wieder ähnlich attraktiven musealen Präsentationen der Vesuvstädte sagen. Ein Detail aus einer Ausstellung in Halle vor einigen Jahren führt – ohne daß die Ausstellungsmacher das vermutlich beabsichtigt hätten – auf den Kern des eben angesprochenen modernen Problems. In einer Reihe kleiner Vitrinen wurden Funde von an sich banalen Alltagsgegenständen ihren modernen, beim Ausbruch des Vulkans im Jahre 1944 unter die Erde gekommenen Äquivalenten gegenübergestellt, z. B. antike und moderne Rasierutensilien. Schlagartig wird hier deutlich, warum wir, obwohl für modernes Design bereits Museen gebaut werden, deren Exponate eher selten wegen ihrer Schönheit schätzen, während es uns nach Pompeji immer wieder zieht: weil uns in jedem noch so alltäglichen Stück aus Pompeji oder Herculaneum der Zauber des Schönen anweht und im Innersten berührt.

Das Schöne gehört zum Wesen des Seins und unterliegt nicht subjektivem Meinen, wohl aber dem bewußten Hinschauen auf den Glanz unbedingter, sinnerfüllter Ordnung. Vom Schönen geht daher eine natürliche und bezwingende Autorität aus, und wir haben die Freiheit, uns für sie zu öffnen. Die Macht dieser Schönheit beruht nicht auf jenem in der menschlichen Stammesgeschichte verankerten Programm, durch das wir heute auch zu kommerziell motivierten Scheinbefriedigungen verführt werden können. Dabei wird jedoch nur eine Illusion des Schönen vorgegaukelt. „Was aber schön ist, selig scheint es in ihm selbst", schrieb Mörike („Auf eine Lampe"). Deshalb führt Schönheit heraus aus Konvention und Gewohnheit, löst Erstarrungen, macht frei für neues Sehen und Denken und öffnet für die Verbindung mit dem Mitmenschen wie für die Wirklichkeit der im Unverfügbaren gründenden Ordnung des Humanum.

Das ist nicht idealisierende Traumtänzerei und ohnehin aussichtslos, denn es kann sich auf ein unzerstörbares Erbe des Humanen verlassen, wie wir ihm gerade in der Antike begegnen können.

Tertium comparationis V: Bildung und Ethos

Der Begriff „Bildungsrepublik" für unser Land ist nicht nur ein Euphemismus, sondern eine glatte Lüge. Sie stilisiert den hektischen politischen Aktionismus auf diesem Feld als „Qualitätsoffensive", wo er doch seit vielen Jahren alles nur schlimmer macht. Die Phänomene der erst heute wirklich zur Katastrophe gewordenen „Bildung" quer durch unser Volk sind nur allzu bekannt. Zu bemerken ist aber, daß hierfür ganz entscheidend der Ökonomismus verantwortlich ist, der diesen Lebensbereich allmählich und fast unbemerkt weitgehend seinen Zielen unterworfen hat. Und gegenüber der praktisch ausschließlich der egalitaristischen Ideologie folgenden Politik sei hervorgehoben, daß das im Grunde größere Problem der Verlust von Bildung in den sog. Eliten darstellt. Denn ohne echte, und d. h. gebildete Eliten ist jede Gemeinschaftsordnung über kurz oder lang dem Untergang geweiht.

Die Hebung der allgemeinen Volksbildung wird ihren Ansatzpunkt nie von unten, sondern immer nur von oben finden können.

Freilich, Gelehrsamkeit und Wissensproduktion sind kein Humanismus, wie Werner Jaeger zu Recht betonte. Humanismus ist „der eigentümliche, auf dem Gedanken der einen Menschenbildung beruhende Kulturbegriff"[45], und die Griechen seien das „Bildungsvolk der Menschheit"[46] gewesen. Die *paideía*, die Erziehung und Bildung, ist auch dem griechischen Selbstverständnis nach, etwa bei Isokrates, das Kriterium für die Zugehörigkeit zum Griechentum.[47] Welch klarsichtige Aussage! Nicht über blutsmäßige Abstammung, sondern durch die Teilhabe an einer auf das überindividuelle Menschsein bezogenen, lebendigen und autonomen geistigen Welt wird jemand zum Griechen – oder zum Römer, zum Franken, zum Deutschen, zum Europäer.

Das griechische Gymnasion entwickelte sich zusammen mit der Herausbildung des Bürgerstaates und ist in seiner Bedeutung für diesen schon in der Zeit der Demokratie des 5. und 4. Jahrhunderts v. Chr. gar nicht zu überschätzen. Mit seinen Sportplätzen, Bibliotheken, Vortrags- und Begegnungsräumen war es eine Stätte der körperlichen und geistigen Erziehung – nicht nur für die Jugend, sondern für die Bildung des Bürgers schlechthin. Dies blieb ein Grundzug der gesellschaftlichen und politischen Ordnung der Antike bis in ihre Spätzeit. Nachdem im späteren 4. Jh. v. Chr. äußere Mächte die stets gewagte Gratwanderung der klassischen Demokratie beendet hatten, erlebte das Ideal der individuellen Bildung für die Elite einen ungeheuren Aufschwung. Gymnasien (oder Palästren, wie sie seitdem auch genannt werden) und Bibliotheken gehörten zum unverzichtbaren Grundbestand der hellenistischen Stadt. Deren Typus wurde schließlich zum Vorbild für die Entwicklung der Stadtkultur im römischen Weltreich.[48] Auch hier ent-

---

45 Jaeger 1937, S.114.

46 Jaeger 1937, S. 115.

47 Vgl. Walter 1999.

48 Vgl. Kah/Scholz 2007.

standen nach dem Vorbild der Griechen Gymnasien, Bibliotheken und Theater. Dazu kamen neue Einrichtungen, die Thermen, große Bäder, die aber weit mehr waren als dies und ebenfalls der Bildung dienten, nunmehr wieder – wie in der griechischen Klassik – unter Einschluß breitester Bevölkerungsschichten.[49]

Man kann die Aufgabe dieser Bildungsinstitutionen, errichtet unter Einsatz größter materieller Ressourcen, mit Michel Foucault kaum besser beschreiben als mit dem Begriff der „Sorge um sich selbst"[50]. Diese permanente Aufmerksamkeit auf die Formung der eigenen Person und ihres Verhältnisses zur Welt schloß selbstverständlich die Sorge um das Gemeinwesen mit ein. Selbstsorge in diesem Sinne ist nicht das Streben nach vereinzelter hedonistischer Selbstverwirklichung, sondern die sensible Öffnung des Selbst zu den unverfügbaren Lebenskräften, die Schau jenes Glanzes, der in der Schönheit die göttliche Ordnung offenbart. Nach einem Ausspruch der Dichterin Hilde Domin, den der Neutestamentler Klaus Berger überliefert: „Wir essen Brot, aber wir leben vom Glanz"[51].

So wurde die *paideía*, die die Römer mit *humanitas* übersetzten, zu einer wesentlichen Voraussetzung dafür, daß die Eliten ihre gesellschaftlichen und politischen Pflichten über die Dauer von etwa zwei Dutzend Generationen so erfüllen konnten, daß diese hellenistisch-römische Welt über die Jahrhunderte eine erstaunliche innere Stabilität bewahrte.

Unabhängig von ihren zeitgebundenen Formen verwirklicht die antike Bildung eine zeitlose europäische Idee, die denn auch immer wieder aufgegriffen wurde, zuletzt an der Schwelle der Moderne im Bildungskonzept Wilhelm von Humboldts (vgl. o. Kap. 1). Ankerpunkt dieser Bildungsidee ist die Wahrnehmung des Schönen als gefügter Ordnung und Epiphanie des Urgrunds allen Seins.

---

49 Vgl. Frank 2016.
50 Vgl. Foucault 1986.
51 Berger 2006, S. 91.

In fünf Stichworten wurde versucht, zwischen Antike und Gegenwart Brücken zu schlagen. Zahlreiche andere warten noch auf ihre Entdeckung. Denn der Bau solcher neuer Brücken hat gerade erst begonnen. Wir brauchen sie, wenn wir aus den Irrwegen der Moderne wieder herausfinden wollen, also aus Sorge um unsere Zukunft. Letztlich geht es, frei nach Kant[52], immer darum, daß wir danach trachten, wieder aus denselben Quellen zu schöpfen, aus denen die Alten ihren Geist genährt haben – aus gemeinsamer Liebe zum Göttlichen und zum Urbild des europäischen Menschen.

---

52 Vgl. I. Kant: Kritik der Urteilskraft B 138f.

6.

„Die Nationen fallen, aber sie erheben sich an den Denkmälern der Kunst und Wissenschaft wieder"

Karl Friedrich Schinkel
und die preussisch-deutsche Bewegung um 1813

(...) wo ein Volk das Schöne liebt,
wo es den Genius in seinen Künstlern ehrt,
da weht, wie Lebensluft, ein allgemeiner Geist,
da öffnet sich der scheue Sinn,
der Eigendünkel schmilzt,
und fromm und groß sind alle Herzen
und Helden gebiert die Begeisterung.
Die Heimath aller Menschen ist bei solchem Volk'
und gerne mag der Fremde sich verweilen."

Friedrich Hölderlin[1]

Das Werk von Karl Friedrich Schinkel steht in enger Verbindung mit dem Wiederaufbau des preußischen Staates um 1813 sowie der Artikulation der nationellen (und nicht ihrer mißverstandenen „nationalen") Identität der Deutschen.[2] Zur Erläuterung dieser Feststellung

---

1   Hölderlin I, S. 757.
2   Den Begriff „nationell" verwendet Friedrich Hölderlin in einem Brief an seinen Freund Böhlendorff vom 4. Dez. 1801 (vgl. Hölderlin II, S. 912f.). Hölderlin benutzt „nationell", um das je Eigene von Griechen und Deutschen zu unterscheiden. Das Wort eignet sich damit gut für die Bezeichnung von kultureller Identität im weitesten Sinne in Abgrenzung von „nationaler" Zugehörigkeit im politischen Sinne. 1813 ging es um die nationelle Identität der Deutschen, aber um die staatlich-politische (also nationale) von Preußen. Der Unterschied ist später mit der kleindeutschen Lösung der Einheitsfrage von Preußen her fatalerweise verwischt worden, erhält aber heute für eine sinnvoll geführte Debatte um „Nation und Europa" größte Wichtigkeit: Bei der Frage der Bewahrung oder Überwindung des Eigenen kann es nur um die nationelle, nicht die nationale Identität gehen.

ist zunächst eine weiterer Horizont aufzuspannen. Das Werk von Karl Friedrich Schinkel ist nämlich für uns nur zum Sprechen zu bringen, wenn wir es mit politisch-philosophischen Grundfragen in Verbindung bringen. Sie haben nicht nur ihn und seine Zeitgenossen bewegt, sondern sind bis heute unvermindert aktuell. Auf diese Weise können wir unsere eigene Zeit in Beziehung setzen mit den Geschehnissen vor zwei Jahrhunderten und den Zeugnissen aus jener Zeit.

Das Grundproblem des Politischen und die Moderne

Am Beginn der Moderne steht die Französische Revolution. Sie faszinierte die Zeitgenossen und tut dies bis heute. Neben dem breiten Strom positiver Resonanz hat sie aber, besonders in den Nachbarländern Frankreichs, ebenso große Verstörung, vor allem jedoch kämpferische Gegenreaktionen hervorgerufen. Dies hält bis in die Gegenwart an und hat zu der schon seit dem 19. Jh. gängigen Aufteilung des politischen Feldes zwischen den Polen von „Links" und „Rechts" geführt. Ein zutiefst pessimistisches Menschenbild – das *„homo homini lupus"* des Thomas Hobbes – führt seitdem beide politischen Gegner zu der Überzeugung, es sei ein übermächtiger Staat notwendig, der aus unterschiedlichen Motiven seinen Bürgern Freiheit und Selbstverantwortung nur sehr eingeschränkt zugestehen kann. Grob vereinfacht gesagt, stehen bis heute Befürworter einer linken Sozialtechnologie zur Schaffung eines neuen Menschen jenen gegenüber, die die verderblichen menschlichen Strebungen mit einem institutionellen staatlichen Machtapparat eindämmen und unterdrücken wollen.

Gibt es zu dieser Konstellation eine Alternative? Es ist das Verdienst der Dichter und Denker der Klassik und Romantik in Deutschland, einen „dritten Weg" aufgezeigt zu haben. Die führenden Geister der Deutschen reagierten in den Jahrzehnten um 1800 auf die Ereignisse in Frankreich und ihre weitergehenden Folgen in napoleonischer Zeit mit der Entdeckung eines neuen politischen Ideals.[3] Es beschreibt die wünschenswerte Fortentwicklung der politischen Zustände auf eine Weise, die jenseits der politischen Frontstellung zwischen Befürwortern und Gegnern der Revolution liegt. Grundlegend dafür ist ein Menschenbild, in dem Freiheit und Selbstverantwortung trotz aller Gefährdungen dem Menschen als seinem Sein gemäß zugesprochen und zugetraut werden. Daraus ergibt sich eine andere Antwort auf die für das politische Denken entscheidende Frage, wie eine Gesellschaft inneren Zusammenhalt entwickeln und bewahren und wie ihre Gemeinschaftsordnung die ihr zukommenden Aufgaben erfüllen kann.

Nicht die Anwendung jedweden Zwangs ist es, ebensowenig der neue Mensch aus der ideologischen Retorte und auch nicht allein Verfassung und Institutionen, sondern die Bürger selbst, jeder einzelne von ihnen mit seiner inneren Verfaßtheit ist der einzig verläßliche Garant für eine stabile politische Ordnung. „Jede Staatsform ist so viel oder so wenig wert wie die Menschen die sie tragen" – mit dieser Feststellung wiederholte Stefan George ein Jahrhundert nach der preußischen Bewegung, im Jahre 1916, den entscheidenden Gesichtspunkt.[4] Er hält fest, was in politicis die Grundidee des deutschen Geistes um 1800 war. Sie basiert auf der festen Zuversicht – im sokratisch-platonischen wie christlichen Sinne –, auf innere Umkehr, *metánoia*, und Wandel des einzelnen.

Die letzte und entscheidende Sicherung für eine stabile und funktionierende politische Ordnung sind weder Verfassung noch Institutionen, so unabdingbar sie auch sind, sondern die Bürger selbst und die von ihnen gelebte politische Kultur. Diese Einsicht steht übrigens bereits am Beginn des politischen Denkens in Europa vor mehr als zweieinhalb Jahrtausenden. Die politische Lyrik des Atheners Solon aus den ersten drei Jahrzehnten des sechsten vorchristlichen Jahrhunderts stellt eine entscheidende geistesgeschichtliche Zäsur dar. In Solons Texten wurde die Idee der Demokratie geboren (vgl. o. Kap. 3, u. Kap. 7).

---

3   Ich habe eine Auswahl von Texten zusammengestellt, die diesen alternativen deutschen Weg dokumentiert, vgl. Stahl 2013, S. 111–129.

4   Das George-Zitat bei Salin 1954, S. 32.

Erstmals erscheint die Idee eines Gemeinwesens, das auf der Teilhabe und Selbsttätigkeit der Bürger beruhen sollte. Ein weiterer Blick auf die Antike lehrt überdies: ihre beiden gelungensten politischen Systeme waren die annähernd 200 Jahre bestehende Demokratie der Athener und die von Augustus bis Mark Aurel erfolgreiche römische Prinzipatsordnung. Der Erfolg dieser beiden formell so verschiedenen politischen Systeme läßt sich allein aus der Wirksamkeit einer politischen Ethik erklären, die Integration gestiftet sowie die Identität breitester Kreise der Bürgerschaft geprägt hat.

Entscheidend für das Fundament von Gemeinschaft ist die innere Haltung des Bürgers, sein politisches Ethos. Antrieb, Halt und Ausdruck politischer Ethik ist die gelebte politische Kultur, eine Kultur des Politischen in Athen wie in Rom, zur Sprache gebracht in einer überwältigenden kulturellen Blüte. Zu Recht werden immer noch die griechische Klassik des 5. Jahrhunderts v. Chr. und die augusteische Klassik der Jahrzehnte um Christi Geburt als die beiden Höhepunkte der antiken Kultur schlechthin angesehen. Hier wie dort steht die Präsenz des Schönen im Mittelpunkt. Auf das Schöne traf man im öffentlichen Raum an vielen Stellen. Doch war diese Schönheit kultureller Manifestationen weder Mittel einer raffinierten Sozialtechnologie noch die geschickte, Legitimation erheischende Maskerade der häßlichen Kehrseite eines Regimes von Macht und Gewalt. Das Schöne ist vielmehr Zeichen und Inbegriff davon, daß in den Fügungen der Gemeinschaftsordnung ein geistiges Prinzip waltet. Ihm begegnete jeder einzelne Bürger in seiner täglichen Lebenswelt, und dadurch konnte es zu einem integralen Bestandteil seines eigenen inneren Kosmos werden (vgl. o. Kap. 4).

Politische Ethik, manifestiert in der Kultur, d. h. also zentral das Schöne und das in ihm erscheinende Wahre und Gute, das ist der Schlüssel zu einer Sphäre alternativer Konstitution des Gemeinwesens. Sie geht hinaus über die zwar notwendigen, doch ohne habituell-mentale Verankerung stets prekär bleibenden Verläßlichkeiten rein formaler Institutionalisierung staatlicher Ordnungsinstrumente, und sie existiert ebenso jenseits und unabhängig von allen Utopien aus dem sozialen Experimentierlabor: Nicht links also und nicht rechts verläuft jener von deutschen Intellektuellen seit dem späten 18. Jh. immer wieder gedanklich ventilierte Weg. Ja, es ist ein deutscher Sonderweg, aber doch ein ganz anderer als der mit guten Gründen perhorreszierte. Denn er weiß sich in seinen Zielen durchaus einig mit der westlich-französisch-angelsächsischen Tradition, glaubt jedoch, für das freiheitlich-demokratische Gemeinwesen ein tieferes Fundament errichten zu müssen. Dieser dritte, andere Weg besteht darin, die das Leben der Gemeinschaft ausmachende politische Ethik zu kultivieren.

Das fordert konkret von jedem einzelnen Bürger die Anstrengung sich zu bilden, und es bedeutet: sich rationaler Aufklärung zu öffnen und im Medium des Schönen sich selbst zu erziehen. Diese Forderung ist die Grundlage jeder gelingenden bürgerstaatlichen Ordnung und richtet sich an alle Bürger des Gemeinwesens. Jene von ihnen, die auf diesem Weg nur eine geringe Strecke zurückzulegen vermögen – und solche wird es in zahllosen Graden der Abstufung immer geben –, dürfen dennoch nicht zurückgelassen oder ausgegrenzt werden, sondern müssen und können auch – Athen wie Rom zeigen es – auf die ihnen mögliche Weise an der Idee des Ganzen teilhaben. So wird aus der Utopie des neuen Menschen der realistische, individuell verlaufende Bildungsprozeß konkreter einzelner. Deren politisches Ethos von Freiheit und Verantwortung ist das Ziel, und erst dieses politische Ethos versetzt den Bürger in die Lage, die unerläßlichen Verfahren und Institutionen angemessen zu handhaben und mit Leben zu erfüllen (vgl. u. Kap. 8).

Die Selbstbildung der Bürger als Arcanum einer auf Freiheit und Verantwortung gründenden politischen Programmatik lebt von der permanenten Auseinandersetzung mit den kulturellen Beständen der Tradition. In ihr besitzt die Kategorie des Schönen zentrale Bedeutung. In der Schau des Schönen – letztlich im Sinne der platonischen Diotima – begegnen wir stets dem Göttlichen, das als das Wahre und Gute, griech. das *kalón*, Leitstern unseres Handelns sein muß. Das Schöne und seine Erfahrung in der Lebenswelt ist für das politische Konzept der deutschen Klassik und Romantik deshalb keine zufällige und ggf. verzichtbare Zugabe, sondern der Kern der Botschaft. Die Bedeutung, die diese alternative politische Idee der Sphäre des Ästhetischen beimißt und beimessen muß, ist der vielleicht wichtigste Grund, daß sie sich selbst außerhalb des Antagonismus von Links und Rechts positionieren kann und muß. Das Leben in der Gegenwärtigkeit des Schönen, nicht zuletzt die Sorge um Form und Stil, unterscheidet und trennt diese Haltung signifikant von der jedes Linken und Rechten.

Die deutschen Denker um 1800 haben diese Vorstellung vor allem im rezipierenden Rückgriff auf die alten Griechen formuliert. Einer von ihnen war Karl Friedrich Schinkel, und sein gewaltiges und vielfältiges Werk ist neben dem Wilhelm von Humboldts eine der wirkmächtigsten Verkörperungen der Hauptidee der deutschen Klassik. Und dieses Konzept der ästhetischen Bildung und Erziehung war schließlich der geistige Humus auch für das Jahr 1813.

Ästhetische Erziehung

Am Beginn steht der Entdecker der Griechen und der Erwecker der Deutschen und, notabene, ein neuerlicher Präzeptor des Deutschen als Sprache: Johann Joachim Winckelmann.[5] Sein literarischer Erstling von 1755 wurde das Gründungsmanifest eines neuen Ideals. Unter Berufung auf die griechische Welt rief es die gegenwärtige zur Veränderung auf. Nicht das Niemandsland der Utopie, sondern die nachahmende Vergegenwärtigung der Alten sollte den Blick auf die eigene Zukunft öffnen. Entgegen dem späteren pseudohumanistischen Mißverständnis (vgl. o. Kap. 5) bedeutete Nachahmung für Winckelmann nicht, die Griechen als Vorbilder in der Gegenwart zu kopieren. Nachahmung bedeutete und bedeutet vielmehr, das in der Vergangenheit gefunde-

---

5 Vgl. die zusammenfassende Würdigung Winckelmanns bei Stahl 2008a, S. 15ff.

ne Ideal den eigenen geschichtlichen Bedingungen entsprechend neu zu formulieren und zu verwirklichen. Diese Grundfigur historischen Bewußtseins geht letztlich auf den *pater historiae*, Herodot, zurück, sie wird uns bei Schinkel wieder begegnen, und sie bildet bis heute das Leben spendende Antidot gegenüber dem weithin lebensfremden positivistisch-historistischen Wissenschaftsbetrieb.

> „(...) ich schreibe, von Dingen die zur Erleuchtung unserer Nation und zum guten Geschmack beytragen, und nicht Sachen, die bloß Gelehrsamkeit betreffen (...).“[6]

So hatte Winckelmann sein Ziel beschrieben, und Goethe brachte es ein halbes Jahrhundert später auf die Formel:

> „Man l e r n t nicht, wenn man ihn lieset, aber man w i r d etwas.“[7]

Nicht neues Wissen, sondern Bildung also war das Anliegen. Im Erleben des Schönen in der Kunst konnte der Mensch, das hatte Winckelmann vorgelebt, sich zu einer neuen Freiheit seiner moralischen Existenz erziehen und damit die Voraussetzung schaffen für ein freies und humanes Gemeinwesen.

Mit Winckelmann war das politisch-ästhetische Programm der deutschen Klassik inauguriert. Ohne diesen Anfang wäre Schillers großer Text über die ästhetische Erziehung, wären die Reformen Humboldts kaum denkbar. Es kann eben doch ein richtiges Leben im falschen geben! Das ist die Hoffnung, von der die Verfechter des alternativen politischen Wegs überzeugt sind. Aus ihr wächst die Kraft zur Veränderung. Denn vom falschen Leben, von Schein und Unwahrheit sich abzukehren, ist der Anruf, den das Schöne für jeden einzelnen bereithält. Er muß sich nur entscheiden – mit allen Konsequenzen für sein alltägliches Leben und seine Haltung in der Gemeinschaft. Es ist dies unsere einzige, aber berechtigte Hoffnung, sonst bliebe nur der Weg von Umsturz und Gewalt.

---

6   Winckelmann, S. 63.
7   Eckermann, S. 248 (16. 2. 1827).

In einem Bericht an den preußischen König schrieb Wilhelm von Humboldt:

> „Jeder ist offenbar nur dann ein guter Handwerker, Kaufmann, Soldat und Geschäftsmann, wenn er an sich und ohne Hinsicht auf seinen besondern Beruf ein guter, anständiger, seinem Stande nach aufgeklärter Mensch und Bürger ist."[8]

Eben jenes von Schiller übernommene eminent politische Verständnis von Bildung, Kultur und Schönheit liegt auch der anderen, parallel verlaufenen großen Erneuerung zugrunde: der Gestaltung einer reformierten ästhetischen Lebensumwelt durch Karl Friedrich Schinkel.

> „Der Mensch bilde sich in allem schön, damit jede von ihm ausgehende Handlung durch und durch in Motiven und Ausführung schön werde. Dann fällt für ihn der Begriff von Pflicht in dem gröberen Sinne (...) ganz fort (...)".[9]

Anders ausgedrückt: Das politische Ethos wird habituell. Wie sein großer Förderer Humboldt so entwickelte auch Schinkel sein Anliegen noch einen Schritt über das von Schiller Gedachte weiter, meinte dieser doch, ästhetische Bildung könne im Prinzip nur eine Sache „weniger auserlesener Zirkel" sein. Humboldt und Schinkel hingegen gingen, jeder auf seinem Feld, darüber hinaus. Zudem standen sie seit 1806 vor einer neuen historischen Herausforderung. Angesichts der Not der Zeit glaubten sie, von den Schillerschen nuclei müsse und könne eine Strahlung ausgehen, die nach außen und in die Breite wirkt – sei es von der universitären Elitenbildung her oder mittels der Schöpfung neuer, der Bildung dienender Stadt- und Wohnräume.

Schinkels Berliner Hauptwerke, Schauspielhaus, Museum und Bauakademie, sind Bildungseinrichtungen. Ihr Zweck und ihre ästhetische Form entsprechen einander vollkommen. Der Staat der Freiheit, so Schinkels Überzeugung, wird nicht errungen über den Sturm despotischer Zwingburgen, sondern von dem sich im Reich der Schönheit und des Geistes bildenden Bürger. Seine Lebenswelt ist deshalb bis ins

---

8   Humboldt IV, S. 218.
9   Peschken 1979, S. 35.

Alltägliche hinein zu gestalten. Schillers „ästhetischer Staat" und Schinkels „gebildeter Staat" sind nicht zu trennen.

Das wäre dann der Weg zu jenem Zustand, den Hegel und Hölderlin im sog. Ältesten Systemprogramm des Deutschen Idealismus beschworen hatten. Dieser Text war zwar zu Schinkels Zeit nicht publiziert. Die Gedanken dieses zentralen, nur ein Jahr nach Schillers Schrift entstandenen Dokuments des geistiges Aufbruchs dürften aber in den Berliner Salons nicht unbekannt gewesen sein. Denn sie lesen sich wie ein Echo auf die Schillerschen Thesen und als deren Weiterentwicklung. Den beiden jungen schwäbischen Denkern schwebte jedenfalls, ganz im ursprünglichen Geist der französischen Revolutionäre, die Einheit des Volks vor.

> „Nimmer der verachtende Blick, nimmer das blinde Zittern des Volks vor seinen Weisen und Priestern(...)."[10]

Hegel und Hölderlin halten mit Schiller die „Idee der Schönheit", „die Idee, die alle vereinigt", für den „höchsten Akt der Vernunft", „ein ästhetischer Akt", weil „Wahrheit und Güte (das Gute – d. Verf.) nur in der Schönheit verschwistert sind"[11]. Daher gilt: „Polytheismus der Einbildungskraft und der Kunst, dies ists, was wir bedürfen!" Ziel des ästhetischen Schaffens ist eine „neue Mythologie" „im Dienste der Ideen"[12]. Das ist die Vereinigung von Sinnlichkeit und Verstand, die auch Schiller vorschwebte und in der die Aufklärung aufgehoben und zugleich überwunden ist. Erst so kann sie ihre segensreiche Wirkung entfalten. Denn:

> „Ehe wir die Ideen ästhetisch, d.h. mythologisch machen, haben sie für das Volk kein Interesse. (...) So müssen endlich aufgeklärte (sic!) und Unaufgeklärte sich die Hand reichen, die Mythologie muß philosophisch werden, und das Volk vernünf-

---

10 Jamme 1984, S. 14 (Systemprogramm, verso Z. 25–27).
11 Jamme 1984, S. 12 (Systemprogramm, recto z. 32, 34ff.).
12 Jamme 1984, S. 13 (Systemprogramm, verso Z. 14f., 17f.).

tig, und die Philosophie muß mythologisch werden, um die Philosophen sinnlich zu machen, dann herrscht ewige Einheit unter uns."[13]

Es ist nicht sinnvoll, die republikanisch eifernden Postulate des Systemprogramms gegen Schillers Bildung in „auserlesenen Zirkeln" in Stellung zu bringen. Wenn Schiller an einen allmählichen Prozeß denkt, so steht doch auch für ihn am Ende der „Arbeit für mehr als ein Jahrhundert" kein anderes Ziel als der ersehnte Staat der Freiheit (vgl. o. Kap. 1). Eliten- und Volksbildung sind keine Gegensätze, sondern bedingen einander, auch für Humboldt und Schinkel. Jener erdachte neue, aufeinander aufbauende Bildungseinrichtungen, in denen jeder nach seinen Fähigkeiten in abgestufter Weise teilhaben konnte an der ganzen Idee des sich Bildens, der „höchsten und proportionirlichsten Bildung seiner Kräfte zu einem Ganzen"[14], so daß „jeder Unterthan (…) darin zum sittlichen Menschen und guten Bürger gebildet werden könne"[15]. Schule und Universität werden auf diese Weise zu Verbindungsgliedern zwischen Oben und Unten, und in diesen Kanälen der Kommunikation innerhalb des Volksganzen solle jeder einzelne den ihm angemessenen Weg finden. Politische und soziale Zusammenführung sowie moralische Hebung im Medium der Bildung am Schönen – das ist auch die Absicht des gestalterischen Wirkens von Schinkel. Der spätere Generalfeldmarschall Neidhart von Gneisenau prägte dafür in einem Brief an den König vom August 1811 die treffenden Worte:

> „Religion, Gebet, Liebe zum Monarchen und zum Vaterland, zur Tugend sind nichts anderes als Poesie, keine Herzenserhebung ohne poetische Stimmung. Wer nur nach kalter Berechnung handelt, wird ein starrer Egoist. Auf Poesie ist die Sicherheit der Throne gegründet."[16]

Die Idee, die Humboldts wie Schinkels Reformen leitet, liegt damit jenseits der Alternative zwischen der wie auch immer variierten Re-

---

13 Jamme 1984, S. 13f. (Systemprogramm, verso Z. 20ff.).
14 Humboldt I, S. 64.
15 Humboldt IV, S. 217.
16 Eckert 1955, S. 213.

stauration des Ancien Regime und dem revolutionären Umsturz. Beides hat für sie seine Berechtigung und Notwendigkeit, beides muß für sie jedoch auf eine höhere Ebene gehoben werden, auf das Fundament der allgemeinen Menschenbildung.

> „Von der öffentlichen Gesinnung hängt das Betragen des Staates ab. Veredlung dieser Gesinnung ist die einzige Basis der ächten Staatsreform."[17]

So Novalis in seiner Schrift „Glauben und Liebe", entstanden nur ein Jahr nach dem Systemprogramm, 1797/98, und gewidmet dem neuen, glänzende Hoffnungen erweckenden preußischen Herrscherpaar, König Friedrich Wilhelm III. und Königin Luise. Novalis (= Friedrich von Hardenberg):

> „Es wird eine Zeit kommen und das bald, wo man allgemein überzeugt seyn wird, daß kein König ohne Republik, und keine Republik ohne König bestehn könne, daß beide so untheilbar sind, wie Körper und Seele, und daß ein König ohne Republik, und eine Republik ohne König, nur Worte ohne Bedeutung sind."[18]

Novalis ist zuweilen als einer der ersten Theoretiker der Rechten in Deutschland betrachtet worden. Das ist nicht zutreffend, Novalis gehört zu den Vordenkern jener dritten Position, der politischen Romantik. Für sie sind, wie Novalis formulierte, Staat und Institutionen nur „leer an Geist und arm an Herzen"[19], also unfertig und leblos, wenn sie nicht vom politischen Ethos der Bürger getragen werden. Eben davon waren auch Humboldt und Schinkel beflügelt.

Der Aufstand von 1813 gründete in einer geistigen Erhebung, die in einem anderen und tieferen Sinne revolutionär war als entweder die Beseitigung oder die reformierte Wiederaufrichtung einer überlebten staatlichen Ordnung. Den geistigen Wegbereitern von 1813 – und hier wären neben den schon angeführten noch zahlreiche weitere Namen zu nennen (insbesondere der Freiherr vom Stein, die Generäle Ger-

---

17 Novalis 1798a, S. 298.

18 Novalis 1798a, S. 296.

19 Ebd.

hard von Scharnhorst und Ludwig Graf Yorck von Wartenburg, dann die Denker der politischen Romantik, Ernst Moritz Arndt, Achim und Bettina von Arnim, Friedrich de la Motte Fouqué, Adam Müller, Friedrich Wilhelm Joseph von Schelling, Friedrich Schlegel) – ihnen allen stand letztlich eine neue, ganz anders geartete Existenz von Staat und Mensch vor Augen. Sie beschreibt einen spezifisch deutschen Weg in eine neue Epoche. Die Formel der „Revolution von oben" meint im innersten politischen Sinne, daß nur das nicht abreißende Bemühen um Erziehung und Bildung, angestoßen, vorgelebt und getragen von den führenden Geistern eines Volkes, dieses zu höherer Fügung erheben und dadurch vor den sinnlosen und zerstörerischen Eruptionen der Gewalt in Not und Verblendung bewahren könne. Es ist die geistige Tat, welche dem Ereignis des Augenblicks und dem politischen Handeln Gültigkeit und Dauer verleiht, weil in ihr die Verwandlung des inneren Menschen aufscheint und weil sie allein alles staatlich-politische Leben zur Gestalt formt.

Poesie und Geschichte

Schinkel wird im Kreis der Reformer und Erneuerer Preußens kaum je an prominenter Stelle genannt – zu Unrecht.[20] Er gehörte aufs Engste in eine Welt geistigen Austauschs, die weit über Berlin hinaus reichte. In ihr bildete sich die entscheidende Grundlage heraus für die einschneidende Umgestaltung – man zögert, das Wort „Modernisierung" in den Mund zu nehmen – des preußischen Gemeinwesens. Schinkel war wie viele andere davon überzeugt, daß dabei Politik und Kultur, das Nützliche und Zweckmäßige mit der Kunst untrennbar zusammengehören. Sein Denken bewegte sich stets in den Koordinaten einer geistigen Gesamtheit, ihre unterschiedlichen Aspekte – von technisch-materiellen bis zu poetisch-philosophischen – stellten für ihn einen Zusammen-

---

20 Dies liegt vermutlich daran, daß für die genuin historische Darstellung die ästhetische Dimension des Politischen heute zumeist verkannt wird oder diskreditiert ist.

hang dar. Sei in früheren Zeiten die Kunst oft erst die Folge politischer Ereignisse gewesen, so sei es nun eher umgekehrt – die Kunst und das Schöne müßten vorangehen.

Schinkel, seit 1815 als oberster Baubeamter dem König direkt verantwortlich, verstand sich jedoch nie als bloß Ausführender von vorgegebenen Aufträgen – im Gegenteil:

> „Sehr bald geriet ich in den Fehler der rein radicalen Abstraction, wo ich die ganze Conception für ein bestimmtes Werk der Baukunst aus seinem nächsten trivialen Zweck allein und aus der Construction entwickelte. In diesem Falle entstand etwas Trockenes, Starres, das der Freiheit ermangelte und zwei wesentliche Elemente, das Historische und Poetische, ganz ausschloß."[21]

Schinkel begriff seine gestalterische Aufgabe als zukunftsgerichtete Kulturarbeit für seine Gegenwart. Sein Blick in die Geschichte lehrte ihn, daß auch die bewunderten Kunstwerke der Vergangenheit zureichend nur verstanden werden können in ihren politischen und gesellschaftlichen Bezügen; und daß das Instrumentarium einer solchen Kulturarbeit so umfassend wie möglich zu sein hat. Schinkel verstand sich und wirkte nicht nur als Architekt und Stadtplaner, sondern in gleichem Maße als Maler und Bühnenbildner, als Philosoph und Kunsttheoretiker sowie – mit heutigen Begriffen – als Designer und Eventkünstler. Das Ziel der Bildung war nur zu erreichen, wenn möglichst viele Bürger und wenn der Mensch als ganzer angesprochen und im Inneren berührt wurde – seine Art und sein Stil zu leben, sein Selbstverständnis, sein Denken und sein Ethos.

Schinkels Absicht war nie, im Betrachter und Benutzer seiner Werke lediglich ein interesseloses, genußreiches Wohlgefallen zu erzeugen. Seine Kunst zielt auf einen mündigen bzw. zu seiner Mündigkeit zu ermunternden Rezipienten. Entsprechend verbanden sich für Schinkel gesellschaftliche, politische und ökonomische mit der ästhetischen und moralischen Verantwortung als Handwerker und Künstler. Auf diese Weise trug sein Werk bei zur Öffnung des Weges zur Freiheit.

---

21 Peschken 1979, S. 150.

Das ist das eine, was in unserer gegenwärtigen Situation betont werden muß: die Gestaltung der menschlichen Lebenswelt ist eine umfassende, nur scheinbare disziplinäre Grenzen sprengende, philosophisch und ästhetisch anspruchsvolle Kunst. Wollen wir Schinkel, Humboldt und die preußische Reformzeit nicht in das Gehäuse folgenlosen Gedenkens bannen, so ist darüber hinaus ein zweiter Aspekt festzuhalten. Jene *téchne* oder *ars* setzt nämlich ein tragfähiges Geschichtsbewußtsein voraus. Für Schinkel enthielt dieses Spannungsfeld von Geschichtlichkeit und Zukunftsoffenheit die Aufforderung, mit „Phantasie" und „Divinationsvermögen" Brücken zu schlagen. In einem Schreiben an den Kronprinzen Maximilian von Bayern heißt es:

> „Es folgt hieraus schon von selbst, daß das Streben nach dem Ideal in jeder Zeit sich nach den neu eintretenden Anforderungen modificiren wird, daß das schöne Material, was die verschiedenen Zeiten für die Kunst bereits niedergelegt haben, den neuesten Anforderungen theils näher, theils ferner liegt und deshalb in der Anwendung für diese mannigfach modificirt werden muß, daß auch ganz neue Erfindungen nothwendig werden, um zum Ziele zu gelangen, und daß, um ein wahrhaft historisches Werk hervorzubringen, nicht abgeschlossenes Historisches zu wiederholen ist, wodurch keine Geschichte erzeugt wird, sondern ein solches Neues geschaffen werden muß, welches im Stande ist, eine wirkliche Fortsetzung der Geschichte zuzulassen.
> Hierzu gehört freilich neben der Kenntnis des gesammten historisch Vorhandenen eine Phantasie und das Divinationsvermögen, das rechte und gerade der Kunst noththuende Mehr wenigstens für die nächste Zukunft zu finden."[22]

Das ist Schinkels Vorstellung von Geschichte: Sie entsteht nur in der Schöpfung von etwas Neuem, das den Lebensbedürfnissen der Gegenwart im Hinblick auf die Zukunft gerecht wird. Noch einmal:

> „Nur das ist ein geschichtlicher Act, der auf irgend eine Weise ein Mehr, ein neues Element in die Welt einführt, aus dem sich eine neue Geschichte erzeugt und fortspinnt."[23]

Diesen antihistoristischen Geschichtsbegriff, in dem Gegenwart und Vergangenheit eine enge Verbindung eingehen, teilt Schinkel mit

---

22 Schinkel Briefe, S. 180.
23 Peschken 1979, S. 149.

Humboldt und Ranke – ja auch Ranke –, mit Droysen, Burckhardt und Nietzsche, dessen Zweite Unzeitgemäße Betrachtung ein einziger Aufschrei und eine bis heute gültige, vernichtende Kritik am Historismus ist. Noch einmal Schinkel, den Geist Nietzsches vorwegnehmend:

> „Historisch ist nicht, das Alte allein festzuhalten oder zu wiederholen, dadurch würde die Historie zugrunde gehen. Historisch Handeln ist das, welches das Neue herbeiführt und wodurch die Geschichte fortgesetzt wird. Aber dadurch eben, daß die Geschichte fortgesetzt werden soll, ist sehr zu überlegen, welches Neue und wie dies in den vorhandenen Kreis eintreten soll."[24]

Das ist eine Haltung zur Vergangenheit, wie sie für das Gehen auf dem dritten Weg notwendig ist: weder der Weg der Revolution, also eine scheinbar historisch voraussetzungslosen Neuschöpfung, noch der der Reaktion als starrem und unreflektiertem Festhalten an leblos gewordener Tradition bzw. als deren vermeintliches Wiederherstellen. Schinkels Umgang mit der Geschichte verknüpft dagegen bewußt Vergangenheit und Gegenwart miteinander. Er kennt deshalb auch keinen absolut gesetzten Bezugspunkt in der Vergangenheit. Alles „schöne Material, was die verschiedenen Zeiten (...) bereits niedergelegt haben" kann in seinem Reichtum erschlossen und fruchtbar angeeignet werden. Der Rückgriff auf das Mittelalter etwa ist für Schinkel ebenso notwendig wie der auf die Griechen. Nur aus der im Licht der Gegenwart durchdachten Rezeption möglichst vieler künstlerischer und ideeller Elemente entsteht zukunftsträchtiges Neues.

Den Brückenköpfen in der Vergangenheit, eingebettet in ihre jeweilige Gegenwart, begegnete Schinkel auf mehreren großen Reisen nach Böhmen, in die Alpen, nach Italien, Frankreich und England, und er hielt seine Eindrücke in zahllosen Zeichnungen und Bildern fest.[25] Sie demonstrieren, wie vorurteilslos Schinkel nicht nur die Relikte menschlicher Kultur aller Epochen wahrnahm, sondern auch, daß er, bei aller Distanzierung von den gegenwärtigen politischen Entwick-

24 Peschken 1979, S. 71.
25 Vgl. Koch 2006.

lungen, das ganze Alteuropa und seine ästhetische Formenwelt im Westen und Süden ohne Einschränkung zur Grundlage seiner eigenen, das preußisch-deutsche Selbstverständnis formulierenden künstlerischen Sprache gemacht hat.

Diese Offenheit nach Süden und Westen hin, ins gesamteuropäische Mittelalter wie in die Antike ist charakteristisch für die Arbeit an der deutschen Identität, wie sie Schinkel im Einklang mit vielen seiner Zeitgenossen betrieb. Beispielhaft eindrücklich dafür ist die Verschwisterung der italienisch-antiken mit der deutsch-mittelalterlichen Tradition am Eingang in die Potsdamer Ideallandschaft an der Havel: Der Vergegenwärtigung des Südens im klassizistischen Kleinod des Schlosses Glienicke antwortet das Echo vom nordischen Bergpark des neugotischen Babelsberg.

Aufnahmebereitschaft und Anverwandlung in ein unverwechselbares Deutsches sind Erbe der Genese des Deutschtums schon in seinen ersten Anfängen, die in der Romanisierung des südlichen Deutschland zu suchen sind. In den römischen Provinzen an Rhein und Donau blühte die antike mediterrane Kultur, die Länder wurden hellenistisch-römisch und prägten in der Verbindung mit dem indigenen Keltisch-Germanischen eine spezifische, römische Provinzialkultur aus. Sie bestand über mehrere Jahrhunderte und hinterließ für die folgenden fast 2000 Jahre tiefe Spuren in den ehemals römischen Städten und Siedlungen, ja sogar in der Gestalt von Land und Landschaft. Hier liegt die unverwechselbare Keimzelle für alles Spätere und damit das Deutsche.

Dessen immer wieder sattsam beschworene germanische Prägung ist hingegen ein realiter haltloses Konstrukt, das nicht zuletzt seit der Zeit der Befreiungskriege mächtigen Aufschwung nahm – aus dem nachvollziehbaren Bestreben, das vermeintlich Germanische dem vom französischen Unterdrücker repräsentierten Romanischen, dem „Welschen", entgegenzustellen. Daher die grobe Mythisierung der sog. Varus-Schlacht im späteren 19.Jh. als der vermeintliche Urknall der deutschen Nation. Das entbehrt jedoch schon für die Anfänge der römisch-germanischen Konfrontation in augusteischer Zeit der historischen Grundlage. Die Varus-Schlacht ist keinesfalls ein germanischer Volksaufstand gewesen, sondern lediglich eine zunächst auch für die römische Politik ganz folgenlose Revolte von römischen Offizieren. Was sich dann später, seit dem 3. und 4. Jh., an germanischem Volkstum geltend machte, war Reaktion auf eine zweifache Konstellation. Zum einen: Die römische Eroberung des germanischen Raums wurde unter Tiberius im Jahre 16 n. Chr. de facto aufgegeben – wohlgemerkt ausschließlich aus internen Erwägungen und Zwängen. Einzig der Kaiser Mark Aurel unternahm in den 70er Jahren des 2. Jahrhunderts noch einmal einen ernsthaften, doch durch seinen Tod unvollendet gebliebenen Versuch der Fortsetzung. So bestand die Demarkationslinie des römischen Limes fort bis in die Spätantike.

Eine unbeabsichtigte Wirkung des Limes, das ist das zweite, war die allmähliche Entstehung germanischer Völkerschaften, also Großstämmen, jenseits der Grenze – und zwar durch einen immer intensiver werdenden kulturellen Austausch, der zu einem am römischen Vorbild sich orientierenden Lern- und Formierungsprozeß führte. Das germanische Eigenbewußtsein ist also eine Folge der römisch-imperialen Ausstrahlung, ja Prägung und ging mit der Landnahme während der Völkerwanderung sehr rasch auf in den sog. germanischen Nachfolgeherrschaften auf ehemals römischem Boden – wiederum in intensiver Aufnahme des Römischen, jetzt auch Christlichen – man denke an die Taufe des Frankenkönigs Chlodwig um 500.

Die in augusteischer Zeit formulierte Aufgabe der römischen Weltmission zur Errichtung eines imperialen Friedensreichs blieb also gut ein halbes Jahrtausend liegen, und erst die römisch-deutschen Kaiser seit Karl d. Gr. haben sie wieder aufgenommen. Man könnte daher das Deutsch-Werden der Länder bis zur Oder und darüber hinaus von Karl d. Gr. bis zum Spätmittelalter in einem großen geschichtlichen Bogen als eine Bewegung betrachten, die mit Augustus beginnt und über die großen Kaiser Karl und Otto bis zur Errichtung des brandenburgischen Kurfürstentums im Jahre 1415 reicht. Die deutsche Kultur verdankt sich ganz wesentlich einem über fast zwei Jahrtausende reichenden

Kulturtransfer von Süd nach Nord, zunächst mit der Überwindung der natürlichen Mauern der Alpen, dann mit dem Überschreiten der großen deutschen Flüsse Donau, Rhein, Elbe und Oder. Auch und gerade Brandenburg-Preußen mit den aus dem Süden stammenden Hohenzollern, deren Hechinger Stammsitz und deren Name vielleicht auf den römischen Sonnengott Sol zurückgehen – Preußen also ist zu dem strahlenden Fokus deutscher Kultur seit dem 18. Jh. geworden, weil es das lateinische und griechische Erbe Deutschlands noch einmal in beispielloser Weise zum Blühen gebracht hat. Das führt zurück auf das havelländische Arkadien und das Spree-Athen, welche wesentlich dem Divinationsvermögen Karl Friedrich Schinkels zu verdanken sind.

Der „enthusiastische Weltverschönerer"[26]

Schinkels Riesenwerk und seine bis heute anhaltende Wirkung kann hier auch nur im Überblick nicht dargestellt werden. Es sei daher nur auf Projekte im Kontext von 1813 etwas näher eingegangen. Zuvor noch zwei allgemeinere Beobachtungen: Als Verantwortlicher für das Bauwesen im Staate Preußen und für die Bautätigkeit des Hofes hinterließ Schinkel in einem großen Teil der deutschen Länder – von Aachen bis Insterburg in Ostpreußen, von Rügen bis Dresden, von Kolberg bis Ratibor in Oberschlesien – ja, wenn man unausgeführte Projekte mitzählt, sogar europaweit bis zur Krim und nach Athen Zeugnisse seiner Tätigkeit.[27] Es ist deshalb, die Bedeutung Preußens für Deutschland ohnehin vorausgesetzt, nicht abwegig, Schinkel auch subjektiv die Absicht einer ästhetischen Erziehung aller Deutschen zu unterstellen. Wir werden diesen Bezug auf Deutschland als Ganzes bei dem geplanten Memorialbau für die Befreiungskriege ausgeführt sehen.

---

26 Bettina von Arnim über Schinkel, brieflich an Goethe (Juni 1825), vgl. Arnim, S. 121.

27 Vgl. die Karte in Bernhard 2008, Umschlaginnenseite.

Die zweite Anmerkung zielt auf das bis heute sichtbare Zentrum der Schinkelschen Verschönerungsarbeit: Die Neugestaltung von Berlins bis dahin geschichtlich gewachsener Mitte. Denn hier wird der politisch-gesellschaftliche Sinn von Schinkels Wirken augenfällig. Beispielhaft und in aller Kürze: Schinkels Bauten folgen einer großräumigen städteplanerischen Konzeption. In ihr wurden die Zeichen der Monarchie – Schloß, Zeughaus, Forum Fridericianum – in einen neuen Funktionszusammenhang bürgerlicher Bildung und Arbeit eingebunden. Er spiegelt das Gesicht einer konstitutionellen Monarchie als der nicht nur für Schinkel idealen politischen Ordnung.[28] Einen Eckstein dieser Stadtlandschaft bildet das 1830 eröffnete Museum am Lustgarten (heute: „Altes Museum").[29] Mit ihm stellte Schinkel der absolutistischen Zwingburg des Schloßkubus ein Monument griechischer Bürgerfreiheit gegenüber, eine dem bürgerlichen Leben dienende lichte Säulenhalle. Das Ensemble der Bauten am Lustgarten – Schloß, Zeughaus und Dom – verwandelte sich durch den neuen und ästhetisch dominierenden baulichen Akzent zur Agora einer bürgerlichen politischen Gesellschaft.

Im Museum selbst wurden mittels eines neuartigen Raumkonzepts die königlichen Kunstsammlungen erstmals in einer erzieherisch gemeinten Präsentation dem bürgerlichen Bildungsstreben zugänglich gemacht. Dem Besucher wurden aber nicht einfach die Exponate gezeigt, er erlebte diese in einem Baukunstwerk, das ihm deren Bedeutung selbst nahebrachte. Der spektakuläre architektonische Entwurf einer offenen Treppenhalle stellt zwischen innen und außen eine körperlich erfahrbare Verbindung her und läßt damit Schinkels Geschichtsauffassung einer Vereinigung von Vergangenheit und Gegenwart zu einem bleibenden Bild gerinnen. Mittels zweier – heute verlorener – Freskenzyklen, eines mythologischen in der Vorhalle und eines allegorischen im offenen Treppenhaus sowie einer Statuengalerie in der Vorhalle als

28 Vgl. Haus 2001, S. 13ff., 21ff., 75ff.

29 Zu den im folgenden besprochenen Bauten Schinkels sind folgende Werke heranzuziehen: Cramer 2006; Haus 2001; Schulze/Johannsen 2012; Trempler 2012.

Abschluß durchläuft der Museumsgänger einen bis in seine Gegenwart geführten Gang durch die Bildungsgeschichte der Menschheit. Mit Schinkels Museum gewinnt die Idee Schillers eine mit allen Sinnen erfahrbare Wirklichkeit, daß einzig die ästhetische Erziehung das taugliche „Werkzeug" sei, Gesellschaft und Staat zu erneuern.

Ein Zeichen für Schinkels weiten Begriff von Kultur ist schließlich das überaus feinsinnige Ziegelgebäude der Bauschule. Es ist bewußt als Widerpart zum Schloß positioniert (und hätte deshalb den Abrißbirnen auch aus Sicht der DDR-Kommunisten gar nicht zum Opfer fallen dürfen). Die neue Bildungsstätte für Technik und Gewerbe war nur auf den ersten Blick unscheinbar und rein zweckgemäß gebaut. Tatsächlich hat Schinkel die in England gesehenen Fabrikgebäude auf deutschem Boden in einer besonderen und die Moderne gleich in ihren Anfängen kritisch kommentierenden Weise „nachgeahmt". Bei näherem Hinsehen erschließt sich nämlich der reiche ornamentale und figürliche Schmuck der Fassade, der die in ihm stattfindende technisch-funktionale Arbeit symbolisch einhüllt und demonstriert, daß auch sie am Schönen teilhaben muß, ja von ihm her erst ihren Sinn erhält.

Daß die Schönheitsphilosophie der Klassik sich so augenfällig im Wirken Schinkels niederschlagen konnte, liegt jedoch am entscheidenden Impuls, der von den preußischen Reformen seit 1807 und den Befreiungskriegen 1812–1815 ausging. Diese Ereignisse beeinflußten intensiv einen beträchtlichen Teil von Schinkels malerischem und gestalterischem Schaffen sowie alle seine seit 1816 in Berlins Mitte vollendeten Bauwerke. Der Stadtraum wurde planerisch neu gestaltet und mit Bedeutung hoch aufgeladen: vom nun mit dem Eisernen Kreuz, der Schöpfung Schinkels, bekrönten Brandenburger Tor an über die Neue Wache, das Schauspielhaus, die Schloßbrücke, die Friedrichswerdersche Kirche und die Bauakademie bis zum Museum als geistigem Fluchtpunkt. Alle diese Bauwerke sprechen von der Überlegenheit einer neuen Lebensordnung – jenseits von Revolution und Restauration. Wenn letztere dennoch seit 1815 zusehends die Übermacht gewann und sich dagegen 1830 und 1848 wiederum ihr Widerpart geltend machte, so spricht das nicht gegen das von Schinkel in beispielloser Weise und auf Dauer dem Bild der Stadt eingeschriebene Ideal.

Abb. 1: Gotischer Dom am Wasser (1813)

Es offenbart sich uns etwa in dem Gemälde „Gotischer Dom am Wasser", entstanden im Schicksalsjahr 1813.[30] Das Bild ist ein Schlüsselwerk für Schinkels Oeuvre und zeigt ihn auf dem Höhepunkt seiner malerischen Meisterschaft. Die Bildvision einer Kathedrale ist nur auf den ersten Blick ein Historienbild, wie der Vergleich mit den Kopien deutlich macht, die eher in diese Richtung tendieren. In Farbgebung, Detailliertheit und Lichtregie weichen sie charakteristisch ab von Schinkels Idee. Ist in der Kopie die Szenerie in eine eindeutige Hell-Dunkel-Polarität und eine eher romantisch-elegische Stimmung getaucht, so erhält die Stadt im Original ihr Licht allein aus der untergehenden Sonne. Sie bricht durch das gotische Maßwerk der Türme geradezu ma-

30 Vgl. Trempler 2007, S. 36ff., Trempler 2012, S. 122ff., Schulze/Johannsen 2012, S. 132ff.

teriell greifbar hindurch und verleiht den Figuren und Bauten scharfe Konturen. Über die obere Bildhälfte hat Schinkel einen Schleier aus Luft gebreitet, eine Atmosphäre, die das Hauptmotiv gleichsam als Fata Morgana erscheinen läßt. Der Dom wächst auf seinem massiven Unterbau in fast überdimensionierter Größe aus dem Stadtraum empor, der ihm dennoch malerisch gleichwertig ist. Die riesige Kirche wirkt wie ein geschautes Ideal. Sie ruht auf einer geschlossenen Baumreihe auf – der Natur als dem Urgrund allen Seins – und ragt in den Himmel, der hinter den abziehenden dunklen Wolken aufreißt – ein Ideal, an dem alles andere sich aufrichtet. Das sind vor allem die in der vorderen Bildmitte sich aufhaltenden Menschen. Sie sind mit ihren Alltagstätigkeiten beschäftigt. Im Gesicht ihrer Stadt spiegeln sich die Epochen der Geschichte vom Altertum an in einer organisch gewachsenen Durchmischung. Die ganze Geschichte also ist das Lebenselement dieser Gemeinschaft, die sich eng um ihr Ideal schart. Man hat sogar eine hell erleuchtete, zum Dom hin führende hohe Brücke über einen Abgrund geschlagen. Der „Gotische Dom am Wasser" ist das Sehnsuchtsbild einer bürgerlichen Gesellschaft, deren gemeinschaftlich errichtetes, himmelstürmendes ideales Gotteshaus das Licht der Freiheit und des Geistes in sich aufnimmt. Schinkel malte eine Ikone der nach dem Kampf und Sieg von 1813 wiedergekehrten Hoffnung auf glücklichere Zeiten und wies den Weg, der dahin führen würde.

Eine ganz ähnliche Botschaft geht von einem anderen Bild aus, dem im gleichen Jahr 1813 für einen der wichtigsten preußischen Reformer, den – zum damaligen Zeitpunkt – Generalmajor August Neidhardt von Gneisenau, gemalten Bild „Der Morgen".[31] Eine kleine Gruppe von Menschen, zwei festlich gewandete Frauen, denen eine Kinderschar vorausspringt, bewegt sich durch eine mächtige Baumgruppe. Von ihr wird eine Ansammlung antiker Trümmer beschattet. Die Figuren streben auf die Kante eines Höhenzugs zu. Hinter diesem scheint in der Tiefe eine licht- und sonnendurchflutete Stadt auf. Auch hier

31 Vgl. Trempler 2012, S. 95ff.

also der Weg ins Offene, gesäumt von der Erinnerung an die Antike und von der Natur und der Sonne gerichtet, vom Dunkel zum Licht. Naturbezug und Lichtregie tauchen in vielen Bildideen Schinkels auf und haben darin übrigens eine auffällige Parallelität zu Grundmotiven der Dichtung Friedrich Hölderlins oder den Bildern von Caspar David Friedrich.

Abb. 2: Der Morgen (1813)

Wie seine geistigen Weggefährten Johann Gottlieb Fichte und Friedrich Schleiermacher meldete auch Schinkel sich 1813 als Freiwilliger zum Landsturm. Schon sehr bald nach dem Sieg bei Leipzig tauchen dann erste Entwürfe zu einem Memorialbau für die im Befreiungskrieg Gefallenen auf. Er sollte zugleich ein Monument des Aufbruchs der Nation werden im Zeichen der gesellschaftlichen und politischen Reform. Im folgenden Jahr 1814 erhielt Schinkel den Auftrag zur Planung, der ihn bis 1818 intensiv beschäftigen sollte. Am Ende wurde jedoch aufgrund der Widerstände des Königs kaum mehr realisiert als das eher bescheidene Denkmal auf dem Kreuzberg in Berlin. Schinkels Vorstellungen können wir aber an einer Reihe von Zeichnungen sowie eigenen Äußerungen nachvollziehen.[32]

In einer Denkschrift schrieb der Architekt 1814 über den geplanten Bau:

> „Ein Denkmal dieser Art muß groß und würdig sein, denn die Ehre der ganzen Nation bei der Nachwelt hängt daran. (...) In seinem ganzen Umfang kann dies Monument als ein dreifaches betrachtet werden: als ein religiöses, als ein historisches und durch die Art seiner Entstehung als ein unmittelbar eine ganze neue Kunstfertigkeit und Tätigkeit im Volke begründendes."[33]

Eine gotische Kathedrale sollte entstehen, in der Größe des Mailänder Doms, die größte und schönste Kirche Berlins und Deutschlands. Die Entwürfe reichen von skizzenhafter Monumentalität bis zu fein ausziselierten Bildern. In ihnen vereinigen sich die Grundideen Schinkels wie in einem Brennspiegel: die Bedeutung der Geschichte, die als eine vom Künstler zu stiftende Kette der Tradition verstanden wird; daher der Rückgriff auf die Gotik, die jedoch auch in inniger Verbindung zur Antike steht. Das Gebäude erhebt sich nämlich wie ein antiker Tempel auf einem Unterbau, der eine Gruft mit den Gräbern der Gefallenen aufnehmen sollte, und die äußere Gestalt des Doms wirkt, ebenfalls tempelartig, wie eine Skulptur. Dann die bildliche Ausstattung: Den christlich-biblischen Motiven, allen voran dem Erzengel Michael als Schützer der Deutschen, sind unzählige Gestalten der nationellen Erinnerung an den Fassaden und im Innenraum gleichrangig an die Seite gestellt – eine erste deutsche Walhalla. Der Dank für den göttlichen Beistand verbindet sich so mit einer religiösen Überhöhung der eigenen historischen Identität – der preußischen wie der gesamtdeutschen. Schließlich und für Schinkels Anliegen zentral der kommunikative Gestus, der von dem zentralen Memorialort ausgehen sollte, indem

---

32 Vgl. Haus 2001, S. 122ff.; Trempler 2007, S. 1152ff.; Trempler 2012, S. 106ff.
33 Rave 1941, S. 192.

in ihm nicht nur „die ganze frühere vaterländische Geschichte (...) in Kunstwerken und dem Volk anschaulich würde"[34].

Abb. 3: Entwurf zu einem Dom in Berlin als Denkmal auf die Befreiungskriege (1814/15)

Überdies würde in die Hände eben dieser Bürgerschaft auch auf unabsehbare Zeit die Errichtung des Monuments als gemeinschaftliche und gemeinschaftsstiftende Aufgabe gelegt werden. Dieses der politischen Romantik und Schinkels Förderer bei Hofe, dem Kronprinzen Friedrich Wilhelm (später: IV.), verpflichtete Ziel ließ dessen Vater wohl besonders – neben dem gesamtdeutschen Akzent – vor einer Realisierung der Vorschläge Schinkels zurückschrecken.

34 Ebd.

Abb. 4: Brunnen der Begeisterung (1813)

Hochinteressant für Schinkels Konzept einer visuellen Vergegenwärtigung vaterländischen Bewußtseins ist eine bis vor kurzem unbeachtete Bleistiftzeichnung, auf die Jörg Trempler aufmerksam gemacht hat.[35] Sie ist im Original heute verloren und nur noch durch eine alte Buchabbildung von 1914 bekannt, vielleicht eine Vorstudie zu einem Gemälde. Schinkel fertigte sie an unmittelbar in Reaktion auf den Aufruf des Königs „An mein Volk" vom 17. März 1813 in Breslau. Das Dargestellte trägt den Titel „Brunnen der Begeisterung". In der Mitte des Brunnens auf einem Säulenpodest steht der Erzengel Michael und stößt dem unter ihm liegenden Widersacher die Lanze in die Kehle. Unterhalb dieser primordialen Tat, über deren aktuellen Bezug kein

---

35 Trempler 2007, S. 82ff.

Zweifel sein kann, strömt Wasser aus der Säule in das Becken. Dieses ist umlagert von einer größeren Zahl von Figuren. Bei ihrer Deutung sind wir auf ältere Betrachter des Originals angewiesen: Im Zentrum eine Reihe von Engeln, die in Posaunen stoßen oder aus dem Becken Wasser in Pokale oder Helme schöpfen.

Diese Engelschar scheint nun anderes und mehr zu sein als ein bloßes Versatzstück christlicher Ikonographie. Sie läßt nämlich an ein Wort von Friedrich Hölderlin denken, der in seiner Elegie „Studgart" (terminus ante 1802) sowie in der Widmungsinschrift seiner Sophokles-Übersetzungen von „Engeln des Vaterlandes" spricht.[36] Sie sind die entrückten Heroen der Heimat, und ihr Eintritt in die Sichtbarkeit läßt jenen anderen, jenseits der Empirie liegenden Raum des Wirklichen so machtvoll und begeisternd aufscheinen, daß dieser Zustand als glückhafter zu erleben ist – besonders im lebendigen Verein mit anderen Geisterfüllten, Begeisterten. Sicher, Schinkel konnte von Hölderlins Versen nichts wissen. Doch das Reich des Geistes ist eben durchwoben von jenen Gespinsten, die alles Geistige im Verborgenen miteinander verbinden, weil in ihnen die Sinnfülle der wirklichen Wirklichkeit des Seins mächtig ist. Auch dies im übrigen eine Überzeugung, auf die die erweiterte Vernunft eines alternativen Politikentwurfs nicht verzichten kann.

Die Engel reichen das Wasser des Brunnens an Figuren, die von beiden Seiten an den Brunnen herantreten. Dieses Wasser ist – wie im antiken Mythos von der am Helikon entspringenden Hippokrene – der Quell der religiös-politischen Begeisterung, der Trinkende verleibt sich geistig-geistliche und künstlerische Kraft ein, er wird enthusiasmiert, vom Göttlichen erfüllt. Links sehen wir den Feldmarschall Blücher, in mittelalterlicher Panzerrüstung und mit einer darüber gelegten Löwenhaut, den Insignien des Halbgottes Herakles. Der Erzengel und das Löwenfell erscheinen im übrigen wieder auf einer von Schinkel entwor-

---

36 Vgl. Hölderlin I, S. 387 (V. 91); Hölderlin II, S. 248 (Widmungsinschrift an Prinzessin Auguste von Homburg).

fenen Ehrenmedaille für Blücher. Am Brunnen wendet sich Blücher dem neben ihm stehenden Gneisenau zu, beide die gefüllten Becher zum vereinigenden Schwur in Händen. Rechts nimmt Scharnhorst von einem Engel den Trank entgegen und bewaffnet drei junge Männer mit Speeren, die neben ihm Aufstellung genommen haben. Schinkel spielt mit diesem Motiv auf Jacques Louis Davids Bild „Schwur der Horatier"

von 1785 an, scheut sich also nicht, eine Inkunabel des französischen Patriotismus seinem eigenen patriotischen Aufruf anzuverwandeln. Das Tableau historischer Rezeption in Schinkels Bildidee reicht also vom antiken Mythos (Hippokrene, Herakles) über christlich-religiöse (Erzengel und Engel) und mittelalterliche Hinweise (Rüstung, Kostüme) bis in die jüngste Vergangenheit (Französische Revolution) und wird um der Formulierung des gegenwärtigen Patriotismus willen aufgerufen (Führer im Befreiungskampf).

Abb. 5:
Der Genius Preußens (1813)

Eine weitere, parallel entstandene Zeichnung vergegenwärtigt den „Genius Preußens".[37] Schinkel präsentiert einen jungen Krieger in antikischer Rüstung, auf dem Brustpanzer das Bild des Erzengels Michael, auf dem eher hutartigen Helm das geflügelte Pferd, den Pegasus. Erneut ist es die Quelle der musischen Inspiration, die dem Kämpfer von oben die Kraft verleiht. Dies paßt gut zusammen mit dem Eindruck dieses Genius, in dem man doch zögert, das Inbild eines Soldaten zu

---

37 Vgl. Trempler 2012, S. 114ff.

KAPITEL 6

sehen. Der Genius der Stärke Preußens ist für Schinkel ein fast androgyn wirkender junger Mensch, dessen Schönheit an Zeichnungen Raffaels oder der Nazarener gemahnt. Der Genius Preußens – das ist das Schöne, das für eine erneuerte Ordnung im Zeichen der Freiheit und Bildung in den Kampf zieht.

Abb. 6:
Denkmal für die Befreiungskriege auf dem Kreuzberg in Berlin (1821)

Von den Denkmalsprojekten wurde letztlich nur verwirklicht der als letzter, 1818–21, entstandene Entwurf eines gußeisernen Mahnmals auf dem Tempelhofer Berg. Es ist ganz im gotischen Stil gehalten. Auf dem Grundriß des Eisernen Kreuzes, das das Bauwerk bekrönt, erhebt sich ein mehrstufiger und reich gegliederter Aufbau, in dessen mittlerer Zone in zwölf Tabernakeln Figuren stehen, geschaffen von bedeutenden zeitgenössischen Bildhauern. Sie stellen Personen des Königshauses und Generäle vor und erinnern an wesentliche Etappen des Krieges

gegen Napoleon. Eine Inschrift verkündet: „Der König dem Volke das auf seinen Ruf hochherzig Gut und Blut dem Vaterlande darbrachte den Gefallenen zum Gedächtniß den Lebenden zur Anerkennung den künftigen Geschlechtern zur Nacheiferung".[38] Hier ist von Schinkels früheren Erinnerungskonzepten nur wenig mehr übrig – die Perspektive ist eine uneingeschränkt monarchische, der Adressat allein Preußen. Weder ist der deutschen Nation als ganzer gedacht, die doch die

38 Cramer 2006, S. 69.

Last des Krieges mitgetragen hatte, noch finden sich Hinweise auf die Reformzeit und auf jenen Enthusiasmus für ein neues Preußen und Deutschland. Auch in Preußen fand, wie Schiller mit Blick auf die Französische Revolution gesagt hatte, der „freigebige" historische Augenblick letztlich kein „empfängliches Geschlecht" (vgl. o. Kap. 1).

Wäre nicht Schinkels Idealismus doch gegenwärtig in der Bekrönung mit dem in seiner Schlichtheit großartigen, würdigen und trotz allen späteren Mißbrauchs auch heute ergreifenden Eisernen Kreuz, nach dem der Ort – und horribile dictu – der heutige Berliner Bezirk seither Kreuzberg heißen. Die neue Auszeichnung entstand in unmittelbarem Zusammenhang mit dem königlichen Märzaufruf. Hinter ihr stand also weniger die Initiative des Königs, sondern die der Reformer Scharnhorst und Gneisenau, die die neue Wehrverfassung des Volksheers propagierten. Ihren Ideen entsprach eine militärische Auszeichnung, die ohne Standes- und Rangunterschiede allein um der Leistung willen verliehen werden sollte und auf ihrer Ansichtsseite völlig schmuck- und bezeichnungslos blieb. Auf dem Grundriß eines Quadrats konstruiert, ohne dominierende Sichtlinien, visualisiert es die Kraftentfaltung, die aus einer gemeinsamen Mitte – Schinkel hätte gesagt: dem Genius des Volkes – heraus erwächst. Das Eiserne Kreuz ist das vielleicht stärkste und bleibende Symbol, in dem sich die bis heute aktuellen, weil uneingelösten Hoffnungen auf eine, nach dem Wort Hölderlins, „künftige Revolution der Gesinnungen und Vorstellungsarten" bündeln.

„Die Ahnung zu und von etwas Schönem"

Schinkels Klassizismus hat nichts gemein mit dem, was im sog. bürgerlichen Zeitalter aus seinem Erbe wurde: mit dem rückwärtsgewandten Blick als nostalgischer Fluchtbewegung aus der prosaischen Gegenwart oder mit der gleichgültigen Haltung sich professionell verstehender Wissenschaft. Die zweite Hälfte des 19. Jahrhunderts war bald davon überzeugt, sich historischer Formen des Schönen, von der Antike bis zum Barock und Klassizismus, geist- und konzeptionslos bedienen zu dürfen, um die vermeintlich sicher erreichte Modernität mit beliebigen Versatzstücken aufzuhübschen. Von der „Exstirpation des deutschen Geistes zugunsten des ‚deutschen Reiches'" sprach Nietzsche 1874.[39] Fortschrittsglaube und Historismus, Weltausstellungspavillons und blasse Gipsklassik sind nur vermeintlich Gegensätze. In Wirklichkeit sind sie die beiden zusammengehörenden Seiten einer pervertierten Moderne. In ihr ist, Schinkel zufolge, die Geschichte zugrunde gegangen und die politische und kulturelle Bildung durch Schönheit tot, so sehr eine vordergründig emsige, aber falsch verstandene Humanismuspflege den Leichnam noch eine Zeit lang konservierte. Schinkel und mit ihm die Geister seiner Zeit hätten dafür nur Verachtung gehabt:

> „Zum vollkommenen Zustande gehört reelle Lebendigkeit, Regsamkeit; Phlegma, sei es körperlich oder geistig, ist ein sündhafter Zustand für Den, welcher in Zeiten der Bildung, ein thierischer für den, welcher in Zeiten der Barbarei lebt. (...) Ueberall ist man nur da wahrhaft lebendig, wo man Neues schafft; überall, wo man sich ganz sicher fühlt, hat der Zustand schon Etwas Verdächtiges, denn da weiß man etwas gewiß, also Etwas, was schon da ist, wird nur gehandhabt, wird wiederholt angewendet. Dies ist schon eine halb todte Lebendigkeit. Ueberall da, wo man ungewiß ist, aber den Drang fühlt und die Ahnung hat zu und von etwas Schönem, welches dargestellt werden muß, da, wo man also sucht, da ist man wahrhaft lebendig."[40]

39 Nietzsche 1874, S. 137.
40 Wolzogen 1862, S. 210f.

7.

„Staat in uns"
ROMANO GUARDINI
UND DAS POLITISCHE ETHOS DES BÜRGERS

> „Die Erneuerung kann nur aus dem Individuum kommen,
> das ein altes Heiliges frisch erlebt und neu verkündigt."
>
> Rudolf Borchardt[1]

Monarchie und Demokratie als Hinterlassenschaften der Antike

Zur Hinterlassenschaft der Antike gehören vor allem zwei politische Schöpfungen, die in der Geschichte Europas wirkmächtig geworden sind: erstens die Idee der Demokratie und ihre Verwirklichung in der klassischen Epoche der Griechen sowie zweitens die Schaffung einer bestimmten Form der Monarchie im römischen Prinzipat. Unter der Herrschaft des römischen Kaisers erlebte ein sogar über Europa hinausreichender Teil der Welt eine bis heute unerreichte Friedensperiode von zwei Jahrhunderten. Beide politischen Formationen, Demokratie und Monarchie, lösten das Grundproblem, vor dem jede Gemeinschaftsordnung steht, auf je verschiedene Weise.

Dieses Grundproblem besteht in der Herausforderung, wie eine Gemeinschaft innere Einheit und stabilen Fortbestand erreichen kann. Der römische Monarch verstand sich als erster Diener und Patron der *res publica*, er stützte sich auf Charisma und *auctoritas* seiner Person.[2]

---

1   Borchardt 1917, S. 334.

2   Vgl. Stahl 2008b.

Augustus fand diese für die Antike neue Herrschaftsform in einem sich über Jahrzehnte hinziehenden geistigen Entwicklungsprozeß, während er fast ein halbes Jahrhundert lang allein, wenngleich nicht immer unangefochten herrschte. Die Idee der augusteischen Form der Monarchie erhielt ihren bis heute gültigen Ausdruck in einem breiten Strom kultureller Manifestationen (vgl. o. Kap. 4).[3] Der augusteische Prinzipat war in der Rezeptions- und Translationsgeschichte monarchischer Herrschaft in Europa bis an die Schwelle zur Gegenwart von gar nicht zu überschätzender Bedeutung. Und auch heute noch gibt die augusteische Kultur ein eindrucksvolles Zeichen für die geistigen Grundsätze, die in ihren gelungenen politischen und gesellschaftlichen Fügungen lebendig waren.

Dies verbindet das europäische Erbe der römischen Prinzipatszeit mit der ein halbes Jahrtausend früheren, entscheidenden politischen Leistung der Griechen und im besonderen der Athener. Anders als der Prinzipat durchlief das klassische Athen aber eine lange Phase der Latenz oder gar der geringen Wertschätzung, und erst im 18. Jahrhundert wurde seine Bedeutung insbesondere durch das bahnbrechende Verdienst Johann Joachim Winckelmanns wiederentdeckt. Die von den Hellenen vom 6. bis zum 4. Jh. v. Chr. geschaffene Kultur legt ebenfalls Zeugnis ab von einer politischen Ordnung, die sich seit dem ausgehenden sechsten Jahrhundert herausgebildet hatte. Dafür waren ganz ähnlich wie in Rom mit Augustus die Initiativen und gedanklichen Entwürfe einzelner Persönlichkeiten verantwortlich – zumindest in der Formationsphase bis einschließlich Kleisthenes. Den Anfang machte Solon in den Jahren nach 600 v. Chr. Sowohl durch eine (erste) institutionelle Formierung des athenischen Gemeinwesens wie durch die Formulierung der Idee, die ihm zugrunde lag, stellte Solons Werk weit mehr dar als nur einen geschichtlichen Neubeginn. Solon erfaßte in der denkerischen Durchdringung seines Wirkens bereits das Zentrum jeder demokratischen Staatlichkeit. Deshalb erscheint die Herausbil-

---

3 Vgl.Bleicken 2000; Dahlheim 2013; Galinsky 1996; Simon 1986; Simon 2012; Zanker 1987.

dung der Demokratie gleichsam als die sukzessive Entfaltung eines von Anfang an gegebenen Gedankens.[4]

In dessen Mitte steht der einzelne Bürger und seine innere Haltung. Solon stellt dies in seinem Eunomie-Gedicht fest:

> „Sie selbst aber wollen die mächtige Stadt durch ihre Torheit verderben,/ die Bürger, verlockt vom Reichtum (...)".[5]

Hinter den äußeren Krisensymptomen seiner Zeit identifizierte Solon eine wesentliche Ursache: das Fehlen eines Ethos, welches das Handeln der Bürger mit ihrer Polis verbindet und auf ihr Wohlergehen hin ausrichtet. Solon selbst spricht in dem maßgeblichen Vers von seinem *thymós*, dem innersten Kern seiner Persönlichkeit, der ihn geradezu dazu zwinge, seinen Mitbürgern die gute Ordnung, die *eunomía*, als Heilmittel für die Krise des Gemeinwesens vor Augen zu führen und als Ideal einzuprägen.[6] Die politische Ordnung, die Solon vorschwebte und die seit Kleisthenes gelebte Wirklichkeit zu werden begann, war mithin allein auf den Bürger und sein uneingeschränktes Mitwirken bei der institutionalisierten Bewältigung der Gemeinschaftsaufgaben gestellt. Dies konnte nur dann gelingen, wenn alle Bürger oder wenigstens die große Mehrheit von einem Ethos erfüllt waren, das die Polis und ihre alle Bürger betreffenden Belange in den Mittelpunkt stellte, also einem Ethos des Politischen.[7] Seit Solon und im weiteren 6. Jh. v. Chr., intensiviert dann in der klassischen Zeit, begegnen wir mithin unaufhörlichen Bemühungen der Bürgerschaft zur Bildung ihres politischen Bewußtseins und Ethos. Dieses mußte stets neu errungen und formuliert werden. Daraus entstand eine Dynamik, die allen voran die

---

4 Zur inneren Einheit der archaischen und klassischen Epoche vgl. Stahl 2003b, S. 68ff.

5 Solon F3D. (=Gentili/Prato F 3) V. 5–6; vgl. Stahl 1992 (Übers. dort S. 406ff., so auch im folgenden).

6 Vgl. Stahl 1992, S. 395ff.; Stahl 2003a, S. 228ff.

7 Der Begriff Ethos wird hier gewählt, weil er die individuelle, freie und sittliche Entscheidung zu einer bestimmten Lebensführung bezeichnet, während Moral stärker auf traditionsgebundene kollektive Prägungen verweist – die bei der Erziehung zum Politischen selbstverständlich auch eine wichtige Rolle spielen.

Athener zu einmaligen kulturellen Höchstleistungen trieb und jene uns bekannte klassische Kultur hervorbrachte. Auf sie konnte sich viel später auch Augustus beziehen, ungeachtet der andersgearteten Prägung des staatlichen Ethos der Prinzipatsordnung. Der erste Höhepunkt der antiken Kultur im klassischen Athen ist jedenfalls vom Ethos des Politischen durchdrungen und ein nicht veraltendes Vorbild für jede politische Kultur, die das Ethos des Bürgers repräsentiert.[8] Dessen Grundierung bildet stets die Vereinigung des solonischen *thymós* mit dem *éros* Platons (vgl. u. im Epilog).

Dies alles ist nicht neu, doch in seiner Zuspitzung eine These, die sich durchaus charakteristisch von alternativen Sichtweisen abhebt. Sie glauben etwa stärker im Institutionell-Verfahrensmäßigen das Wesentliche zu erkennen[9], oder sie halten dieses gar nur für eine geschickte Machination alter und neuer Eliten. Diese hätten hinter dem Rücken bzw. mit Hilfe der neuen demokratischen Entscheidungsprozesse ihre Macht weiterhin ausgeübt[10] – eine Macht, die es, so ist einzuwenden, freilich auch zuvor so, nämlich als Adelsherrschaft, nicht gegeben hat. Von verwirklichter Demokratie hier also keine Spur und Polisbewußt-

---

8 Vgl. Stahl 2003b, S. 122ff.; Stahl 2008a, S. 132ff., 239ff.; Barceló 2004, S. 91ff.

9 Für die Formierungsphase der bürgerstaatlichen Ordnung von Solon bis Kleisthenes wird die schöpferische Leistung von Einzelpersönlichkeiten der Aristokratie als entscheidender Faktor weithin anerkannt. Demgegenüber wird die ‚arbeitende' Demokratie im Athen des 5. Jhs., vor allem aber des 4. Jhs. ganz zu Recht als „autonomprozessual" (Chr. Meier) gedacht. Ihr Pathos lag wesentlich in den Verfahren, in der täglichen Selbstermächtigung der Bürger in der Volksversammlung, den Gerichten, den zahlreichen Ämtern und vor allem in der Dynamik des unablässigen Entscheidens über Angelegenheiten der Gemeinschaft. Es gab auch in ihr nach wie vor charismatische Persönlichkeiten (Perikles, Alkibiades, Demosthenes), aber zugleich ein starkes, institutionalisiertes Mißtrauen gegen Manipulation und Selbstherrlichkeit. Diese spezifische Form einer sich im gewordenen Rahmen immer wieder selbst reproduzierenden und großen Belastungen trotzenden Selbststregierung des Demos haben Bleicken 1994 und Hansen 1995 gültig dargestellt. Noch stärkeres Profil gewinnt die athenische Demokratie in den scharfsinnigen Analysen einzelner Entscheidungen durch Flaig 2013a. Worauf es im vorliegenden Zusammenhang darüber hinausgehend ankommt, ist die individuelle Grundlegung des demokratischen Regierungssystems im politischen Ethos des einzelnen Bürgers – Christian Meier sprach in vergleichbarer Weise von der „politischen Identität", vgl. Meier 1980, S. 247ff.

10 Diese besonders in der englischsprachigen Forschung lange dominierende Vorstellung ist in jüngerer Zeit auch dort infragestellt worden; vgl. für Kleisthenes nur Osborne 2009, S. 276–296 sowie Josiah Ober mit seiner These einer "Athenian Revolution" 508/07 v. Chr.

sein nur eine Propagandafloskel, so lautet ein lange verbreitetes Urteil über die athenische Demokratie. Ich sehe das ganz anders: Erst mit der Herausstellung des politischen Ethos als dem Arcanum der Demokratie ist diese richtig zu verstehen. In dieser Überzeugung wurde ich neuerlich bestärkt durch einen Lektürefund.

Guardinis „Briefe über Selbstbildung"

Ich verdanke ihn Romano Guardini (1885–1968), dem großen katholischen Priester, Erzieher, Theologen und Philosophen.[11] Ursprünglich italienischer Herkunft wuchs Guardini in Mainz auf und in einem klassischen Bildungsgang vollständig in die deutsche Kultur hinein. Sein 1918 erschienenes erstes Buch, „Vom Geist der Liturgie", machte ihn schlagartig berühmt – nicht zuletzt in den Kreisen der katholischen Jugendbewegung. Mehr als eineinhalb Jahrzehnte lehrte Guardini in Berlin, wurde 1939 aus politischen Gründen zwangspensioniert und erhielt nach dem Krieg Lehrstühle in Tübingen und München für „Religionsphilosophie und christliche Weltanschauung". Vor wie nach dem Krieg darf Guardini als einer der einflußreichsten christlichen Denker gelten.

Aus seiner Feder erschien 1925 (in zweiter Auflage 1930) ein schmales Büchlein mit dem Titel „Briefe über Selbstbildung".[12] Wie der Autor selbst betont, ist sein Buch tief eingelassen in einen zeitgenössischen Horizont.[13] Seit 1920 war Guardini nämlich in enge Berührung gekommen mit dem „Quickborn", einem katholischen Wandervogelbund, der sich mit den Jahren geradezu zu einer Art Laienorden entwickelte und in der Burg Rothenfels am Main einen Kristallisationsort und in Romano Guardini eine unbestrittene geistliche und geistige Autorität

---

11 Vgl. Gerl-Falkovitz 2010.

12 Im folgenden zitiert nach Guardini 1930.

13 Vgl. Guardini 1930, S. 7.

besaß.[14] Die „Briefe über Selbstbildung" richteten sich denn auch an jene jungen Menschen und beschreiben das Ideal, an dem sie sich orientieren konnten. Die zehn Briefe handeln über die „Freudigkeit des Herzens", die „Wahrhaftigkeit des Wortes", die „Gemeinschaft", über „Geben und Nehmen, Heim und Gastfreundschaft", das „Ernstmachen", das „Beten", über „wahres Mannestum", die „Seele", die „Freiheit" und eben über den „Staat in uns".

Der Titel dieses letzten Briefes enthält die kurze Skizze einer grundlegenden politischen Konzeption. Sie ist in ihren Aussagen umstandslos in Verbindung zu bringen mit der oben umrissenen Vorstellung vom Wesen der Demokratie, wie sie von den Griechen entdeckt wurde. Guardini erwähnt die Griechen zwar nur beiläufig an einer Stelle seines Textes. Dort heißt es: Politiker, denen der Sinn für das Gemeinwohl fehle, seien „Barbaren, würde ein Grieche gesagt haben"[15]. Auch ohne ausdrücklichen historischen Rekurs verrät diese Bemerkung, wie tief Guardini verstanden hat, was die Griechen auszeichnete.

Guardinis „Staat in uns"

Nun könnte man einwenden, daß die ganze Schrift doch auf einen zeitgebundenen Lebenszusammenhang hin geschrieben wurde.[16] Richtig, und dennoch scheint nicht weniges von dem, was Guardini vermitteln, womit er als Erzieher wirken wollte, über die Zeiten hinweg höchst bedeutsam zu sein.[17] Ein Beispiel enthält folgender Satz: „Wie weit man

---

14 Vgl. zu diesem Zusammenhang Gerl-Falkovitz 2010, S. 109–174.

15 Guardini 1930, S. 290.

16 Die Verbindung mit ähnlichen zeitgenössischen Aussagen ist nicht zu übersehen, vgl. o. eingangs das Zitat von Rudolf Borchardt.

17 Dem Anspruch von Guardinis Schrift wird man nicht gerecht, läse man sie ausschließlich durch die Brille des Historismus. So sehr wir jedes vergangene Phänomen auch über seine Einordnung in die jeweilige Zeit zu verstehen suchen müssen, hat der Historiker doch zugleich die Aufgabe und Pflicht, es um der Zukunft willen in seiner eigenen Gegenwart und für sie lebendig werden zu lassen. Zur hier zugrunde gelegten geschichtstheoretischen Position vgl. Stahl 2012, S. 9ff.

seine Selbstsucht" – also die Hauptsünde der *superbia* – „überwindet, das ist der einzige Maßstab für wirkliche Gemeinschaftsgesinnung".[18] Hier wird der Finger auf einen Punkt gelegt – und zwar in grundlegender Weise –, der auch für die heutige Suche nach einer wirksamen politischen Bildung unverändert gültig ist: Es kommt erstens immer auf den einzelnen an, und zweitens auf seine Bemühung, ein guter Bürger zu werden. Dies kann aber nur gelingen, wenn er, drittens, dabei zugleich bestrebt ist, ein besserer Mensch zu werden. Diesen Zusammenhang hatte im übrigen bereits Sokrates im alten Athen so gesehen.[19] Es kann also keine „Republik von Teufeln" geben, wie Kant sie sich in einem Gedankenspiel als möglich ausgemalt hatte.[20] Im Gegenteil: Jedes rechtlich geordnete, nicht auf tyrannische Machtausübung, sondern auf die Teilhabe einer möglichst großen Bürgerzahl gegründete Gemeinwesen ist auf Bürger angewiesen, von denen jeder einzelne sich – im sokratisch-platonischen Sinne – um die eigene ethische Höherentwicklung, um das Streben zum Guten, hätte Sokrates gesagt, bemüht, damit er Verantwortung für das Ganze übernehmen kann. Guardini benennt diesen Ausgangspunkt:

> „Der Staat lebt doch nicht von selbst! (...) Aus dem freien Werke jedes Einzelnen entspringt da der Staat. Was jeder aus ihm macht, das ist er. In mir wurzelt der Staat; in dir! Ludwig XIV. hat einmal mit der Selbstüberhebung des absoluten Monarchen gesagt: ‚Der Staat, das bin ich!' Das sollten wir eigentlich alle sagen. Aber ein Wort tiefster Verantwortung müßte es uns sein. Der Staat ist kein Ding, fertig gemacht und hingestellt, sondern etwas, das beständig wird. Wird aber nicht von selbst, wie eine Pflanze, sondern wird geschaffen. Und wer schafft ihn? Nicht irgendein geheimnisvolles ‚Es', sondern Du!"[21]

---

18 Guardini 1930, S. 77.

19 Vgl. Stahl 1999.

20 „Das Problem der Staatserrichtung ist, so hart wie es auch klingt, selbst für ein Volk von Teufeln (wenn sie nur Verstand haben), auflösbar (...)." (Immanuel Kant: Zum ewigen Frieden. Ein philosophischer Entwurf. – In: Ders.: Werke in zehn Bänden, Bd. 9. Darmstadt 1964, S. 224) Vgl. Niesen 2001, der in der Denkrichtung von Habermas das Kantsche Modell einer Republik gutheißt, die allein durch institutionelle und prozedurale Regulative charakterisiert ist. Jede darüber hinausgehende, auf das individuelle Ethos bauende Fundamentierung wird von den Vertretern dieser Denkrichtung als essentialistisch und illiberal verworfen.

21 Guardini 1930, S. 268.

Guardini läßt in seinem Verweis auf Ludwig XIV. jenen idealtypischen Gegensatz staatlicher Formung aufscheinen, der sich, wie angedeutet, zwischen Solon und Augustus auftut: hie die Person des Monarchen, dessen individuelle *auctoritas* allein die Grundlage für alles Staatshandeln bilden muß, dort der Bürger, jeder einzelne, aus dessen „tiefster Verantwortung" Staat erst entsteht. Das ist nichts anderes als der radikale Gedanke Solons von Athen. Aus ihm folgt ein ebenso radikaler Begriff dessen, was der Staat sei.

> „Staat in uns – ich habe darüber nun schon oft nachgedacht, und doch fühle ich immer noch, wie sich innerlich etwas dagegen wehrt: Staat in mir? Was hat mein lebendiges Inneres zu schaffen mit dem kalten Ding da draußen, das sich Staat nennt?"[22]

Die den Zuständen der Gegenwart geschuldete Empfindung, der Staat sei ein „kaltes Ding da draußen", der einzelne stehe seinem Staat unverbunden gegenüber, ja hier stünde „lebendiges Inneres" gegen tote Äußerlichkeit, signalisiert ein grundsätzliches Defizit – im übrigen auch im Falle der vom Monarchen getragenen Staatlichkeit.[23] Die Griechen hätten in einer solchen Diagnose das Fehlen von Staat überhaupt erkannt: „Die Menschen (Männer, Bürger – d. Verf.) sind es nämlich, die den Staat ausmachen." – so Thukydides an einer berühmten Stelle.[24] Diese Gleichsetzung von Staat und Bürger liegt nun auch Guardinis Vorstellung zugrunde:

---

22 Guardini 1930, S. 267.

23 Die Identifizierung des einzelnen Bürgers mit seinem Gemeinwesen findet hier über die Person des Monarchen statt. Friedrich d. Gr. oder Friedrich Wilhelm IV. – in seinem Herrscherideal jedenfalls – böten vielleicht naheliegendere Beispiele, was gemeint ist. Den Sachverhalt hinsichtlich der Monarchie meisterhaft erfaßt hat Stefan George in der vierten Strophe seines Gedichts „Leo XIII."(entstanden 1901/02): „Wenn angetan mit allen würdezeichen/Getragen mit dem baldachin – ein vorbild/Erhabnen prunks und göttlicher verwaltung –/ER eingehüllt von weihrauch und von lichtern/Dem ganzen erdball seinen segen spendet:/So sinken wir als gläubige zu boden/Verschmolzen mit der tausendköpfigen menge/Die schön wird wenn das wunder sie ergreift." (George 1902/1907, S. 21)

24 Thuk. VII, 77,7; Übers.: Verf.

„Der Staat darf uns keine Maschine sein, die blind läuft. Kein starres Haus, das dasteht, und drinnen passiert allerhand. Keine bloße Betriebsordnung, in welche das Leben eingespannt wird. (...) Staat wird aber erst lebendig, wenn wir ihn nicht bloß dastehen und von selbst laufen lassen, wenn wir ihn nicht den Beamten und Soldaten ausliefern, sondern wenn *wir* ihn schaffen. Wenn er lebendig hervorgeht aus Deiner Haltung. Wenn er ist ‚*Staat in Dir*‘."[25]

Wenn der Staat nur ist, sofern er in unserem Inneren, in jedem einzelnen Bürger lebendig ist, so heißt dies, daß das politische Ethos, tief verankert in der Psyche des Bürgers, das Zentrum jeder Staatlichkeit sein muß, die ihrem Begriff gerecht wird. Das ist ganz und gar griechisch gedacht.[26] Nicht verwunderlich, daß Guardini im weiteren Verlauf seines Gedankengangs einige der Folgen anspricht, die sich aus diesem Ansatz in ähnlicher Weise für die Griechen ergeben hatten.

Funktion und Bedeutung des Staates

Als erstes ist der Bereich des Daseins zu bestimmen, für den Staatlichkeit zuständig ist, also die Funktion des Staates.

„Gewiß soll er Sorge tragen, daß es seinen Zugehörigen wohl gehe. Das heißt, für sein Wohlergehen sorgen soll jeder Einzelne selbst, der Staat hat ihn weder zu betreuen, noch zu bevormunden. Aber er soll den Einzelnen unterstützen: soll übernehmen, was der Einzelne und freie Zusammenschlüsse Einzelner nicht vermögen. Und er soll sorgen, daß Ordnung im Lande sei, damit jeder sein Werk tun könne. Das alles ist der Zweck des Staates."[27]

Ein „schlanker" Staat, wie wir heute sagen würden, schwebt Guardini vor, eine inzwischen beinahe unzeitgemäß erscheinende liberale Konzeption. Es sind die wesentlichen Gemeinschaftsaufgaben der Wahrung des inneren Friedens, der elementaren Daseinsvorsorge für die Gemeinschaft und deren Sicherung nach außen, die auch den Zweck des

---

25 Guardini 1930, S. 269f. (Im Original sind die hier kursiv wiedergegebenen Worte gesperrt gedruckt. So auch im folgenden.)

26 Vgl. Stahl 2003a, S. 247ff.

27 Guardini 1930, S. 275.

griechischen Bürgerstaates ausmachten.[28] Dieser ist zwar kein Nacht-
wächterstaat bürgerlich-liberaler Wunschvorstellung, doch auch kein
therapeutischer Sozialstaat, sondern er ist konzentriert auf seine urei-
gensten Aufgaben. Nur wenn er sich nicht übernimmt, so wäre weiter
zu denken, kann der Bürgerstaat auch die angemessene Stärke besitzen,
anderenfalls er ins Totalitäre abzugleiten droht. Guardini sieht noch
eine andere, nicht minder große und mehr denn je aktuelle Gefahr:

> *„Wir stehen vor einer großen Entscheidung: Ob in Zukunft überhaupt wirklicher Staat
> sein wird oder nur Wirtschaft* (...). Ob freie Völker in Staaten leben und kraftvoll
> handeln, oder aber nur die Büros der Finanzkonzerne und Industrieverbände die
> Gewalt haben. Ob Geschichte sein wird; ein Schaffen und Kämpfen für geschicht-
> liche Aufgabe, für Ehre und Freiheit, oder ob Geschichte aufhören soll, und nichts
> mehr sein soll als Produktionsfragen und Konkurrenzkampf."[29]

Der Bezug zu den heute unser Gemeinwesen bedrückenden Problemen
ist evident[30], ebenso der darin liegende Verweis auf eine grundlegende
Konstellation in der menschlichen Lebensordnung, die sich seit den
Griechen bis zum Anbruch der Moderne um 1800 nicht geändert hatte: Wirtschaft gehörte in der Vormoderne in den Bereich des Hauses
– der Begriff „Ökonomie" spricht bis heute davon –, also in die Verantwortung des einzelnen, und im Zweifel hatte sie sich den Belangen
des Ganzen unterzuordnen.[31] Wie weit wir uns davon entfernt haben,
bedarf keiner Belege.

Die Dominanz des Wirtschaftlichen sowie weitergehend aller lediglich partikularer Interessen schneidet dem Bürgerstaat die Luft ab, die
er zum Atmen braucht: die Freiheit, zusammen mit anderen als Bürger

---

28 Vgl. Stahl 2003a, S. 110ff. Als elementare Staatsaufgabe zu ergänzen ist noch die soziale Inte-
    gration, in vormodernen Gesellschaften wesentlich durch die Pflege der Kommunikation mit der
    göttlichen Sphäre.

29 Guardini 1930, S. 270f.

30 Vgl. dazu und im gleichen Sinne eine aktuelle Äußerung von – für manche vielleicht– ungewohn-
    ter Seite: Papst Franziskus, Evangelii Gaudium. Rom 24. November 2013, Kap. 55–58. Ihm wie
    Guardini geht es im übrigen keinesfalls um eine wohlfeile Kapitalismus-Schelte, sondern im
    Sinne der katholischen Soziallehre um ein Geraderücken der Proportionen zwischen Wirtschaft,
    gesellschaftlicher Ordnung und Staat.

31 Vgl. Stahl 2003a, S. 36; Stahl 2011, S. 25.

zu handeln im Interesse aller. Bürgersein war für die Griechen eine Frage der *praxis* im griechischen Wortsinne.

> „Um recht in Staat und Volk zu stehen, muß man richtig sehen können, richtiges Urteil haben und sicheren Griff. Man muß die *politische Haltung* haben. Die aber lernt man nicht aus Büchern und Kursen. Die bildet sich langsam heraus."[32]

Politische Zugehörigkeit

Das politische Ethos ist, so Guardini, dem Bürger letztlich nicht durch irgendeine Art staatsbürgerlichen Unterrichts zu vermitteln. Es erreichte den einzelnen sonst auch nicht in seinem *thymós*, wie die Griechen das innerste Zentrum des menschlichen Wollens und Fühlens bezeichneten. Die unabdingbare affektiv-emotionale Grundierung des politischen Ethos – nach Guardini zu Recht nicht zu trennen von „richtigem Urteil", also rationaler Deliberation – erfolgt in der Gemeinsamkeit des bürgerschaftlichen Handelns. Das Politische, so Guardini, verwirklicht sich in solcher Praxis.[33]

> *„Politik bedeutet, daß ein Volk handle.* Was aber ist ,Volk'? Die Menschen, mit allem, was sie sind, an Leib und Seele, in ihrer besonderen Eigenart. Was ihnen aus dem Boden kommt und aus dem Lande; ihr Leben der Arbeit, ihr Beruf; was sie in der Vergangenheit erlitten und erfahren haben; Bild und Macht der Sprache, Sitten und Gebräuche, Märchen und Sagen; die Weise, wie sie leben und wie sie bauen und wie sie miteinander verkehren...Dies und noch vieles andere gehört zum ,Volk'. Und es ist verknüpft durch jene Urkraft, die macht, daß alles dies nicht ein Haufen von Einzelheiten sei, sondern eben lebendige Einheit. Doch kann dieses Volk noch nicht handeln. Es ist gleichsam gebunden, schwerfällig. Handeln kann ein Volk erst, wenn es beweglich wird, gegliedert. Wenn all die vielen Wünsche und Einsichten und Kräfte zusammengefaßt werden. Wenn ein gemeinsamer Zug in das Ganze kommt, ein Wille, ein Griff: Das eben geschieht im Staat. *Im Staat wird das Volk fähig, zu handeln; fähig, Geschichte zu haben."*[34]

---

32 Guardini 1930, S. 272.
33 Vgl. im gleichen Sinne Arendt 1993, S. 37ff.; Stahl 2008a, S. 127f. Die entscheidenden Aspekte der Bestimmung des Politischen als einer eigenen Sphäre menschlichen Seins faßt jetzt in einem konzisen Überblick und mit der grundlegenden Literatur zusammen Walter 2013.
34 Guardini 1930, S. 285.

Gewiß mag der von Guardini hier grundlegend verwendete Begriff „Volk" den heutigen Ohren zunächst befremdlich klingen, denn er ist durch seine Verwendung in der NS-Zeit kontaminiert.[35] So wie Guardini ihn aber versteht, ist er von allen „völkischen" Assoziationen ganz frei. Was Guardini „Volk" nennt und in seinen Eigenschaften charakterisiert, ist das gleiche, was die Griechen meinten, wenn sie sich als „Hellenen" fühlten. Friedrich Hölderlin sprach im gleichen Sinne vom „Nationellen"[36] – streng zu unterscheiden vom „Nationalen". Dieses beschränkt das weiter gefaßte „Volkliche" einer Gesellschaft auf eine territorial begrenzte staatliche Gemeinschaft. „Nation" ist ein Signal nach draußen, gegenüber anderen, das „Nationelle" ist hingegen Zeichen der Inklusion, der auch für noch Fremde offenen Zugehörigkeit nach innen.

Die in einer langen geschichtlichen Dauer wurzelnde Gemeinsamkeit gesellschaftlicher Fügungen und kultureller Bestände ist der Boden, auf dem eine Bürgergemeinschaft als Handelnde steht. Gewiß, der Rekurs auf die Griechen bedürfte der ergänzenden Beobachtung, daß sie als ganzes „Volk" nur in großen Ausnahmefällen wie dem Kampf gegen die Perser handelten, normalerweise jedoch in ihren jeweiligen kleinen Poleis – notabene etwas, was sie mit den Deutschen gemeinsam haben. Dennoch gründete auch jede Polis, wie jeder Kleinstaat auf dem nationellen Substrat.[37]

Weiterführend ist nun aber, daß Guardini eine für das Gemeinschaftshandeln erst befähigende Voraussetzung anführt, nämlich eine innere Gliederung des bürgerschaftlichen Gesamtkörpers, durch die er überhaupt imstande ist, gemeinsam zu handeln. Dies ist umso verblüffender, als Guardini hier wohl kaum bewußt gewesen sein dürfte,

---

35 Wenn das Wort „Volk" – und zahllose weitere – keine zehn Jahre später zu einem Schlüsselbegriff der LTI wurde, so kann uns diese Kontaminierung doch damals wie heute nicht dazu zwingen, auf seine Verwendung zu verzichten. Freilich muß man sich die Belastung ausdrücklich bewußt machen und die Verwendung erklären.

36 Vgl. Hölderlin II, S. 912f. (Brief an Böhlendorff vom 4. Dez. 1801).

37 Vgl. Meier 2009, S. 157ff.

daß er damit auf ein (weiteres) Arcanum der Bürgerstaatlichkeit stößt. Allein nämlich die differenzierte Infrastruktur des Politischen, zentral: die Zugehörigkeit des einzelnen Bürgers zu einer Reihe von Bürgerverbänden, machte die so weitgehende bürgerliche Partizipation und damit ein Gemeinschaftshandeln möglich. Diese institutionalisierte Durchdringung des Lebens der Bürger mit dem Politischen steht in enger Wechselwirkung mit ihrem politischen Ethos und erklärt erst eigentlich die Wirkweise und Funktionsfähigkeit der Demokratie als institutionellem Gefüge.[38]

Politiker sein

Freilich, auch die griechische Demokratie kannte den „Politiker". Das Gemeinschaftshandeln der Bürger setzte eine politische Willensbildung voraus. Die Volksversammlung, die Versammlung der Bürger, wurde durch einzelne unter ihnen sachgerecht informiert und beraten. Unsere Quellen nennen diese Bürger „Redner" oder „Volksführer" – so im strengen Wortsinne der „Demagoge" –, in der Regel natürlich Angehörige der gesellschaftlichen Elite, und dennoch mit sehr wenigen, in unserer Überlieferung als solche gebrandmarkten Ausnahmen nicht solche, durch deren Auftreten die Bürgerstaatlichkeit ad absurdum geführt worden wäre. Denn die Bürger erwarteten von ihren Politikern, daß sie sich im Sinne des Gemeinwohls der Polis äußerten.[39] Nun Guardini:

> *„Politiker sein, heißt lebendig im Blute tragen, was Staat bedeutet.* Politiker sein, heißt Hoheit wollen. Wohl nüchtern sehen, wie das ganze Leben auf Nutzen und Wirtschaft und geordneter Arbeit beruht, und doch in alledem den inneren Sinn des Rechtes spüren. Der Politiker kämpft für Hoheit und Recht."[40]

---

38 Vgl. Stahl 2003b, S. 51ff.
39 Vgl. Stahl 2003b, S. 108ff.; Ober 1989, S. 314ff.
40 Guardini 1930, S. 277.

Auf den Begriff der „Hoheit" ist noch zurückzukommen. Politiker kann nach Guardini jedenfalls nur der sein, dessen politisches Ethos über jeden Zweifel erhaben ist. Nur auf dieser Basis kann er der Gemeinschaft nützlich sein, nämlich die in Rede stehenden Sachverhalte kennen und der Bürgerschaft auseinanderlegen – immer mit Blick auf das Wohl des Ganzen jenseits aller Partikularinteressen.

Das heute nicht selten anzutreffende (Selbst-)bild des Politikers als eines sachverständigen Agenten partikularer Interessen stellt eine für die Verfassungswirklichkeit bezeichnende Verzerrung seiner Aufgabe dar. Das Parlament wird dann zur Walstatt des Austrags von Kämpfen gesellschaftlicher und wirtschaftlicher Interessengruppen bzw. politischer Lager. Diese Entwicklung wird zuweilen auch mit der vermeintlich notwendigen Professionalisierung gerechtfertigt. Sie würde durch die Komplexität moderner staatlicher Herausforderungen und Handlungsabläufe erforderlich. Dieses Argument ist indessen uralt und wurde schon von Platon gegen die Demokratie ins Feld geführt.[41] Man kann darauf mit den selbstbewußten athenischen Demokraten nur antworten, daß jeder Bürger – so er denn ein solcher ist – über die (erlernbare) Fähigkeit des politischen Urteils, der *politike téchne*, verfüge.[42] Sie ist eine Form seines politischen Ethos.

Zum politischen Ethos eines Politikers gehört also ein waches Gespür dafür, daß jede Alltagspragmatik stets auch auf einer höheren Ebene zu reflektieren ist, die eine Entscheidung erst „richtig" werden läßt. Wie sehr Politiker diese ihre Aufgabe verfehlen können, schildert Guardini des längeren an einem Beispiel, dessen Erfahrungshintergrund in der Weimarer Republik sich in gewiß eingeschränktem Maße Vergleichbares aus dem bundesrepublikanischen Parlament an die Seite stellen ließe. Guardini gibt einen scharfen verbalen Schlagabtausch zwischen zwei Rednern wieder, hinter dem letztlich die egoistischen Partikularinteressen gesellschaftlicher Gruppen stehen. Ausdrücklich ist Guar-

---

41 Vgl. Platon, Protagoras 319b–d.

42 Vgl. Platon, Protagoras 322b–323a.

dini von der Notwendigkeit unterschiedlicher politischer Positionen und der Unerläßlichkeit des Meinungsstreits überzeugt. Was er jedoch kritisiert, ist der Kampf um des Kampfes willen, um des Rechthabens um jeden Preis willen, also um die Erringung der Übermacht über den Gegner, der so eigentlich zum Feind wird. Was dabei nämlich verloren geht, sind die wichtigen Sachprobleme, über die man sich streitet, und damit verbunden das gemeinsame Ringen darum, welche Lösung für die Gemeinschaft als ganze am zuträglichsten wäre, nicht für die eigene Partei, die eigenen Wähler, die eigene Person. So werde

> „Staat verspielt (...), bloß Leute haben sich da gezankt. Jeder hat von vornherein den andern für unwissend, dumm, schlecht gehalten, sonst hätte er nicht so reden können. Mit solchen Augen haben sie einander gesehen, mit solchen Gedanken gedacht, mit solchen Worten gesprochen. Und die Wirkung war, daß sie noch so und so viel andere in diese Staatlosigkeit und Volklosigkeit, das heißt in diese Barbarei hereingezogen haben."[43]

Lärm oder gar Tumult erleben wir zum Glück heute in den Parlamenten selten oder gar nicht, wiewohl jüngst zu Recht manche Züge von Verrohung in der politischen Auseinandersetzung beklagt wurden. Aber im Gegensatz zu der Not der zwanziger und dreißiger Jahre des vergangenen Jahrhunderts spielt sich heute die „Debatte" ja noch in äußerlich friedlichen und breitere Massen kaum existenziell bedrohenden Zeiten ab. Doch davon abgesehen: Erleben wir die öffentliche Deliberation der Abgeordneten im Parlament nicht allzu häufig als einen weitgehend sinnfreien Schlagabtausch? Weder dieser Zweifel noch Guardinis Kritik fällt im übrigen unter das zu Recht stigmatisierende Verdikt, damit sei aus einem antirepublikanischen Ressentiment heraus ein Parlament ohnehin als „Schwatzbude" abqualifiziert. Das genaue Gegenteil ist richtig: Die Revitalisierung der parlamentarischen Debatte und ihre Zurückführung auf eine wirkliche politische Meinungsbildung im Rahmen unserer Repräsentativverfassung jenseits der Macht der Parteien ist ein zu Recht zunehmend öffentlich diskutiertes Problem. Also nicht ein antiparlamentarischer Affekt steht hinter Guardinis

---

43 Guardini 1930, S. 288ff.

Diagnose, sondern das Ziel, eine echte Volksvertretung überhaupt erst wirklich werden zu lassen. Wenn wir unsere Demokratie als Bürgerstaat nicht weiter aufs Spiel setzen wollen, könnte ein Teil der Lösung sein die Forderung nach dem „Staat in uns".

Die Entwicklung, die die parlamentarische Demokratie genommen hat, beweist keineswegs die Gültigkeit jenes angeblich „ehernen Gesetzes der Oligarchie"[44], von dem der Soziologe Robert Michels schon vor einem Jahrhundert sprechen zu müssen glaubte und dem der Althistoriker Moses Finley in den 1970er Jahren mit Blick auf das alte Athen vehement widersprach. Eine solche oligarchische Verkürzung der Demokratie ist nur ein Symptom der Dekadenz. Aufzuhalten wäre sie allemal, würde nicht, zumindest hinter vorgehaltener Hand, verlacht, wer von einem Abgeordneten verlangen würde, was Guardini wie folgt beschreibt:

> „Wenn einer gewählt wird, was müßte da seine erste Überlegung sein? Seine grundlegende Überzeugung? Diese: ‚Ich bin geschickt, nicht nur von meiner Partei, sondern vom ganzen Volk. Ich habe mitzuarbeiten, daß im Volk eine richtige und lebendige Überzeugung werde über das, was ehrenvoll und nützlich ist. Daß im Volk klarer und zielbewußter Wille erstehe. Daß es mit wachem Geist und gespannter Kraft im Staat lebe und schaffe. Aber ich bin nicht allein da. Andere sind auch noch da. Es gibt nicht nur meine Überzeugung. Auch nicht nur die meiner Partei. Es gibt noch andere Parteien. Die haben auch ihre Sprecher gesandt, und jeder von ihnen steht ebenfalls für das ganze Volk. Jeder bringt Erfahrungen mit; jeder sieht Richtiges; jeder ist begrenzt und irrt. Und nun besteht meine Aufgabe gerade darin, diese Fülle von Einsichten, Zielsetzungen und Willenskräften zu einer lebendigen Einheit zusammenzufassen. Zur Einsicht des Volkes; zum Willen des Volkes...' So müßte er denken! Der Staat soll ja unser Werk sein; nicht nur eine Schachtel, in die wir hineingesetzt sind. Aber unser aller Werk; nicht nur das einer Partei."[45]

Die Athener haben einen Redner, der nicht den *démos* als Ganzen im Blick hatte, mit Schimpf und Schande davongejagt. Das schloß und schließt auch heute Streit um den richtigen Weg nicht aus. Aber der entscheidende Unterschied ist,

---

44 Vgl. Michels 1911; Finley 1980, S.11ff.
45 Guardini 1930, S. 291f.

„ob man aus einer letzten Gemeinschaft gegen den Andern steht, eben aus dem gemeinsamen Willen zum Staat, oder aber unverbunden wie ein feindliches Einzelwesen gegen das andere."[46]

Die Entstehung einer Kaste von Politikern war bei den Athenern undenkbar, und sie haben auch äußere Maßregeln dagegen getroffen.[47] Wenn es seit langem hingegen üblich ist, Politik als einen Beruf wie jeden anderen anzusehen und auszuüben – und nicht als eine Berufung –, dann ist man allzu leicht versucht, sein Amt nur noch für Titel und Besoldung auszuüben und sich so zu verhalten, daß man auch künftig zum Kreis der Pfründenberechtigten zählt. Der „innere Sinn" der Tätigkeit des Volksvertreters, der Glaube an die „Würde der Pflicht" wird unter solchen Vorzeichen allenfalls zum Dekor folgenloser Sonntagsreden.[48]

Der Sinn des Staates

„Staat" wird auf diese Weise „in eine Linie gestellt mit einer Aktiengesellschaft"[49]. Kein Wunder, daß uns die Forderung fremd geworden ist, daß seinen Repräsentanten und Organen angemessene Achtung geschuldet ist. Denn:

„Außer dem *Zweck* hat der Staat einen *Sinn*, und der ist viel tiefer: Hoheit zu sein. Nicht aus Eigenem heraus, sondern von Gott; er soll im natürlichen Leben, unter all seinen Notwendigkeiten, Kräften, Leidenschaften, Interessen und Ereignissen Gottes Majestät vertreten. Das bedeutet nicht, daß er Sittlichkeit und Religion aufrecht zu erhalten hätte. Das ist Sache des Gewissens und der Kirche. Der Staat ruht auf der Sittlichkeit; er schützt sie, soweit sie in der Öffentlichkeit zur Geltung kommen soll; aber er vertritt sie nicht. Was er vertritt, ist in den irdischen Dingen die Hoheit des höchsten Herrn. Einfach dadurch, daß er ist, daß er anerkannt wird. Und er bringt diese Hoheit zur Geltung im Recht. Auch das Recht hat einen Zweck: Es schützt Freiheit, Leben und Eigentum. Aber tiefer als diesen Zweck

---

46 Guardini 1930, S. 294.
47 Vgl. Bleicken 1994, S. 265ff.; Barceló 2004, S. 76f.
48 Vgl. Guardini 1930, S. 280f.
49 Guardini 1930, S. 278.

hat das Recht einen Sinn: Daß eben in allem Handeln und in allen menschlichen Beziehungen Recht geschehe. Ohne allen weiteren Zweck; einzig deswegen, weil es Recht ist; gottgewollte Ordnung im Handeln freier Persönlichkeiten."[50]

Nur ein oberflächliches Verständnis könnte hieraus auf die sattsam bekannte Liaison von Thron und Altar schließen, auf die Guardini scheinbar abzielen würde. Tatsächlich sagt er aber ganz eindeutig, daß der Staat sich gegenüber den Anliegen von Religionsgemeinschaften neutral zu verhalten habe, indem er sie der Gesellschaft bzw. deren Gliederungen überlasse. Dennoch wird häufig vergessen oder nicht mehr verstanden, daß die grundsätzlich säkulare Verfaßtheit des Staates nicht das letzte Wort sein kann und darf.[51] Denn der Staat als Ordnung des Gemeinwesens beruht auf der Sittlichkeit der ihn Tragenden. Aus einer konsequent bürgerstaatlichen Sicht ist das jeder einzelne Bürger. Dessen politisches Ethos kann nur ein Teil seiner ganzen Sittlichkeit sein, und nur dann kann er „Staat in sich" besitzen. Das ist Guardinis Hauptthese, die auch hier mitzudenken ist, wo er von der „Hoheit" des Staates spricht. Diese kann also nicht einem jenseits des einzelnen Bürgers existierenden Staatswesen, gar einem wilhelminisch hypostasierten, eigen sein, sondern nur den Bürgern selbst und ihrer Gesamtheit. Sie sind es mithin, die „Hoheit" in sich tragen, und die Achtung, die sie den Vertretern des Staates entgegenbringen, ist nichts anderes als Selbstachtung oder Ehrgefühl.[52] Es gründet in der Verantwortung für das Ganze, die der Bürger wie der von ihm beauftragte Politiker empfinden und die ein Antwortgeben ist gegenüber einer höheren und absoluten Instanz, also Gott.

Die Vorstellung, daß das bürgerschaftliche Gemeinwesen eine eigene Hoheit besitze und daß diese transzendent rückgebunden sein müsse, war denn auch für die Griechen ganz selbstverständlich. Die Eingangs-

---

50 Guardini 1930, S.275f.

51 Wir dürfen gespannt sein, wann eine auf Abschaffung des Gottesbezugs in der Präambel des Grundgesetzes zielende Kampagne losgetreten werden wird. Sie hätte wahrscheinlich Aussicht auf Erfolg. Zu erinnern ist nur auf den nämlichen Vorgang auf europäischer Ebene.

52 Der Begriff der Ehre fällt bei Guardini auch, vgl. Guardini 1930, S. 283, 289.

verse von Solons Eunomie-Gedicht markieren nicht nur den Beginn des politischen Denkens in Europa, indem sie der Polis erstmals einen eigenen Bereich der Säkularität zuschreiben. Sie bezeugen darüber hinaus dessen bleibende Bindung ans Göttliche:

> „Unsere Stadt aber wird nach Zeus' Willen niemals/zugrundegehen und nach der Absicht der seligen unsterblichen Götter;/denn so hält die hochherzige Beschützerin, Tochter des starken Vaters,/Pallas Athene, ihre Hände von oben darüber./Sie selbst aber wollen die mächtige Stadt durch ihre Torheit verderben,/die Bürger (...).“[53]

Von dieser fortdauernden Bezogenheit der beiden gleichwohl notwendig getrennten Sphären der Religion und des Staatlichen spricht in der Folgezeit die gesamte, immer politische Kultur der klassischen Epoche – ob Architektur oder Bildkunst, Drama oder Kult, Poesie oder Philosophie, stets bleibt das Politisch-Säkulare in Verbindung mit dem Religiösen, man denke beispielshalber nur an das hochpolitische und zugleich tief religiöse bauliche, künstlerische und rituelle Ensemble auf der Akropolis in Athen.[54]

Guardinis Grundgedanke deckt sich in erstaunlicher Weise mit dem von Solon inaugurierten griechischen Bürgerstaat: „Wirklichen Staat“ gibt es nur, wenn er ganz auf die Bürger als seine Träger gestellt ist. Der Staat existiert also nicht aus sich selbst, sondern nur aus der politischen Haltung jedes einzelnen. Aufgabe des Staates ist, daß der einzelne in seiner Sittlichkeit geschützt wird durch das Recht. Der tiefere Sinn des Staates, seine selbstverständliche Hoheit besteht darin, daß das Recht als gottgewollte – freilich menschengemachte – Ordnung zur Geltung kommt.[55] Nur wenn diese Hoheit in der Seele der Bürger lebendig ist, wenn sie den Staat in sich haben, können sie ihre Verantwortung auch erkennen und wahrnehmen. Die politische Haltung ist somit integraler

---

53 Solon F3D. V. 1–6; Übers.: Verf.

54 Vgl. Muss/Schubert 1988; Schneider/Höcker 1990.

55 Vgl.die Rolle des personifizierten Rechts, der Göttin Dike, bei Solon F3D. V. 14–16: „und hüten sich nicht vor den heiligen Grundfesten der Dike,/die schweigend weiß, was geschieht und was vorher war,/und die mit der Zeit ganz sicher kommt und Rache nehmen wird.“

Teil des menschlichen Ethos und kann nicht isoliert betrachtet werden. Ob jemand „Staat in sich" hat, zeigt sich daher in seiner gesamten Haltung in jeder gesellschaftlichen Sphäre.

> „Der Staat entsteht nicht erst in Parlament und Behörde, sondern schon auf dem Schulhof, in der Familie, im Aussprachekreis, im Geschäft. Wer ihn hier nicht baut – ich fürchte, er tut es auch dort nicht!"[56]

„Staatshaltung" oder der „Staat in uns" entbindet uns im übrigen nicht von einer stets wachen Bereitschaft zu Kritik. Auch sie gehört zum politischen Ethos. Freilich muß in jeder Kritik „am Anfang (...) das ‚Ja' stehen", damit sie zu einer „aufbauenden Kritik" wird, aus Verantwortungsgefühl dem Willen zur Suche nach dem Gemeinwohl verpflichtet.[57]

> „Daß man zur rechten Zeit reden, zur rechten Zeit schweigen könne. Daß man am rechten Orte rede, und vor den richtigen Leuten, und ein Gefühl dafür habe, was Worte anrichten.

> So gewillt sein, ist politische Haltung. Wer so handelt, hat Staat in sich."[58]

Auch dies bedeutet recht verstandene Politik: Aufbrechung der Selbstsucht.[59] Indes kann erst dann Freiheit sein.

---

56 Guardini 1930, S.297f.
57 Vgl. Guardini 1930, S. 282f.
58 Guardini 1930, S. 283.
59 Vgl. noch einmal Solon – ex negativo: F3D. V. 6–10: „die Bürger, verlockt vom Reichtum,/ und der Volksführer ungerechter Sinn, denen schon bereitet ist,/wegen ihrer großen *hýbris* viel Schmerzen zu leiden./Denn nicht verstehen sie es, das Zuviel zu zügeln, und nicht,/sich in ordentlicher Weise und in Ruhe an dem zu erfreuen, was beim Mahle vor ihnen liegt." (Hervorhebung v. Verf.)

Die Brücke zur Geschichte

Guardinis ganz bescheiden und ohne jede intellektuelle Prätention vor-getragene Kritik ist unvermindert aktuell, und sie kann, wie zu zeigen war, auf einen großen historischen Bogen verweisen. An dessen einem Ende stehen auch wir heute immer noch. Er verbindet die erste Demo-kratie der Weltgeschichte bei den Griechen mit den Problemen, mit de-nen wir in der ausgehenden Moderne konfrontiert sind.[60] Ob aus dieser Verbindung Geschichte werden kann, hängt davon ab, ob wir bereit sind, über den Horizont der uns allzu selbstverständlich gewordenen Moderne hinauszublicken. Guardini bietet keine schlechte Anregung dafür.

Man wende nicht ein, das sei ja vielleicht gut und schön, doch allzu idealistisch, ja idealisierend, also weltfremd. Idealismus indes ist keine geistige Krankheit, die man mit Empirie und Realismus bekämpfen müßte. Gewiß, Guardinis Botschaft konfrontiert uns mit einem Ideal. Und es ist nicht irgendeines. Der „Staat in uns" – das ist Guardinis Formulierung für die Lösung eines Problems, das schon den ersten po-litischen Denker Europas beschäftigt hat: Solon im alten Athen und nach ihm in den folgenden zweieinhalb Jahrtausenden noch zahllose weitere. Ihrer aller Frage lautete: Wie können wir eine auf den Bürger, auf jeden einzelnen von ihnen, gründende politische Ordnung, die de-mokratische Republik also – worauf können wir diese gründen? Diese Frage bedrängte deutsche Denker seit dem 18. Jh.: Gotthold Ephraim Lessing läßt als Reaktion auf einen gescheiterten Freiheitsaufstand in Bern (1749) in seinem Dramenfragment „Samuel Henzi" den Prota-gonisten ausrufen:

---

60 Zum Vergleich von antiker und moderner Demokratie vgl. Stahl 2012, S. 51ff.; angesichts der Debatte um Europa und dessen Verhältnis zum Islam bekräftigt auch Flaig 2013b sehr über-zeugend und pointiert, wieviel unsere (noch) bestehende Ordnung den griechischen Anfängen verdankt.

„Der große Tag ist da, der Bern und euer Wohl,/Mit Bitten oder Macht, stets billig richten soll./Doch wünsch ich, blieb er nur so lange noch entfernet,/Bis ihr was Tugend sei, was eure Pflicht, gelernet./Noch kennt ihr beides nicht. Und wünschet frei zu sein?/Wißt, Pflicht und Tugend nur muß dieses Glück verleihn."[61]

Große Bewegung rief um 1800 der fatale Verlauf der Französischen Revolution hervor. Von der Reaktion Friedrich Schillers war in anderen Kapiteln bereits ausführlich die Rede (vgl. o. Kap. 1, 5, 6), so auch von Novalis (vgl. o. Kap. 6) und Hölderlin, in dessen an die Deutschen gerichteter grandioser Scheltrede im „Hyperion", deren Maßstab ein Ideal ist, es heißt:

„(...) wo ein Volk das Schöne liebt, wo es den Genius in seinen Künstlern ehrt, da weht, wie Lebensluft, ein allgemeiner Geist (der Gemeinsinn – d. Verf.), da öffnet sich der scheue Sinn, der Eigendünkel (also die Hybris – d. Verf.) schmilzt (...)".[62]

Und an anderer Stelle:

„Und ohne solche Liebe der Schönheit, ohne solche Religion ist jeder Staat ein dürr Gerippe ohne Leben und Geist (...)".[63]

Die gleiche Grundidee, daß es eine unabdingbare Korrelation gebe zwischen dem Gelingen staatlicher Ordnung und der inneren Verfaßtheit des einzelnen steht hinter dem hundert Jahre später gesprochenen Wort von Stefan George:

„Jede Staatsform ist so viel oder so wenig wert wie die Menschen, die sie tragen."[64]

In diesem Geist vollbrachte einer der größten Deutschen des 20. Jahrhunderts seine Tat, Claus von Stauffenberg. Im sog. Schwur vom Juli 1944, der die Grundsätze festhält, die hinter den Plänen zu Attentat und Staatsstreich standen, schreiben die Brüder Stauffenberg:

---

61 Lessings Werke in fünf Bänden. Bd. 5. Berlin/Weimar 1988, S. 265f.

62 Zweiter Band, zweites Buch, Hölderlin II, S. 757.

63 Erster Band, zweites Buch, Hölderlin II, S. 683.

64 Überliefert bei Salin 1954, S. 32.

„Wir wollen eine Neue Ordnung die alle Deutschen zu Trägern des Staates macht (...)".[65]

Dieses Ziel ist eingebettet in das Bekenntnis zu den „grossen Überlieferungen unseres Volkes", zu dessen „Verwurzelung in der Erde der Heimat" – der hier zugrunde gelegte Volksbegriff deckt sich mit dem Guardinis und mit dem „Nationellen" Hölderlins – sowie zur Verbundenheit mit den „göttlichen Mächten".

Auch wir müssen eine Antwort finden, auf jeden Fall, wenn Demokratie nicht nur Fassade sein bzw. teilweise bleiben soll. Die Antwort lautete bei Solon nicht anders als bei Guardini, und sie lautet genauso auch am heutigen Tag: Allein der Staat in uns, allein, wenn wir ein politisches Ethos nicht nur ausbilden, sondern zum Kern unseres persönlichen Habitus werden lassen, allein dann besteht Grund zur Hoffnung, daß DEMOKRATIA, die Herrschaft des Volkes über sich selbst, Gestalt werden könnte – mit Gottes Hilfe. Es ist hohe Zeit, die Ausrichtung an Idealen nicht mehr leichtfertig oder zynisch als etwas vermeintlich Naives, Lebensfernes, Traumtänzerisches überheblich zu belächeln und vom Tisch zu wischen. Denn ohne Ideal und Glauben ist schon heute alles nichts und werden wir auch morgen keine lebenswerte Zukunft schaffen.

---

65 Hoffmann 1992, S. 422; vgl. S. 493ff. (Vgl. o. Kap. 4).

8.

Die andere Moderne
KRISE UND SCHÖPFERISCHE ERNEUERUNG

„So müssen nicht die Dinge,
sondern wir verwandelt werden in Gemüt und Sinn."

Martin Luther[1]

„Komm! Ins Offene, Freund!"

Friedrich Hölderlin[2]

„Will kein Gott auf Erden sein, sind wir selber Götter."

Wilhelm Müller/Franz Schubert[3]

„Die Befreiung vom herrschenden technokratischen Paradigma geschieht (...),
wenn der Wille, Schönes zu schaffen, und die Betrachtung des Schönen bewirken,
daß die Macht, die das Gegenüber nur als Objekt wahrnimmt, überwunden wird
in einer Art Erlösung, die sich im Schönen und in seinem Betrachter vollzieht."

Papst Franziskus[4]

Ausgangspunkt: Revolution, Reform, Ideal, Geschichte

Schiller, Humboldt und die geistigen Wegbereiter der deutschen Erhebung gegen Napoleon nahmen das Ideal der Französischen Revolution, insbesondere die Schaffung einer freiheitlichen Republik der Bürger,

---

1   Luther 1520, S. 142.
2   Hölderlin I, S. 308 („Das Gasthaus. An Landauer").
3   Müller/Schubert 1827 (22. Mut!).
4   Franziskus 2015, S. 89.

noch einmal ernst. Sie wollten dabei von den bestürzenden Perversionen, in die das republikanische Freiheitsideal im Laufe der Entwicklung der Revolution geraten war, noch einmal zu seinen Ursprüngen zurückkehren. Sie waren tief enttäuscht, und die Lehre aus den Ereignissen in Frankreich war eindeutig: der Weg, den das Ideal in der Geschichte zu weisen hatte, durfte nicht der des gewaltsamen Umsturzes sein. So fragten sie weiter und tiefer als die Aufklärung, worin der politische Wandel sich im letzten gründen müsse, und entdeckten die Idee der Erziehung und Bildung des einzelnen als unerläßliches Fundament einer neuen Ordnung. Dieser Gedanke ist bis heute gültig und was aus ihm folgt, eine bleibende Aufgabe.

Sind wir nämlich gegenwärtig nicht in einer vergleichbaren historischen Situation? Haben im 20. Jh. die Wiedergänger von 1789 in Rußland oder Deutschland, in Spanien oder Italien, in China oder Kambodscha – bei aller Verschiedenheit der historischen Konkretion des Totalitären – nicht erneut, und ins Monströse gesteigert, die Lehren vom Anfang der Moderne als dringlicher denn je untermauert?

Revolution und Umsturz des Systems erscheinen heute als Weg endgültig diskreditiert, auf dem sich eine zukunftsöffnende Alternative für unsere Gesellschaft und unser Gemeinwesen finden läßt. Daß wir eine solche Alternative finden müssen, steht aber heute außer Zweifel. Zu deutlich erweist sich der selbstverständlich gewordene Glaube an einen immerwährenden Fortschritt als Lüge oder Illusion, auch wenn unsere Politik und maßgebliche Teile der Gesellschaft dieser Erkenntnis durch beharrliches Wegschauen ausweichen zu können meinen. Das Platzen von Immobilien- und Finanzblasen ist kein überwindbarer Betriebsunfall, sondern Menetekel und Symptom dafür, daß der bisherige Weg der Moderne uns in Sackgassen geführt hat, aus denen man bekanntlich nur herausfindet, wenn man umkehrt. Deshalb läßt sich aus ihnen auch nicht herauskommen mit den Instrumenten sozialtechnologischer Reform, wie dies etwa der typisch sozialdemokratische Ansatz eines Thilo Sarrazin forderte. Kaum anders die gängige politische Praxis. Zwischen Wahlterminen in dichter Folge und der mühsamen

Konsensfindung im Dickicht der Partikularinteressen bleibt nur das Justieren an kleinen Stellschrauben des Systems. Das Ergebnis sind vorübergehende Palliative, aber keine grundsätzliche Beseitigung des sich steigernden Problemdrucks. Dessen Ursachen bedürfen daher einer tiefer greifenden Analyse, und ihre Überwindung durch praktische Politik setzt voraus, daß wir erkennen, wohin wir in Zukunft wollen.

Auf den Einwand, daß wir damit geradewegs in einem Wolkenkuckucksheim landen, hat G. K. Chesterton schon zu Beginn des 20. Jhs. mit Worten geantwortet, denen ich nichts hinzuzufügen habe:

> „Niemand bezweifelt, daß sich ein normaler Mensch mit der Welt arrangieren kann; aber was wir fordern, ist nicht genug Kraft, um sich mit der Welt abzufinden, sondern genug Stärke, um sie voranzubringen."[5]

So scheint es mir notwendig, zunächst einmal Aspekte eines Ideals zu umreißen, Facetten eines inneren Bildes aufzuzeigen, eine geistige Aufgabe hinzustellen. Denn jeder erfolgreichen praktisch-politischen Reform geht eine ideelle – nicht ideologische – Kehrtwende voraus. Wenn die Zeit für eine Idee gekommen ist, wird nichts ihren Sieg aufhalten können. Zunächst müssen wir sie aber durch Diskussion weiter präzisieren und ergänzen. Entwürfe und Vorschläge für die Gestaltung in der politischen Praxis sollten an diesem Ideal gemessen werden. Politiker ohne eine Vorstellung davon, wohin die Reise gehen soll, dürften künftig nicht mehr wählbar sein. Das bekannte Diktum eines Repräsentanten altbundesrepublikanischer Mentalität – „wer Visionen hat, soll zum Arzt gehen" – war, auf die Politik gemünzt, schon immer verkehrt, weil es das Denken von Zukunft in kritischer Distanz zur Aktualität verhindert. Das Verdikt galt wohl, verständlicherweise, den Ideologien und ihren zerstörerischen Folgen. Sie sind aber zu unterscheiden von Visionen oder Idealen. Das ist auch die Trennlinie der hier zugrunde gelegten Konzeption gegenüber einer sich vermeintlich als konservativ verstehenden Haltung. Diese vermag nur die Abweichung von dem seit Jahrzehnten Gewohnten sehen und die drohenden

---

5 Chesterton 2000, S. 144.

umstürzenden Veränderungen der Wirklichkeit. Gleichwohl ist diese Idee keineswegs eine Blaupause für Revolution. Denn wir müssen – noch einmal Chesterton –

> „diese Welt lieben, um sie überhaupt verändern zu können. Nun setze ich hinzu: Wir müssen eine andere (reale oder phantastische) Welt lieben, um etwas zu haben, wozu wir sie verändern können."[6]

Der Weg dahin ist die Re-form. Um Formung nämlich geht es, um das Wieder-In-Form-Bringen wenn wir in Gesellschaft und Staat zukunftsgerichtet handeln wollen. Dazu wird uns nur die Ausrichtung an einem inneren Bild befähigen, das wir in unserem Geist vor Augen haben.

Konkret bedeutet das nichts weniger, als wieder in die Lage zu kommen, Geschichte für die Gegenwart produktiv anzueignen. Unsere Kraftquellen entspringen deshalb – wie schon vor zweihundert Jahren – der Antike und ihrer gedanklichen Durchdringung sowie der darauf zurückgehenden deutschen Klassik und Romantik in den Jahrzehnten um 1800 und der sich auf sie wiederum beziehenden Denktradition im 19. und 20. Jh.: Friedrich Nietzsche, Hugo von Hofmannsthal, Hermann Hesse, Rudolf Borchardt, Gottfried Benn, dem Dritten Humanismus, einigen der geistigen Grundlagen des George-Kreises, aber auch der christlich-katholischen Soziallehre sowie – nicht zuletzt! – unseren Traditionen eines freiheitlichen Rechtsstaats seit dem 19. Jh. Vor dem Hintergrund des reichen geistigen Schatzes, der uns überkommen ist und zur Verfügung steht, dürfen wir auf die Kraft des Wortes und der Idee vertrauen, gerade weil die Zweifel an der Möglichkeit einer Wende nicht gering zu schätzen sind, wie sie von immer neuen Siegesmeldungen des Ungeistes notwendig wachgerufen werden.

Vor allem drei Bereiche sollten in der Diskussion über eine alternative Weiterentwicklung des gegenwärtigen Systems, seiner Funktionsprinzipien und seiner Verfaßtheit in den Mittelpunkt gestellt werden: Erstens das Aufweisen von Fehlentwicklungen der gegenwärtigen Moderne, die

---

6   Chesterton 2000, S. 203.

maßgeblich zu den heutigen Problemen geführt haben, insbesondere die ausschließliche Geltung der natur- und sozialwissenschaftlichen Rationalität sowie die durchgreifende Ökonomisierung des Lebens; zweitens eine Definition des Kampfes um Erneuerung jenseits der Rechts-Links-Polarisierung, da die Herausforderungen der späten Moderne mit dem bisherigen Lagerdenken weder aufgenommen noch die Neuordnungsaufgaben angegangen werden können; und drittens der Weg zur Veränderung, also zu einer anderen Moderne durch individuelle Bildung als umfassender Formungsprozeß, der zentral auf dem Feld der Ästhetik stattfindet. Denn es sind ganz besonders Kunst, Literatur und Musik, in denen ein Denken in Möglichkeiten stattfindet, wo in offenen Prozessen Gegenwart transzendiert und virtuell erneuert wird. Das „Prinzip Hoffnung", von dem Ernst Bloch einst sprach, speist sich aus all dem Unabgegoltenen unserer Geschichte und ist ein unentwegter Einspruch gegen jedes schlichte „Weiter so" der politischen Biedermänner.

Die folgenden Überlegungen sind durchaus nicht originell, in anderen Formulierungen und Kontexten finden sie sich etwa schon bei Schiller, Hölderlin, Humboldt, Borchardt, Hesse oder George. Deren Gedanken sind keineswegs überholt. Sie sind vielmehr geeignet, die heutige Diskussion in einen breiteren Horizont zu stellen. Jeder durch die Fragen der eigenen Zeit gelenkte Blick in die Geschichte fördert zutage, was einst ohne Resonanz geblieben war und, noch immer unabgegolten, in gegenwärtige Gestalt übersetzt werden kann. Rudolf Borchardt: „(...) die ‚konservative Revolution' kann nur aus den Kammern vorstoßen, in denen die Tatsache, daß kein je in die Nation getretener großer Gedanke der Vorzeit zu Ende gedacht werden kann und alle unerschöpft sind, das Engelsbrot ist und die heimliche Luft des Lebens."[7] Daraus folgt mitnichten ein rückwärtsgewandtes Denken.

---

7 Borchardt 1931, S. 441. Borchardts Formulierung mag zu dem Mißverständnis Anlaß geben, als hätte er sich zu den Sprechern jener „konservativen Revolution" der 1920–30er Jahre gerechnet. Nichts wäre irriger. Deren geistferne, autoritäre Alternative zur Weimarer Republik unterscheidet sich ums Ganze von der aus der Tiefe Alteuropas geschöpften monarchisch-föderalistischen Reichsidee Borchardts. Vgl. Sprengel 2016, S. 179ff.

Die Umkehr und das Zukunftsdenken, das wir brauchen, bedeuten keineswegs die Rückkehr zu abgelebten Zuständen, etwa im Sinne eines roll-backs hinter die Zäsur von 1968, herbeigeführt mit den gleichen Methoden wie damals und sich anschließendem „Marsch durch die Institutionen". Denn es geht überhaupt nicht um Machtfragen, sondern um die Veränderung von Haltungen und Einstellungen, um eine erneuerte Lebensform.

Der den Europäern seit Herodot eigene Dialog mit ihrer Vergangenheit[8], die phantasievolle Verknüpfung von Geschichte und Gegenwart, die geradezu zur Anthropologie des Europäers gehört, entfaltete stets eine innovative Dynamik, in der aus dem Bewahren das Neue, aus dem immer Gültigen das Zukunftsweisende erwuchs. Es sind stets zuerst einzelne, die in kleinen Kreisen etwas Neues beginnen, wenige, die sich mit unendlicher Mühe einer Sache geduldig hingeben, damit aus dem gereiften Wort die glückende und vorbildgebende Tat wird, bevor auch die Vielen zu neuen Ufern aufbrechen können.

Jenseits von Links und Rechts: Eine andere Moderne

Wer sich heute in Opposition zur herrschenden Hauptströmung der politischen Programmatik und Pragmatik versteht, befindet sich in doppeltem Sinne in einer Alternativposition zum Bestehenden: einmal in der Positionierung im Hinblick auf das politische System und zum anderen im geistigen Bezugspunkt für die Formulierung seines alternativen Programms.

Eine Alternative zu dem heute maßgeblichen und seit mehr als vier Jahrzehnten zunehmend von „Links" dominierten politisch-sozialen Selbstverständnis bedeutet nicht die Erweiterung des politischen Spektrums nach Rechts und damit das von manchen erhoffte Gegengewicht

---

8 Vgl. Stahl 2008a, S. 39ff. Herodot ist der erste, der historisches Bewußtsein auf den Begriff gebracht hat. Es findet sich jedoch schon implizit bei Homer (vgl. Ilias, 1,1–12; 2,84–93; 6,357f.; 9,185–189; 12,449; Odyssee 1,1–4) und Hesiod (vgl. Theogonie 36–38).

gegen die etablierte Linke. Immer deutlicher kommt vielmehr zutage, daß Links und Rechts im Grunde der gleichen Denkart folgen, nur mit umgekehrten Vorzeichen. Das politische Lagerdenken ist ein Erbe der Entstehung des Klassenkampfes im 19. Jh. und vor allem des europäischen Bürgerkriegs des 20. Jhs. Keines der Probleme, die unser Gemeinwesen gegenwärtig bedrücken, läßt sich jedoch sinnvoll im Schema einer Konfrontation zwischen Links und Rechts formulieren, diskutieren und lösen. Denn es handelt sich um Probleme, die aus der Entwicklung der Moderne als einer spezifischen Stufe der abendländischen Geschichte resultieren und zukunftsfähige Antworten über diese Epoche hinaus fordern. Linke und Rechte sind hingegen gleichermaßen Kinder der Moderne und damit heute obsolet, wo es um grundlegende Veränderungen gehen muss.[9] Es kommt also darauf an, über diesen Tellerrand hinauszublicken, die Moderne von außen zu betrachten, um aus ihren Sackgassen in eine Zukunft zu finden, in welcher Moderne und Vormoderne gewissermaßen im Hegelschen Sinne aufgehoben sind.

Wer sich selbst in der Position des Rechten oder Linken sieht, denkt von vornherein in der polarisierenden Konfrontation mit dem mitgedachten Antagonisten, gleichsam in einem binären Code. Er wird also mit Blick auf die Frage handeln, wie er im Kampf um die Macht die Überhand erringen kann. Denn nur so kann die eigene Wahrheit, in deren Besitz man sich glaubt, durchgesetzt werden. Diese Art des Denkens ist typisch modern und gehört in den Kontext von Revolution und Gegenrevolution, von offenem oder potentiellem Bürgerkrieg. Gegenüber der Vorstellung von republikanisch-demokratischer Politik als Spiel um die Macht, die linkem wie rechtem Denken zugrunde liegt, ist ein alternativer Politikansatz für Problemlösungen wie innere Kohärenz des Gemeinwesens aussichtsreicher. Er baut nicht primär auf die Macht, sondern auf die Fähigkeit der Bürger zur Vernunft und zur Selbstorganisation von unten her, räumt dem Prinzip der Subsidiari-

---

9   Vgl. de Benoist 2009, S. 97, 109ff.

tät immer die strukturelle Priorität ein und hält die zweifellos nötigen übergreifenden institutionellen Machtinstrumente so gering an Zahl, aber so effektiv wie möglich.

Ferner sind gesellschaftliche Kräfte in nennenswertem Umfang gar nicht zu sehen, die die so offensichtlich zementierte Dominanz der sich politisch links-liberal-sozial Verstehenden und dem Glauben an den Fortschritt der Moderne ohne wenn und aber Verschriebenen überhaupt erschüttern könnten. In Wählerstimmen ausgedrückt könnte allenfalls eine die etablierten Parteien temporär irritierende Verschiebung erreicht werden, wie sich dies seit 2015 tatsächlich vollzieht. Es ist jedoch höchst fraglich, ob darin denn Sinn und Ziel einer wirklichen politischen Alternative liegen sollte. Denn diese muß viel grundlegender ansetzen und eine neue, die gegenwärtige Moderne mit Blick auf die Geschichte transzendierende Art von Politik, gewissermaßen eine veränderte politische Grammatik, für sich beanspruchen und propagieren. Die Ressourcen für eine den bisherigen Glauben an Fortschritt und Moderne in Frage stellende Perspektive können erfolgreich nur mobilisiert werden, wenn man das politische Programmspektrum verläßt, wie es sich seit dem 19. Jh. herausgebildet hat.

Während zentrale Ziele rechter wie linker Programmatik sich an Begriffe wie Staat, Ein- und Unterordnung, Macht, Befehl und Gehorsam knüpfen, bilden die für eine andere Moderne wichtigen Gegenstücke dazu – Freiheit, Verantwortung, Recht und mündige Selbstbestimmung – einen völlig anderen geistigen Rayon. Zu ihm gehören überdies und insbesondere die Begriffe Kultur und Ästhetik, Ethos und Religion. Sie finden ihren gemeinsamen Nenner im Schönen. Dessen Fehlen in Weltanschauungen, die auf Macht und Konfrontation setzen, und im Gegensatz dazu die überragende Bedeutung, die die andere Moderne dem Schönen zumessen muß, unterscheidet die beiden Denkweisen ums Ganze – weil im Erschauen des Schönen sinnliche Sensibilität, seelische Formung und Gottfrömmigkeit sich unauflöslich verbinden. Es sind dies die Lebenselixiere für eine gelingende neue Ordnung.

Die geistigen Quellen für einen solchen neuen Standpunkt finden sich freilich weniger in einem spezifisch „konservativen" Erbe. Denn dieses ist Teil – wenn auch ein heute vielfach apokrypher – der gegenwärtigen Moderne, da das konservative Denken einst in Gegnerschaft zur Fortschrittsprogrammatik der Französischen Revolution, d. h. aus dem Interesse an der Erhaltung traditioneller Bestände erwachsen ist. Ich halte dies für eine heute nicht mehr weiterführende Verengung der Perspektive.

Gegner eines neuen politischen Paradigmas sind die Besitzstandswahrer, die Verwalter ohne Visionen, die Schubladen-Denker, die Verfechter des „weiter so", die Sieger im Kampf um die Macht, die Vernebler und Abwiegler, die Gierigen und Maßlosen in Wirtschaft und Politik, die Ellenbogenausfahrer in jedem Bereich, die Wachstumsfetischisten, die Gemeinwohlignoranten, die allein auf den eigenen Vorteil Bedachten, die Engstirnigen, die politisch-korrekten Spießer, die Scheuklappenträger, die unbeirrbaren Modernisten, die Geschichtsblinden, die wachsweichen Freiheitsrelativierer, die Institutionsfanatiker, die Relativisten und Realisten jeder Couleur, die Staatsgläubigen und alle anderen, auf der Rechten wie Linken, die glauben, die Wahrheit gepachtet zu haben.

Diese Verhärtung ist nur aufzubrechen, wenn die gesamte geistige Tradition Europas wieder in den Blick genommen und damit der im modernen Bewußtsein für kategorial gehaltene Bruch der Moderne mit der Vormoderne reflektiert und in Frage gestellt wird. Die „konservative" Frage lautet freilich weniger: „Was soll erhalten werden?" – das wäre steriler Traditionalismus, der zu Recht kritisierte „Muff aus tausend Jahren" – sondern vor allem: „Wie und mit welchen Orientierungen finden wir aus den Sackgassen der ersten, der gegenwärtigen Moderne heraus und zu einer anderen Moderne hin?" Und: „Was kann der Blick auf die Vormoderne dafür leisten?"

Wir können die tiefer liegenden Probleme der Moderne im Spiegel der Vormoderne, also der europäischen Hochkultur bis zum 17./18. Jh., genauer identifizieren. Wir „glauben uns mit unsern eisernen Be-

griffen aufgeklärter als die Alten", während uns die „höhere Aufklärung
(...) größtentheils abgeht", weil wir den Sinn verloren haben für „jene
zartern und unendlichern Verhältnisse", durch die wir uns über die
„Nothdurft" und den bloßen „Maschinengang" erheben. So beschrieb
schon Friedrich Hölderlin 1798, an der Schwelle zum neuen Zeitalter,
das Grundproblem.[10] Durch den Brückenschlag zur Vormoderne können wir heute eine „dritte Ebene" des Denkens gewinnen, den Bezug
zu dem wiedergewinnen, was immer schon gültig gewesen ist und dadurch den Horizont zur Zukunft als einer anderen Moderne erst frei-
gibt.

In dieser anderen Moderne könnten Leistungen und Errungenschaften, die die Epoche der Moderne ohne Zweifel auf vielen Gebieten
mit sich gebracht hat und die auch in Zukunft niemand missen oder
wieder aufgeben möchte – vom gar nicht so banalen, aber bezeichnen-
den Beispiel der Spritze beim Zahnarzt oder der Möglichkeit nahezu
unendlicher individueller Mobilität bis zur rechtlichen Festschreibung
der allgemeinen Würde des Menschen und elementarer Freiheitsrechte
in Wirtschaft, Wissenschaft, Kunst und Religion –, gleichsam in He-
gelschem Geist doppelt aufgehoben werden. In diesem dialektischen
Sinne bleibt auch eine andere Moderne modern, nur daß diese Modernität sich nicht einem Fortschreiten verdankt, das aus der Gegenwart
kontinuierlich hervorgeht, sondern Teil einer grundsätzlich veränderten Lebenskonstellation und individuellen Haltung ist.

Politisch-alternativ zu denken und zu handeln, fordert vor dem Hintergrund der Krisenerscheinungen der Gegenwart also nicht in erster
Linie und nicht einfach die Revitalisierung hergebrachter Tradition.
Vielmehr wäre diese nur insoweit sinnvoll, als sie sich in Verbindung
bringen läßt mit einer neuerlichen Rezeption, d. h. einer gedanklich
verarbeiteten Vergegenwärtigung europäischer Vergangenheit bis in die
Antike zurück. Erst daraus kann die Kraft von Geschichte und Tradition neu erwachsen. Denn damit wird das Selbstverständnis der Mo-

---

10 Hölderlin II, S. 51, 53, 55 (Fragment philosophischer Briefe).

derne als qualitativ scheinbar einzigartiger, unvergleichlicher und nicht mehr überholbarer historischer Formation grundsätzlich fragwürdig. Statt dessen kann sich der Blick öffnen für eine qualitative Weiterentwicklung der modernen Strukturen.

Schöpferische Erneuerung

Die Umkehr zur Alternative einer anderen Moderne wurzelt tief in einer für das europäische Denken wesentlichen Haltung, die über 2500 Jahre hin immer wieder die für Europa typischen Innovationsschübe bewirkt hat – vom Athener Solon zu Beginn des 6 Jhs. v. Chr. bis weit in das 20. Jh. hinein – etwa in der Konzeption der Attentäter vom 20. Juli 1944, auch wenn dieses Programm real gar nicht zum Tragen gekommen ist. Und die Moderne selbst wurde von Anfang an von solchen alternativen, modernekritischen Entwürfen begleitet.

Anzuknüpfen wäre etwa an die Überlegungen der deutschen Dichter und Denker um 1800. Sie waren allesamt und verständlicherweise von den Ereignissen in Frankreich zuerst positiv elektrisiert und machten dann in Reaktion auf die weitere Entwicklung der „Revolution" einen Lernprozeß durch: Ihnen ging es nicht um Gegenrevolution, sondern um einen alternativen dritten Weg. Denn auch jede Gegenrevolution würde nur ein „unempfängliches Geschlecht" vorgefunden haben, wie Schiller die Situation des 14. Juli 1789 charakterisierte.

Schillers Konsequenz war der neue politische Entwurf der individuellen Bildung – mit der Konsequenz einer im positiv elitären Sinne sozial offenen Bestenauslese. Gewiß wurde dies und vieles, was sich etwa im Entwurf der „preußischen Reformen" findet, realpolitisch seit 1815 eine „causa victa" (Rudolf Borchardt[11]), aber doch eine mit der

---

11 Das Wort entstammt einer Stelle aus Lukan, Bellum Civile 1, 128: „Victrix causa deis placuit et victa Catoni". Borchardt verweist in einem Brief an Werner Jaeger vom 28. 9. 1932 auf „Bruchstücke einer Weltgeschichte der Causae Victae" als Prinzip seiner „universalgeschichtlichen Rechenschaft", vgl. Ernst A.Schmidt (Hrsg.): Rudolf Borchardt – Werner Jaeger. Briefe und Doku-

Aufforderung zu schöpferischer Restauration und mit großer und anhaltender Fernwirkung – etwa zwischen Gneisenau und Stauffenberg, ganz unabhängig von deren tatsächlicher Verwandtschaft, und im sog. „staat" von George.

Das Konzept der schöpferischen Erneuerung unterscheidet sich von allen revolutionären Bestrebungen durch den alternativen Grundansatz: Ausgehend von einer grundsätzlichen Kritik unserer Zeit, also dem Bewußtsein, den epochalen Brüchen ebenso elementare Entwürfe entgegenstellen zu müssen, bedeutet schöpferische Erneuerung die Bildung des Individuums durch eigenschöpferische Rezeption, „den erstürmten Rückzug bergan in die unausgelebte Geschichte" (Rudolf Borchardt[12]) – nicht zu pragmatischen Zwecken, sondern als geistige Aufgabe zur Bewußtwerdung, Gestaltung und Formgebung. Also verbieten sich Voluntarismus und Populismus, müssen Weg und Mittel kongruent sein mit dem Ziel einer von individueller Freiheit und Verantwortung getragenen Ordnung.

In politische Programmatik übersetzt findet man dieses klassisch-romantische Erbe etwa wirksam im „Schwur" vom Juli 1944 (vgl. o. Kap. 4), an dem eine produktive Rezeption heute wieder ansetzen könnte. Aber auch das heißt, die geistige Substanz dieses Programms, die seinen Konkretisierungen zugrunde liegt, für unsere Zeit ins Wort zu bringen. Und darum geht es ganz allgemein. Es gibt keine Agenda, die in der Vergangenheit einfach bereit läge, anderenfalls setzte man sich zu Recht dem Vorwurf aus, zu den „Ewig-Gestrigen" zu zählen. Doch es gibt eine bestimmte richtige (Lebens)Haltung.

Sie bedeutet vor allem Kritik an den angeblich selbstverständlichen, „alternativlosen" modernen Strukturen, allen voran der „heiligen Kuh" Ökonomie und Wachstum. Krtik und Ablehnung stecken nicht nur in dem Bemühen, mit noch verstandenen und mit Sinn erfüllten (Rest) Beständen von Tradition – Familie, Kultur, Religion, Staat – auch wei-

---

mente 1929–1933. München 2007 (= Schr. d. Rudolf Borchardt-Gesellschaft Bd. 10), S. 51.

12 Borchardt 1924, S. 122.

ter zu leben. Angesichts der tatsächlichen Lage erscheint es darüber hinaus ebenso wichtig, aus dem Blick auf 2500 Jahre europäischer Kultur auch dort Neues zu schöpfen, wo der lebendige Zusammenhang abgeschnitten ist und das Erbe der Alten nur noch leblos scheint. Erst die konstruktive Verknüpfung von Vergangenheit und Zukunft, erst durch die Wiedergewinnung von Geschichte für die Gegenwart, indem wir dem Überkommenen oder scheinbar Abgelebten neues Leben einhauchen, sind die „ewigen Wahrheiten" wieder kenntlich und verständlich zu machen: Nicht um an dem zu hängen, was früher war, sondern um herauszufinden, was heute ist und morgen sein soll.

Visionärer Realitätssinn

Der Maßstab eines auf die alternative Moderne zielenden Handelns kann nicht die „Wirklichkeit" als solche sein. Alles „Normale", „Natürliche", „Richtige", der „gesunde Menschenverstand" muß nämlich zum guten Teil erst wieder neu gefaßt werden – mit Bezug auf einen historisch weit ausgreifenden Horizont. „Wirklichkeit" als Bezugspunkt kann heute nicht die vorfindliche Lebenswelt sein, wie sie im Laufe der Moderne entstanden ist. Denn sonst gehörte auch beispielsweise die gesamte scheinhafte, zumeist trügerische und betrügende Realität auf den verschiedenen elektronischen Bildschirmen zum nicht hintergehbaren Gegebenen. Die neuen Medien (Fernsehen, Internet, Smartphone etc.), deren kaum überschaubare oder lösbare Verquickung mit ökonomischen Interessen den einzelnen überwiegend unfrei, abhängig und handlungsunfähig macht, nur sehr selektiv zu nutzen und sich dem übrigen systematisch zu verweigern, gehört somit zu einem neuen Habitus. Denn nur weniges davon ist für ein in Freiheit und Verantwortung gelebtes Leben nützlich oder notwendig.

Der sog. Realismus und die ihn konstituierende stete Skepsis und das grundsätzliche Mißtrauen gegenüber der vermeintlich unrettbar schlechten menschlichen Natur sind für die Entstehung des politischen

Ideals einer anderen Moderne wenig hilfreich. Deren Menschenbild gründet sich vielmehr darauf, daß der Mensch trotz seiner unausrottbaren unvernünftigen und unguten Neigungen eben auch an Ideale glauben und sich für sie begeistern kann. Diese Kräfte im Menschen müssen daher gefordert und gekräftigt werden, dann dürfen und können wir zuversichtlich auf ihre Macht setzen. Utopie (etwa in ähnlichem Sinne wie bei Ernst Bloch) und Ideal (im Sinne der *idéa* Platons) oder, nach Borchardt: „das in sich herrliche Nichtgewordene, durch alle Jahrtausende zusammenhängend hinter dem Stückwerke des Gewordenen"[13], die nicht verwirklichte Zukunft der Vergangenheit also, von den Griechen Solon und Sokrates bis zu den kritischen Begleitern der Moderne, das ist die Nahrung dieses Lebens im Geiste. Und in dieser Bildung des Individuums liegt notwendig ein „Fortschreiten", ein immer wieder „Neues". Dafür bedarf es, wie für jede historische Entdeckung, der Phantasie und der Vision, die nicht mit ideologischen Wunschbildern und Träumereien zu verwechseln sind.

Wer sich auf das real Mögliche und Machbare beschränkt, wer immer nur auf Sicht fährt, wird das Feuer nicht entzünden können, das es braucht, um wirklich qualitativ „fortzuschreiten". Und er wird Veränderungen nur bewirken im Rahmen der de facto übermächtigen Kräfte der etablierten Moderne. Deren Nutznießer sind heute die eigentlichen „Konservativen", da es ihnen um die Bewahrung ihrer errungenen Pfründe und der Strukturen geht, auf die sie sich stützen. Auf Seiten derer, die Moderne und Fortschritt für sich reklamieren, herrscht heute der geistige Stillstand und die ideologische Verschleierung der errungenen Machtpositionen. Fortschrittlich zu sein verlangt angesichts dessen dagegen, über die gegenwärtige Moderne hinauszudenken.

---

13 Borchardt 1944, S. 107f.

Konflikt und Konsens

Gewiß muß die andere Moderne erkämpft werden, allerdings geht es dabei nicht um einen Parteisieg in der Auseinandersetzung mit „Linken" oder „Rechten", nicht um die Eroberung von Macht oder Deutungshoheiten. Das Ziel reicht weiter, indem es das vorhandene Bezugsfeld des Denkens und Handelns aufsprengt: die Überwindung von Parteiungen und Lagerdenken überhaupt durch eine weitreichende Revision der gegenwärtigen politischen und gesellschaftlichen Verfaßtheit. Das ist nur dann „unpolitisch" gedacht, wenn man sich noch im gewohnten Paradigma bewegt, Politik als die „Kunst des Möglichen" zu betrachten. Tatsächlich kommt es aber darauf an, das Politische neu und damit das scheinbar Unmögliche zu denken.

Der Weg, auf den wir uns machen müssen, erfordert gleichwohl – doch jenseits allen eingespielten politischen Lagerdenkens – Diskurs und Impuls so breit wie möglich. Nur wenn wir einander zuhören und die widerstreitenden Argumente vorbehaltlos, selbstreflexiv und nicht selbstgerecht gegeneinander abwägen, können konkurrierende Ideen entfaltet und geprüft werden, kann sich allmählich eine neue Vision der Zukunft verbreiten. Wer streitet, bekennt sich zu etwas und übernimmt dafür Verantwortung, und er signalisiert seinem Gegenüber damit auch Wertschätzung in der gemeinsamen Suche nach dem Richtigen. Für diesen nötigen Aufbruch verstellen uns der bisherige Begriff „konservativ" und seine „linken" Antagonisten und die damit vielleicht bezeichneten Haltungen die Sicht und führen zu unfruchtbaren Gegnerschaften. Sie sind auf demselben historischen Boden der gegenwärtigen Moderne entstanden: Revolution und Gegenrevolution, Linke und Rechte.

Mit Polarisierungen verbunden ist notwendig der Anspruch auf „Einflußnahme", was ja nichts anderes heißt als Machtstreben, also das Mitmachen und Konkurrieren, möglichst Sich-Durchsetzen im politischen Spiel des modernen Staats, nur mit einer gegensätzlichen Programmatik. Die andere Moderne beginnt aber erst dann, wenn wir uns nicht mehr in Gegnerschaften begeben, die historisch obsolet geworden sind, weil sie nicht in der Lage sind, die anstehenden Probleme überhaupt angemessen aufzugreifen und neue, adäquate und d. h. über die Moderne hinausführende Lösungen hervorzubringen. Als erstes müssen wir also unfruchtbar gewordene Frontstellungen hinter uns lassen. Wer auf den Austrag von Lagergegensätzen und Sieg im politischen Konflikt setzt, unterscheidet sich in seiner Praxis nicht grundsätzlich von dem, für den Relativität, Konflikt und normative Desintegration historisch nicht mehr hintergehbare Wesenszüge der Moderne sind.[14]

Unbestritten ist eine auf gemeinsam geteilten Werten basierende Integration von Gemeinschaft ein Phänomen der Vormoderne. Und ebenso richtig ist, daß diese Konstellation angesichts vielfacher und weitgehender Traditionsbrüche in der Moderne erheblich erodiert ist. Aber nur wenn die Moderne zum historisch Singulären hypostasiert und damit Geschichte ausgelöscht wird als Brückenschlag in die Vergangenheit, auf den jede Gegenwart existenziell angewiesen ist, ist der Schluß möglich, der moderne Desintegrationsprozeß sei irreversibel.

Im übrigen ist die Auflösung des gesellschaftlichen Zusammenhalts auch empirisch noch nicht total, so sehr modern sich verstehendes Handeln auch darauf aus ist, vorhandene normative Restbestände, wo immer möglich, zu beseitigen. Es gibt nach wie vor sehr bewußt gelebte kollektive Identitäten und ein verbreitetes und vielfach unerfüllt bleibendes Streben nach kollektiver Zugehörigkeit. Daran müssen und können neue Wege anknüpfen.

Ferner ist die moderne Desintegration kein selbstläufiger, anonymer und quasi naturnotwendiger Vorgang, die von Max Weber diagnostizierte Entzauberung der Welt kein zwingendes Entwicklungsgesetz. Durchaus lassen sich konkrete Ursachen und Akteure namhaft machen, die für die Desintegrationsphänomene verantwortlich sind – Wirtschaft, Politik, Medien, Erziehungswesen. Man kann sich mit

---

14 Vgl. Dubiel 1994.

Zerfall und Konflikt folglich aktiv auseinandersetzen und der Desintegration entgegenwirken.

Schließlich ist die Vorstellung einer Gesellschaft und Gemeinschaft in desintegriertem Dauerzustand ein Widerspruch in sich und daher theoretisch abwegig. Eine sich desintegrierende Gesellschaft ist nur denkbar als Durchgangsstadium zu einer neuen und stabilen, also kräftigen gesamtgesellschaftlichen Integration und Identität. Die Perpetuierung von Frontstellungen, Lagern und Gegnerschaften – und damit sind nicht allein die manchmal nur noch scheinbaren Gegensätze der etablierten Parteien gemeint, sondern grundsätzlichere kritische Positionen von Links oder Rechts – verhindert, daß ein integrierender symbolischer Raum wachsen kann. Denn Gemeinschaft stellt sich her in einem Raum, der definiert ist durch gemeinsame, inkludierende und exkludierende Koordinaten. Raum bedeutet also Einheit und Gemeinsamkeit.

Jede politische Bearbeitung von Konflikt und Gegnerschaft muß auf deren Beilegung und Überwindung zielen. Konflikt ist ein universales Problem, eine Herausforderung, die jede Gemeinschaftsordnung zu bewältigen hat. Konflikt ist aber fruchtbar nur dann, wenn er bewältigt wird. „Versöhnung ist mitten im Streit und alles Getrennte findet sich wieder", wie Friedrich Hölderlin am Schluß seines „Hyperion" schreibt.

An der Herausbildung der griechischen Polis als erster europäischer Staatsordnung ist das exemplarisch zu studieren (vgl. o. Kap. 7). Sie beruht auf Einsichten, mit denen das politische Denken in Europa beginnt. Der Athener Solon spricht im ersten Viertel des 6. Jhs. v. Chr. davon, daß nur die *eunomía*, die auf das gemeinsame Gute gerichtete innere Verfaßtheit der Bürger, die Zersplitterung des Gemeinwesens in Partikularinteressen und infolgedessen die permanente bis zum Bürgerkrieg reichende Zerrissenheit der Bürgerschaft (die *stásis*) überwinden könne. Und der erste große attische Tragiker, Aischylos, beschwor die Bürger seiner Stadt, auch dann, wenn es im Falle unausweichlicher und objektiver Gegensätze eine Mehrheitsentscheidung geben müsse, die

Unterlegenen nicht „niederzureiten", sondern in die Gemeinschaft der Bürgerschaft wieder zu integrieren.[15] Und schließlich, um eine weitere wichtige Wurzel zu nennen: Der „Teufelskreis von Gewalt und Gegengewalt", schreibt Eugen Biser, sei nur durch „dialogische Konfliktbewältigung" zu durchbrechen. „Wo diese als der einzig menschliche Weg der Konfliktbewältigung begriffen und beschritten wird, steigt der Friede vom Himmel der Utopien herab, um einer der Zielsetzung Jesu angenäherten Lebensordnung zum Durchbruch zu verhelfen."[16]

Die Aufgabe, Streit und Konflikt beizulegen und zu überwinden, resultiert daher nicht aus Konfliktscheu oder einem übermäßig irenischen Bedürfnis und ist auch nicht gleichzusetzen mit dem Streben der Mächtigen nach totalitärer Friedhofsruhe und Erstarrung. Konfliktbeilegung ist vielmehr elementar notwendig, um den Raum der konfliktfreien Gemeinsamkeit immer wieder herzustellen, den jede Gesellschaft und Gemeinschaft für ihre Reproduktion in historischer Tradition und Rezeption benötigt.

Welches sind nun die wesentlichen Krisenfaktoren der gegenwärtigen Moderne? Sie sollen im folgenden auf der Grundlage vorhandener Analysen thesenhaft dargestellt und mit Elementen eines alternativen Denkens konfrontiert werden.

---

15 Vgl. Stahl 2003b, S.148ff.

16 Eugen Biser: Sinn und Ziel der Neuen Theologie. – In: Ph. Jenninger/R. W. Peter/H. Seubert (Hrsg.): Tamen! Gegen den Strom. Günter Rohrmoser zum 80. Geburtstag. Stuttgart 2007, S. 371.

Ökonomisierung und Konsumismus

Entscheidend für die Fehlentwicklungen der Moderne ist der inzwischen unser ganzes Leben bestimmende Primat der Ökonomie. Für alles weitere grundlegend ist damit die Unterwerfung tendenziell aller Lebensbereiche unter das Diktat des Ökonomischen – also des Effizienten, Rechenhaften, Meßbaren und vor allem materiellen Gewinn Bringenden.

Das Problem wurde in den letzten Jahren vielfach beschrieben[17] und liegt heute zweifelsfrei zutage: Seit dem 17. Jh. entstand ein neues Denken, wesentlich geprägt von rationaler Analyse, mechanistischen und reduktionistischen Kausalitätsannahmen einerseits und andererseits vom Verlust transzendenter Bindung, von Individualismus und menschlichem Allmachtsbewußtsein. In diesem neuen Denken ist dem Menschen die geschichtliche Aufgabe zugewiesen, sein irdisches Dasein in einem prinzipiell unendlichen Fortschreiten mittels Revolution, Evolution und Innovation immer weiter zu verbessern und zu vervollkommnen. Dieses Ziel verwirklichte sich seit dem 19. Jh. und führte zu einer neuen Freiheit des Denkens, zahlreichen sozialen Emanzipationsbewegungen und nicht zuletzt zu einem historisch singulären materiellen Wohlstand durch die Vermarktung einer Lawine wissenschaftlich-technischer Neuerungen im Rahmen des industrie- und später auch finanzkapitalistischen Wirtschaftens. Es hat inzwischen globale Aus-

---

17 Einen weit in die Menschheitsgeschichte ausholenden Aufriß der Entwicklung gibt Miegel 2010, S. 68–91. Besonders hervorzuheben ist seine Betonung des geistigen Umbruchs: „Der industriellen Revolution ging eine religiös-spirituelle Erschütterung voraus, ohne die es den wirtschaftlichen Umbruch wahrscheinlich so gar nicht gegeben hätte." (Miegel 2010, S. 82) Dies bedeutet, daß es eine andere Moderne auch nicht geben wird ohne grundlegende Veränderung unseres menschlichen Selbstverständnisses. Die Rolle der christlichen Religion in dieser Entwicklung beleuchtet de Benoist 2009, S. 151ff. Er differenziert dabei zu Recht zwischen einem sich auf die Genesis berufenden Anthropozentrismus im Verhältnis Mensch – Natur, der über die Aufklärung zur technoiden Weltbeherrschung der Moderne geführt hat, und andererseits in der christlichen Tradition ebenfalls vorhandenen alternativen Ansätzen zu einem kosmischen Denken. Letztere stellen jedoch, fußend auf der Botschaft des Evangeliums Jesu Christi, nicht die Ausnahmen in dieser Tradition dar, sondern deren wahre Substanz.

maße erreicht.[18] Seine primäre Triebkraft ist das „geldheckende Geld", die Erzielung von Gewinn aus Kapitaleinsatz um seiner selbst willen. Was ist daran problematisch?

Die Sackgasse, in die wir mit dieser Art des Wirtschaftens in der Moderne geraten sind, läßt sich unter drei Gesichtspunkten beschreiben, die das Wesen und die Wirkungen der heutigen Wirtschaft in einer negativen Klimax erfassen: Diese Wirtschaft ist aus dem Gleichgewicht geraten und mit ihr die übrigen Bereiche unseres Lebens; sie schadet mehr als sie nützt; ja sie tötet sogar.

- Die beiden zentralen Ziele des Wirtschaftens sind Rendite und Wachstum. Alles muß sich rechnen und möglichst schnell einen Gewinn abwerfen, und dieser muß durch eine permanente Steigerung der Wirtschaftsleistung periodisch wachsen. Diesen Prinzipien hat sich unser Leben als Ganzes zu unterwerfen, es wird durchökonomisiert.[19] Was damit gemeint ist, läßt sich bei genauem Hinsehen überall feststellen. Aktuelle Beispiele sind in Stichworten rasch bei der Hand: die flächendeckende Unterbringung von Kleinstkindern in sog. Kitas, um Müttern wie Vätern gleichermaßen Erwerbsarbeit zu ermöglichen. – Die Intimstes kommerzialisierende, milliardenschwere Fortpflanzungsindustrie, der es längst nicht mehr nur um die künstliche Erfüllung des Kinderwunsches geht, sondern um Selektion mittels PID oder die Planung von Karrieren durch zeitlich gezielt platzierte Mutterschaft bzw. Leihmutterdienste. – Die nahezu lückenlose Beobachtung unserer Lebensgewohnheiten durch Internet,

---

18 Spaemann 2010, S. 11: „Die Moderne ist ein europäisches emanzipatorisches Projekt von einzigartigem Ausmaß, das inzwischen die Menschheit als Ganze in seine Dynamik hineingerissen hat und das Gesicht unseres Planeten auf irreversible Weise zu transformieren beginnt."

19 Entgegen der engeren wirtschaftswissenschaftlichen Terminologie wird hier ein weiterer Begriff von Ökonomisierung zugrundegelegt. Bezeichnet er dort die Einziehung eines Lebensbereichs in einen Markt, auf dem sich durch Angebot und Nachfrage Preise für Güter bilden, die gekauft werden, so ist hier gemeint, daß unsere Lebenswelt in allen Bereichen dem Imperativ des Ökonomischen unterworfen wird, der da lautet: wir müssen immer so handeln, daß im Ergebnis ein in Geld zu quantifizierender Vorteil herausspringt. Ob Ökonomisierung stattfindet, hängt also nicht an der Bildung von Märkten.

Smartphone und andere elektronische Steuergeräte im Haus oder am Körper, um durch persönliche Bewegungs-und Konsumprofile gezielt Konsumanreize setzen zu können. – Die Einbeziehung des gesamten Leistungssports in ein Netz finanzieller Abhängigkeiten nebst gezieltem Doping, um die öffentliche Präsenz von Unternehmen oder den durch sie repräsentierten Nationen via Fernsehen und Internet zu vervielfachen. – Die Ausrichtung der Bildung in Schule und Universität (durch entsprechende Lehrplangestaltung oder externe Finanzierung) auf effiziente Qualifizierung für den Arbeitsmarkt, um menschliche Ressourcen für die wirtschaftliche Verwertung zu erschließen bzw. die Forschung auf gewinnbringende Innovationen zu lenken. – Die tendenzielle Beseitigung der Grenzen zwischen Arbeit und Privatleben, zwischen Arbeit und arbeitsfreien Tagen und Stunden, um die Verfügbarkeit des einzelnen auf beiden Seiten, seiner Verausgabung von Arbeitskraft wie seiner Möglichkeit zum Konsum, möglichst vollständig zu machen.

Was bei alledem zu kurz kommt, auf dem Spiel steht oder dabei ist, zerstört zu werden: Familie und Erziehung samt dem seelischen Wohl der Kinder; das Recht auf Privatsphäre und eigene Entscheidungsfreiheit – auch für Unangemessenes oder Schädliches; der Sport als Spiel und freier Wettbewerb in Fairness; Bildung als menschliches Grundbedürfnis und Wert in sich zur Formung der Persönlichkeit in Freiheit und Selbstverantwortung; die Beseitigung einer anthropologisch grundlegenden Ordnung und Rhythmik im menschlichen Leben, paradigmatisch die hergebrachte Sonntagsruhe.

Die Folge dieser heute offenkundigen Übermacht des von der Wirtschaft ausstrahlenden Kraftfeldes ist, daß alle Werte und Ideale nur noch als Marktwerte gelten und wahrgenommen werden. Das in die Warenproduktion investierte Kapital muß maximalen Profit abwerfen, und dies fordert ein permanentes Wachstum der Produktivkräfte und eine unaufhörliche quantitative Steigerung der wirtschaftlichen Produktivität. In diesem Wachstum sehen die liberalkapitalistischen wie vordem die sozialistischen Wirtschaftsordnungen der Moderne gleichermaßen den Motor für einen scheinbar grenzenlosen Fortschritt. Der Vermehrungsdruck des Kapitals zwingt zu einem kontinuierlichen Wachstum der Wirtschaftstätigkeit, was wiederum die Innovationsspirale in Gang hält. Daß ohne Wachstum alles nichts sei, darin scheinen die programmatischen Aussagen quer durch die Parteien und Politiker seit langem übereinzustimmen.[20] Doch Firmenpleiten, die dem ungetrübten Glauben an ein grenzenloses Wachstum geschuldet sind, bringen es immer wieder an den Tag: „Ist nicht das Wirtschaftswachstum das große kulturelle, wenn nicht identitätsstiftende Narrativ unserer Gesellschaft? Und wenn es, aus welchem Grund auch immer, einmal ausbleibt? Was bliebe uns ohne die Geschichte vom Wachstum des Wohlstands, der Karrieren, auch der Akademisierung, des Konsums?"[21]

Jeder Blick auf die Geschichte aber stempelt die Annahme eines stetigen Wachstums ad infinitum geradezu zur Absurdität. Abgesehen von diesem allgemeinen Einwand ist zudem in den Industriegesellschaften heute ein Ausmaß an materiellem Wohlstand erreicht, das eine weitere Ausweitung der Wirtschaftstätigkeit durch die Befriedigung noch bestehender primärer Bedürfnisse kaum noch erlaubt. Die Ersatzbeschaffung von Haushaltsgeräten, Autos, Möbeln und Kleidung, die ausreichende und kontinuierliche Versorgung mit Nahrungsmitteln, Energie und Unterhaltung würde hierzulande nicht ausreichen, den Stand der Wirtschaftstätigkeit aufrechtzuerhalten. Einen Ausweg bietet nur der Export und die künstliche Verstärkung des einheimischen Konsums.

---

20 Zum Wachstumswahn als Illusion und Ideologie und zu seinen tieferen Ursachen vgl. ausführlich Miegel 2010, S. 11ff.

21 Jan Grossarth: Wirtschaft ohne Kultur. – In: FAZ v. 15. Oktober 2016, S. 1.

Wachstum ist heute nur noch zu erzielen, wenn das Konsumverhalten neu motiviert, geformt und permanent in Gang gehalten wird. Nicht mehr der Gebrauchswert der Waren ist deshalb für den Käufer der entscheidende Antrieb, sein mehr oder weniger mühsam erarbeitetes Geld umzusetzen. Wie eben die ausschließlich dem Gelderwerb dienende Arbeitsstelle zu einem Passivposten in der eigenen Lebensbilanz geworden ist, den man, so schnell es geht, hinter sich lassen möchte, um sich dem vermeintlichen Aktivposten der „Freizeit" widmen zu können – die Quassel- und Dudelsender unserer Rundfunkanstalten, die die Arbeitsstunden nicht selten begleiten, rufen das bevorstehende, ersehnte Wochenende meist schon am Mittwoch oder Donnerstag aus. Es gilt also durchzuhalten, damit der Geldertrag stimmt, mit dem man sich Kompensation für das duch die Erwerbstätigkeit Erlittene zu kaufen erhofft. Spricht denn noch jemand von Sinn und Würde des ergriffenen Berufs, jetzt nur noch Jobs? Noch vor 60, 70 Jahren bestand das Kaufen in überwiegend lebensnotwendigen Transaktionen zur Versorgung, heute ist der Konsum zum neben der Arbeit wichtigsten Lebensbereich geworden. Er findet statt im eigens dafür errichteten Shopping-Center oder in entsprechend dafür aufbereiteten Altstadtquartieren. Dem Käufer wird hier nicht nur der Erwerb von Produkten nahelegt, die er kurz zuvor noch gar nicht haben wollte. Nun kauft er sie, weil sie ein attraktiv ausgemaltes Lebensgefühl versprechen, die Teilnahme an einem bestimmten life-style, für den der Begriff „Mode" eher zu eng wäre. Die Produkte selbst unterliegen natürlich den Wechseln der Mode, doch diese ist heute kaum noch ein erkennbarer Zeitstil, sondern höchst diversifiziert in unterschiedliche life-style-Szenerien. Sie sind ein Ergebnis der Verwandlung unserer Bedürfnisse, deren Befriedigung das Wirtschaften dienen soll, in eine beliebig ausdehnbare, weil nie zu befriedigende

Ansammlung von „Begehrnissen"[22]. So wird der Gebrauchswert der Dinge – trotz gewiß vorhandener technischer Innovationen – weitgehend überlagert von deren Anmutung an der Oberfläche, von dem, was man sieht, womit man sich sehen lassen kann und als in bestimmter Weise gestyltes Mitglied der Gesellschaft anderen gegenüber erscheint – und wenn es nur das neueste Piercingsteinchen am Nasenflügel ist. Konsum ist zu einer Form sozialer Kommunikation geworden – eine Kommunikation freilich, die, ähnlich wie der größte Teil der elektronisch ausgetauschten Mitteilungen, völlig oberflächlich bleibt und den Mitmenschen tatsächlich eher verschwinden läßt, als näher bringt. „Ästhetischer Kapitalismus" bezeichnet Gernot Böhme treffend dieses neue Phänomen[23] – ohne daß damit gemeint wäre, irgendetwas an seinen Erscheinungsformen sei damit „schön" geworden.

Der Besitz eines möglichst voluminösen SUVs, in das man von seiner Etagenaltbauwohnung auf dem Prenzlauer Berg oder im Frankfurter Westend steigt, um am Bio-Supermarkt vorzufahren und danach die Prinzessin von der Kita abzuholen und zur Ballettstunde zu bringen, die dann für einen Latte mit Freundin oder Liebhaber zu nutzen ist...etc. etc. – das sind die Konsumenten von heute, die das Leitbild für Millionen abgeben, die weniger betucht sind und deren life-style sich auf Flachbildschirm, Bummel durchs Shopping-Center mit kleineren Tüten und das Dacia- oder Kia-SUV auf der Straße beschränken muß. Doch macht es letztlich die Masse, und ihr Konsum bildet die Grundlage für unsere Wirtschaft. Deren Wasserstandsmeldungen sind die regelmäßigen Nachrichten über die Entwicklung der Verbraucherlaune oder das Weihnachtsgeschäft an den verkaufsoffenen Adventssonntagen. Der Umsatz, also die Menge aller durch Geld zu bewertenden Aktivitäten, muß von Jahr zu Jahr wach-

---

22 Vgl. Böhme 2016, S. 11. Zu Konsumismus und Wachstumsdiktat vgl. a. Welzer 2013, S. 23ff., 75ff.

23 Böhme 2016. Böhmes Analyse ist treffend, doch was folgt für ihn daraus?

sen, darauf ist die Wirtschaft fixiert. Und sie kann dies nur erreichen, wenn sie immer neue Bedürfnisse bei den Verbrauchern hervorrufen kann.[24]

Dieser Konsumismus als überwiegend sinnfreie Zirkulation von Waren und Geld – für Reiche und weniger Reiche gleichermaßen – ist die andere Seite des Ökonomismus und zeigt, wie sehr Rolle und Bedeutung der Wirtschaft für unser Leben aus dem Gleichgewicht geraten sind. Weitere Faktoren von Ungleichgewicht seien knapp erwähnt: die Störung des freien Marktes durch mangelnde Regeln, einseitige Eingriffe oder die Bildung von Oligo- und Monopolen; die unverhältnismäßige Bedeutung, die der Bankensektor und die Finanzwirtschaft erhalten haben.[25] Letztere schien vielen jüngst als willkommener Ausweg aus der Sättigungskrise der Realwirtschaft und hat einer kleinen Minderheit über einen kurzen Zeitraum sagenhafte Profite beschert – geldheckendes Geld (oder besser: Schulden) ohne aufwendigen Umweg über den Warenmarkt. Doch mußte diese Illusion binnen weniger Jahre zusammenbrechen, ohne daß die Profiteure die Zeche hätten zahlen müssen, statt dessen wurden die Verluste durch staatliche Bankenrettung, also zu Lasten der Masse der Steuerzahler umverteilt.

Auch hier stimmt das Gleichgewicht also nicht mehr. Unterstützt von einem inzwischen geradezu symbiotisch mit der Politik agie-

---

24 Zur Kritik des Wachstums vgl. a. Böhme 2016, S. 47ff. Es gibt auch eine weitere, hierzulande meist wenig beachtete Kehrseite dieser oberflächlich oft blendend erscheinenden Ökonomie, die Armut derer, die ihr Leben dem Geist widmen wollten, viele Intellektuelle, Schriftsteller, Künstler, Schauspieler, Musiker, oft hochgebildet, talentiert, auch formal qualifiziert. In den Hochburgen des Ökonomismus, vor allem den Metropolen Europas, müssen sie sich irgendwie durchschlagen, der kritische, verwertungsresistente Geist läßt sich nur in Ausnahmefällen mit dem Äquivalent des Geldes verrechnen. Diese Gruppe materiell minderbemittelter Kulturschaffender fällt in der gesamten Gesellschaft zahlenmäßig gewiß nicht ins Gewicht, doch im Konzert der Kultur kommt es auf jede Stimme an. (Ein anrührendes Beispiel in Gestalt eines Pariser Taxifahrers in Wolfgang Schlüters Roman „Anmut und Gnade", Frankfurt a. M. 2007.)

25 Instruktiv dazu Schick 2014, S. 66ff.

renden Lobbyismus, man denke etwa an die EnBW-Affäre[26], gelingt es einzelnen mächtigen wirtschaftlichen Interessen sich in den Entscheidungen der Politik durchzusetzen – gegen den demokratischen Souverän. Man muß sich also fragen, zu welchen und auf wessen Kosten wir uns diese Art von Wachstumswirtschaft weiterhin leisten.

- Denn sie schadet mehr als sie nützt: Gewiß ist der allgegenwärtige Konsumismus auch ein Medium, das die Gesellschaft (noch) zusammenhält, indem er die Masse der weniger Reichen und Armen am Lebensstil der kleinen Oberschicht bis zu einem gewissen Grade teilhaben läßt. Doch zugleich ist mit den Exzessen der Finanzwirtschaft und den nominell guten Renditen der Großindustrie – nicht zuletzt durch Marktkonzentration bzw. eine geringe Steuerleistung[27] – die kleine Zahl der Reichen immer reicher geworden. So besitzen 10% der Deutschen zwei Drittel und besitzt das oberste Prozent der Deutschen heute 35,5% des gesamten Geld- und Sachvermögens (nach Abzug der Schulden), während auf die ärmeren 50% gerade einmal 1,4% der Vermögenswerte entfallen. Dies kann nur so lange gutgehen, wie genügend Verteilungsspielraum nach unten hin da ist, der Kreislauf des Konsumismus nicht zusammenbricht und die Oberschicht auf der Grundlage ihrer privilegierten Stellung die anstehenden gesellschaftlichen Ordnungs- und Orientierungsaufgaben wahrnimmt. Daran ist freilich zunehmend zu zweifeln, und die Wachstumswirtschaft ist ein ständiger Tanz am Abgrund. Die keineswegs geringe gesellschaftliche Ungleichheit birgt demnach erhebliche Risiken und Sprengstoff für die Zukunft.

Macht der Konsumismus die Menschen denn zufriedener und glücklicher? Eine gerade abgeschlossene Erhebung der Regierung zeigt den Scheincharakter des konsumistischen Lebensstils,

---

26 Vgl. Schick 2014, S. 129.
27 Vgl. Schick 2014, S. 54ff.

wenn über 70% den Frieden – gewiß auch weil nur dadurch der Wohlstand zu bewahren ist – für den wichtigsten Parameter eines guten Lebens ansehen. Der Frieden wird jedoch gerade durch die unbeabsichtigten Nebenwirkungen unserer Wirtschaftsweise stark gefährdet. Nicht nur durch die latenten sozialen Spannungen, sondern auch durch die Folgen für die Umwelt, die unter dem Diktat des Gewinn Machens in Kauf genommenen werden. Zwar ist in den zurückliegenden Jahrzehnten durch die Industrie für den Schutz der Umwelt viel getan und erreicht worden. Aber das bezieht sich fast ausschließlich auf unsere heimische Umgebung und das, was zu sehen und zu spüren ist, wie die Luftverschmutzung durch Ruß oder die Gewässerverschmutzung. Dennoch können die Geschäfte der Großunternehmen gar nicht betrieben werden ohne erhebliche Umweltrisiken, so lange das Diktat der Rendite regiert und die schiere Größe zu Machtakkumulationen führt, die den Staat zur Übernahme dieser Risiken zwingen. Unvermindert prekär stellt sich somit die Ressourcennutzung ebenso dar wie der wachsende Müllberg der „Wegwerfkultur", der trotz allen Recyclings immer noch in der Landschaft am Rande der Großstädte verstreut wird. Manches ist heute auch weniger unmittelbar und teils nur global zu sehen, der CO_2-Ausstoß etwa (obgleich in seiner Klimaschädlichkeit wissenschaftlich umstritten) oder die Umweltgifte in der Landwirtschaft. Oder es geht um Spätfolgen wie bei den die Supermärkte überschwemmenden Fertigprodukten der Nahrungsmittelindustrie, die häufig überzuckert, zu fett oder mit Geschmacksverstärkern versetzt sind.

Auch viele weitere Konsumartikel sind schlechte Produkte, weil sie uns Ihren Nutzen nur vorgaukeln oder durch den gezielt den Produktumlauf anheizenden Einbau von nicht reparablen „Sollbruchstellen" ihre Lebensdauer künstlich verkürzt wird – neuerdings wohl sogar bei Autos.

Überdeutlich ins Auge fallen weiterhin die exorbitante Zunahme des Straßengüterverkehrs, nicht unwesentlich aufgrund des online-Handels, die dadurch mit verursachten Verkehrsinfarkte sowie die durch die fortschreitende Übermotorisierung der Pkws überhandnehmende Raserei auf den Straßen, ja sogar in den Städten. Keine geringere Nebenwirkung bedeuten die Verschandelung von Naturlandschaften durch Anlagen zur alternativen Energiegewinnung, die ständig voranschreitende Zersiedelung und Flächenversiegelung durch wirtschaftliche Nutzbauten sowie die kaum verminderte Verunstaltung unserer urbanen Lebensräume durch Architektursünden, durch weitere Verdichtung und einen steigenden Lärmpegel.

Auch die Gefährdung der biologischen Artenvielfalt ist trotz vermehrter Schutzbemühungen keineswegs gebannt. Hinzu kommt immer häufiger die politische Entmündigung durch die vermeintlichen Sachzwänge technologischer Großprojekte. Und schließlich führen hoher Arbeitsdruck, häufige Neustrukturierungen der Abläufe und die Fortsetzung der Ein- und Anspannung in der konsumistischen „Freizeit" zu einem zunehmend kritischer werdenden Zustand der physischen und psychischen Gesundheit quer durch die Bevölkerung. Eine Mehrheit fühlt sich nach einer neuen Umfrage denn auch permanent „gestreßt".

Schließlich unterminiert die konsumistische Wachstumswirtschaft und der von ihr geforderte Lebensstil fast unmerklich, aber je länger desto mehr die physische Grundlage unserer Gesellschaft: Sie schafft sich nämlich durch progressive Überalterung mit der Zeit selbst ab. Soweit unsere Werte, von denen in den öffentlichen Verlautbarungen so vage wie penetrant die Rede ist, solche sind, die die Wachstumswirtschaft stützen, braucht man sich über unsere demographischen Probleme nicht wundern. Denn mit Individualisierung, Wohlstandsmaximierung, gnadenlosem Wettbewerb, höchster Flexibilität und Mobilität läßt sich kein Biotop schaffen, das für die Entscheidung für Kinder und deren gesundes Gedeihen günstig ist. Unsere Art zu Wirtschaften ist mithin die wichtigste Ursache dafür, daß wir den Fortbestand unserer Gesellschaft nicht mehr sichern können – weil eines schon nicht mehr fernen Tages nicht mehr genügend Menschen da sein werden, die diesen modernen Lebensstil tragen können, oder weil inzwischen andere hinzugekommen sind, die ihren eigenen, andersartigen nicht aufgeben wollen – daher unser Mantra von der Integration, das jedoch nicht fruchten wird. Einzig, wenn wir selbst uns bewußt umorientieren, wird es eine Chance auf Bewahrung des über zweitausendjährigen Menschentyps Europas geben. Doch auch das bedeutet das Ende der bisherigen Lebensweise in der Moderne. Sie erweist sich allein aufgrund dieser realistischen Prognose als Sackgasse.[28]

Die schädlichen Folgen der Wachstumswirtschaft lassen den mittlerweile erzielten Wohlstandsgewinn mithin mehr als problematisch erscheinen oder stellen ihn bereits handfest in Frage.

- Daß diese Wirtschaft tötet – dieses Urteil[29] ist Papst Franziskus als naive Schwarzmalerei und politische Einseitigkeit nicht selten scharf angekreidet worden. Betrachtet man freilich die kapitalistische Wirtschaft vor allem in ihrer globalen Dimension, so gibt es keinen Grund, den Papst für sein Verdikt zu kritisieren.

Es beginnt mit dem unendlichen Leid, das die frühneuzeitliche Unterwerfung über die Länder in Afrika, Asien und Lateinamerika gebracht hat, ihrer Jahrhunderte langen rücksichtslosen Ausbeutung und der verantwortungslos durchgeführten Dekolonialisierung. Dabei hätte es mit dem römischen Reich der Kaiserzeit ein historisches Beispiel für eine allen Beteiligten nutzende imperiale Herrschaft und zivilisatorische Höherentwicklung gegeben. Die Einbeziehung der formal selbständigen Dritt-Welt-Länder

---

28 Zum grundlegenden Problem der Demographie vgl. die Ausführungen von Miegel 2010, S. 134ff.

29 Vgl. Evangelii Gaudium Ziff. 52.

in das kapitalistische Wirtschaften durch die global agierenden Konzerne hat heute zwar viel unmittelbare Not dort zu lindern vermocht. Die beispiellose Bevölkerungsexplosion der letzten Jahrzehnte ist eine Auswirkung. Und eine winzige Minderheit in jenen Ländern konnte sich durch Raub, Betrug und Korruption Wohlstand auf westlichem Niveau verschaffen.

Aber letztlich bleibt das Ausgreifen auf die globalen Märkte immer ein Geschäft auf Kosten Dritter. Was sind die dort geschaffenen Arbeitsplätze wert, wenn sie die Menschen mit einem Hungerlohn abspeisen und traditionelle wirtschaftliche Strukturen zerstört werden? Müssen wir uns nicht schämen, in unseren Händen Smartphones und Notebooks, die nur hergestellt werden können, weil unzählige Kinder die dafür erforderlichen seltenen Rohstoffe aus der Erde kratzen? Und haben wir nicht die hierzulande allmählich abnehmenden Umweltrisiken häufig einfach ausgelagert?

Die Verseuchung der Biosphäre und die progressive Vernichtung der Biodiversität in den Dritt-Welt-Ländern, der Raubbau an den natürlichen Ressourcen Wasser, Boden, Luft, Wald, Meere und die rasche Zerstörung uralter und funktionierender sozialer und kultureller Lebenswelten sind nicht unvermeidliche Begleiterscheinungen eines notwendigen Transformationsprozesses, denn eine Ausdehnung unseres Wirtschafts- und Wohlstandsmodells auf den gesamten Globus ist weder wünschenswert noch vorstellbar. Nein, es handelt sich um nichts weniger als um kapitale Verbrechen, an denen wir alle indirekt beteiligt sind, solange und soweit wir von dieser Wachstumswirtschaft profitieren. Dabei ist von Waffenexporten und offenkundig wirtschaftlich motivierter Kriegführung noch gar nicht die Rede gewesen. Das Ergebnis ist auch so eindeutig genug.

Ohne noch die Folgen der industriellen Revolution zu kennen, charakterisierte vor gut 200 Jahren Friedrich Hölderlin in seinem großen Gedicht „Der Archipelagus" sehr hellsichtig die verhängnisvolle Schieflage, in die die Gesellschaft mit dem heraufkommenden Ökonomismus geraten ist:

> „Aber weh! Es wandelt in Nacht, es wohnt, wie im Orkus,
> Ohne Göttliches unser Geschlecht. Ans eigene Treiben
> Sind sie geschmiedet allein und sich in der tosenden Werkstatt
> Höret jeglicher nur und viel arbeiten die Wilden
> Mit gewaltigem Arm, rastlos, doch immer und immer
> Unfruchtbar, wie die Furien, bleibt die Mühe der Armen."[30]

Der notwendige Bewußtseinswandel

Wie finden wir aus dieser Sackgasse heraus, deren Ende wohl bald erreicht sein dürfte? Die Interessen der wirtschaftlich Mächtigen scheinen so stark und ihr Einfallsreichtum so groß, noch einmal Zeit zu gewinnen, bis „nach uns die Sintflut" kommt, daß uns eine Reform des bestehenden Wirtschaftssystems schier aussichtslos vorkommen muß. Indes wäre es ein Fehler, auch wenn er immer wieder gemacht wird, die Bürger in ihren Möglichkeiten zu unterschätzen, sich zu bewegen und zu verändern, selbst wenn sie jetzt die meiste Zeit im Hamsterrad des Konsums zubringen. Denn darauf kommt es vor allem an: daß eine möglichst große Zahl von Menschen sich abkehrt von den alltäglichen Inanspruchnahmen und gut gemeint daherkommenden Einladungen seitens der Mächtigen in Wirtschaft und Politik, doch bitteschön weiter an diesem Tanz um das goldene Kalb teilzunehmen. Gewiß ist es nicht leicht, sich den Fängen der Großunternehmen und ihren Verlockungen zu entziehen. Aber solange wir als Bürger noch im Prinzip frei über unser Leben entscheiden können, kann jeder sich nach Kräften dagegen stemmen.

---

30 Hölderlin I, S. 302 (V. 241–246).

„Es gibt keine Systeme, die die Offenheit für das Gute, die Wahrheit und die Schönheit vollkommen zunichte machen (...).“[31]

Im Geheimen und wenn sie ehrlich mit sich selbst sind – und die meisten können das wohl sein – spüren die Bürger, daß im Großen etwas falsch läuft, wie die schon zitierten jüngsten Umfragen deutlich machen. „Der Homo oeconomicus, wie er von den Markttheoretikern beschrieben wird, ist ein eindimensionales Geschöpf, sicherlich rational, aber ohne jede Vorstellung vom Sinn des Lebens (...).“[32] Die Wirtschaft und das von ihr millionenfach verbreitete Bild des Menschen nimmt nur einen Teil von ihm wahr. Tatsächlich jedoch ist er in der Lage, aufgekommene Begehrnisse als schlecht zu beurteilen und auf sie bewußt zu verzichten – aus ebenso rationalen wie durch seine tiefsten emotionalen und geistigen Wurzeln getragenen Gründen. Eine Marktwirtschaft verdient nämlich diesen Namen nur, wenn die in ihr Agierenden mit einem gemeinsamen Ethos handeln, das sie in diese Sphäre bereits mitbringen müssen. Gemeinsinn und Achtung vor der Würde des anderen, Selbstdisziplin und Maßhalten, Ehrlichkeit und Fairness – ohne diese moralischen Überzeugungen kommt es zu den geschilderten Erscheinungen wirtschaftlicher Habgier und Hybris. Aber es spricht nichts dagegen, daß die alternativen Einstellungen sich auch heute in Wirtschaft und Gemeinwesen bemerkbar machen können.

Ein Beleg dafür ist etwa der Erfolg vormals der Umweltbewegung und der daraus hervorgegangenen „grünen“ politischen Programme – soweit sie diesen Namen noch verdienen – sowie, ohne dies ineins zu setzen, seit einigen Jahren sog. populistischer Parteien und Bewegungen in ganz Europa und den USA. Wie schnell und wirkungsvoll können Bürgerbewegungen entstehen und politischen Einfluß nehmen! Die zuletzt genannten greifen zweifellos Befürchtungen und Ängste der Bürger und damit politische Problemstellungen auf, die auch in wirtschaftlichen Entwicklungen wurzeln. Die aus dieser Richtung bis

---

31 Franziskus 2015, S. 157.
32 Scruton 2013, S. 221.

jetzt vorgeschlagenen Antworten sind freilich häufig kaum zukunfts-
weisend, weil schlicht rückwärtsgewandt, indem sie unreflektiert vergangene Zustände und Gegebenheiten wieder herstellen wollen, ohne
nach deren Wesenskern zu fragen und diesen im Lichte unserer Zu-
kunftsprobleme für unsere Gegenwart neu zu formulieren. Sie werden
in ihrer bisherigen Verfassung deshalb vermutlich und hoffentlich nicht
mehrheitsfähig werden. Wichtig daran ist allerdings, daß es offenbar
durchaus Chancen gibt, aus der Bürgerschaft selbst heraus Probleme
zu artikulieren und eine neue politische Programmatik zu initiieren.
Sie kann mit wachsendem Problemdruck schnell breitere Zustimmung
gewinnen, auch wenn sie zunächst auf kleine Kreise beschränkt sein
mag, ja vielleicht sogar sein muß. Denn:

> „Kein Projekt wird im großen Maßstab funktionieren, wenn es nicht im kleintei-
> ligen, praktischen Denken verwurzelt ist. Denn letztlich sind *wir* es, die aktiv wer-
> den müssen (...).“[33]

Auf der politischen Agenda steht bereits die Forderung nach einem
„nachhaltigen“ Wirtschaften. Sie greift allerdings zu kurz, denn sie
gleicht eher einem Reparatur- und Optimierungsvorhaben, das durch
Regulierung, Verbote, Anreizsysteme, Steuern einzugreifen sucht, nur
um im Ergebnis das Ausmaß an Kontrolle, Bürokratie und Bevormun-
dung („Ökodiktatur“) noch unerträglicher zu machen. Eine solche Politik richtet sich lediglich gegen offensichtlich unerwünschte und gefährliche Nebenwirkungen, läßt aber das Grundprinzip des Wirtschaftens,
unbegrenztes Profitstreben wie schrankenlosen Konsumismus, und
damit die Hegemonie des Produktivismuswahns unangetastet. Statt
die Probleme zu verlagern – etwa auf künftige Generationen oder in
wirtschaftlich dominierte andere Weltteile – oder immer neue negative
Folgen zu provozieren, sollte also die aus der Aufklärung hervorgegangene wachstums-, fortschritts- und wirtschaftsfixierte Denkweise der
Moderne, die einer weit überwiegenden Mehrheit der Bürger nach wie
vor eigen ist, grundsätzlich in Frage gestellt und auf eine Um- und

---

33 Scruton 2013, S. 8.

Neuorientierung der gesamten Verhaltens- und Lebensweise von uns allen hingewirkt werden. Auf das Umweltproblem bezogen bemerkt Roger Scruton: „Umweltprobleme sind moralische, nicht ökonomische Probleme."[34]

Die Logik des Ökonomismus muß also von „einem anderen Verständnis von Wirtschaft und Fortschritt"[35], anderen wirtschaftlichen Zielen und einem neuen Wirtschaftsdenken im Rahmen eines alternativen Lebensentwurfs abgelöst werden. Wie bei der Entstehung der modernen Epoche muß dies durch eine einschneidende geistige Wende vorbereitet werden.[36] Sie muß auf einer gänzlich anderen Ebene als der des Ökonomismus, d. h. der heutigen Wirtschaftswissenschaft formuliert und vollzogen werden, „entscheidend sind die Dinge jenseits von Angebot und Nachfrage", wie schon Wilhelm Röpke, bis heute unvermindert gültig, festgestellt hat.[37] Denn als Menschen sind wir begabt mit Geist und freiem Willen und haben dadurch die Fähigkeit und Pflicht zur Verantwortung. Die zu verfolgende Maxime ist im Grunde einfach: dem Glauben abzuschwören, daß mehr zu produzieren und mehr zu haben, das Bessere sei. „Zivilisierung durch weniger" nennt es Harald Welzer.[38] Letztlich handelt es sich um einen Akt der Sorge um sich selbst. Aus Sorge um unsere Menschenwürde und physische wie psychische Gesundheit müssen wir die ständige Höchstbeanspruchung im Arbeitsleben zu verringern und uns dem Druck zu konsumieren zu entziehen suchen. Wir dürfen nicht mehr zulassen, daß uns Begehrnisse beherrschen. Zuerst aus Sorge um uns selbst könnten wir die Spirale von Ökonomisierung und Konsumismus durchbrechen und dafür Achtsamkeit und Zurückhaltung, Genauigkeit und Sparsamkeit, Genügsamkeit und Autonomie, ein Gespür für das Erhaltenswerte und eine Öffnung unseres Zeitsinns in Vergangenheit und Zukunft als Ge-

---

34 Scruton 2013, S. 193.
35 Franziskus 2015 S. 17.
36 Vgl. de Benoist 2009, S. 30, 87 („geistige Ökologie").
37 Röpke 1958, S. 18.
38 Welzer 2013, S. 138.

schenk erhalten. Dadurch würde nicht nur das Wirtschaften wieder in Balance mit dem übrigen Leben gebracht, wir würden auch unser inneres Gleichgewicht, „das solidarische mit den anderen, das natürliche mit allen Lebewesen und das geistliche mit Gott" finden.[39]

Erst wenn ein solches Umdenken eine Breitenwirkung entfaltet, werden konkrete wirtschaftliche Maßnahmen der Rücknahme rein quantitativen Wachstums und eines qualitätsorientierten Rückbaus erfolgreich damit einhergehen können, anderenfalls drohen inneres Chaos und der Zerfall der Gesellschaft. Wie bei allen tiefgreifenden Zäsuren der Weltgeschichte ist auch hier entscheidend die Kraft, die von der Entstehung einer neuen Idee des guten Lebens ausgeht. Da in ihr Freiheit und Autonomie eine zentrale Rolle spielen, kann die Verbreitung des neuen Bewußtseins selbstverständlich nicht auf dem sattsam bekannten Wege der Volksbeglückung durch eine besser aufgeklärte Elite erfolgen. Deshalb ist auch die jüngst propagierte Wende zu einer „Gemeinwohlökonomie"[40], die allein auf die Wirksamkeit von oben angeordneter Vorgaben und Kontrollen setzt, nicht weiterführend, sondern ein Rückschritt, ja schlimmer noch: im Ergebnis droht ein Rückfall in einen grün lackierten Totalitarismus. Aufklärung jedoch und Erziehung als Angebot und gemeinsames Sich-auf-den-Weg-Machen auf vielen Ebenen müssen sein und sprechen nicht gegen einen freiheitlichen Ansatz im Sinne von Humboldt und Schiller (vgl. o. Kap. 1). Sie hätten unsere Freiheit sicher nicht in der Möglichkeit zu schrankenlos wachsendem materiellem Konsum gesehen, sondern zu ungehinderter Selbstbildung, zu der auch Einsicht und Verantwortungsgefühl gehören.

Eine detaillierte Blaupause für konkrete Schritte vorlegen zu wollen, wäre jedoch eine Selbsttäuschung. Erst wenn einzelne vermehrt und entschlossen über die Moderne hinaus- und sich in eine andere Moderne hineindenken und sich daraus in der Folge freie Assoziationen von

---

39 Franziskus 2015, S. 160.

40 Vgl. Christian Felber: Die Gemeinwohl-Ökonomie. Wien erw. Neuauflage 2012 (zuerst 2010).

Individuen bilden, die schließlich eine wirkungsvolle gesellschaftliche Strömung anstoßen, wird ein neuer Lebensentwurf Gestalt annehmen. Geduld und ein langer Atem sind dafür notwendig. Nur einige Grundorientierungen seien daher andeutungsweise vorgeschlagen: Leitlinie des Wirtschaftens muß sein die Befriedigung der Grundbedürfnisse (wozu entsprechend dem erreichten zivilisatorischen Stand z. B. auch Energie, Mobilität und Information gehören). Das Wirtschaften muß produkt- und nicht gewinnorientiert sein. Die angebotenen Güter und Dienstleistungen müssen qualitätvoll und dienlich sein. Strukturelle Grundlagen sind Freiheit von Produktion und Handel – also ganz klar: eine freie (und soziale) Marktwirtschaft, die durch möglichst einfache staatliche Regeln und wirksame Kontrollen in ihrer Funktionsfähigkeit zu schützen ist – weiterhin: Dezentralität, Re-Lokalisierung, Autonomie, genossenschaftliche Strukturen, Nachhaltigkeit, d. h. Ressourcenangepaßtheit, Langlebigkeit und, ebenso wichtig: formale Klassizität im Sinne einer auf Dauer und nicht auf Moden angelegten Formgebung der Produkte.

Blickt man über den Tellerrand der Moderne, so vernimmt man die entscheidende Botschaft: das menschliche Wirtschaften ist aus seiner verhängnisvollen, alles andere bestimmenden Dominanz zu befreien und wieder – so wie es mit Ausnahme der letzten 200 Jahre immer gewesen ist – in den Kreis der humanen Sphären zurückzuführen, damit es, eingebettet in die Gesellschaft und in ständiger Rückkopplung mit ihr, auf seine eigentliche Funktion konzentriert ist und diese sinnvoll und befriedigend erfüllen kann.[41] Ähnlich sah es schon vor über einem halben Jahrhundert einer der geistigen Väter der sozialen Marktwirtschaft, Wilhelm Röpke: „Es ist zugleich ein Gebot der Moral und der Menschlichkeit und ein solches der staatsmännischen Klugheit, die Wirtschaftspolitik dem Menschen und nicht den Menschen der

41 Der Begriff „Einbettung" stammt von dem Wirtschaftshistoriker und Ethnologen Karl Polanyi (1886–1964), der schon 1947 unter Verweis auf Aristoteles schrieb, daß der Mensch kein ökonomisches, sondern ein soziales Wesen sei und die Entstehung einer autonomen „ökonomischen Sphäre" eine fundamentale geschichtliche Zäsur darstelle (vgl. Polanyi 1947, S. 135; o. Kap. 5, S. 102f.).

Wirtschaftspolitik anzupassen."[42] Denn was Menschen bei ihrer Arbeit zufrieden und glücklich macht, ist nicht in ökonomischen Kategorien zu erfassen.

Ohne dieses Umdenken steht zu befürchten, daß die Strukturwidersprüche der Moderne manifeste Krisen und gewaltsame Konflikte bisher ungeahnten Ausmaßes hervorrufen. Der Kampf um die bisherige Schlüsselressource Öl oder andere Rohstoffe ist vermutlich ebenso nur ein vergleichsweise harmloses Vorgeplänkel wie das erste Wetterleuchten einer neuen Völkerwanderung und das Wiederaufbrechen von Gewalt im Inneren. Träfen uns die damit sich ankündigenden Krisen eines Tages mit voller Wucht, werden Europa und der Westen wohl kaum eine Chance haben, den status quo aufrechtzuerhalten. Über die Machtpotentiale und die nötige mentale Entschlossenheit verfügen bereits unübersehbar andere Kulturkreise. Wer dieser Entwicklung immer noch tatenlos oder gar fatalistisch zusieht, führt das Übel selbst herbei und hat schon heute verloren und damit die fast dreitausendjährige Kultur Europas preisgegeben.

Dennoch stecken wir nicht in einer „Krise ohne Alternative". „Wo aber Gefahr ist, wächst das Rettende auch" (Friedrich Hölderlin[43]) – die notwendige radikale Umkehr kann nur in einem tiefgreifenden Bewußtseinswandel bestehen, der sich auf das Ganze des historischen Erbes gründet. Darauf muß man sich heute schon vorbereiten und im Kleinen daran arbeiten. Letztlich geht es darum, ein neues Ideal von Wohlstand zu formulieren zur Überwindung und Beendigung der bisherigen Wachstumswirtschaft. Wir wären dann nicht mehr wohlhabend, weil wir uns durch Konsum immer mehr leisten könnten, son-

---

42 Röpke 1958, S. 19 in Anlehnung an Mk 2, 27: „Der Mensch ist nicht für den Sabbat da...". S.a. S. 131: „Die Marktwirtschaft ist nicht alles. Sie muß in einen höheren Gesamtzusammenhang eingebettet sein, der nicht auf Angebot und Nachfrage, freien Preisen und Wettbewerb beruhen kann. Sie muß vom festen Rahmen einer Gesamtordnung gehalten sein, die nicht nur die Unvollkommenheiten und Härten der Wirtschaftsfreiheit durch Gesetze korrigiert, sondern auch dem Menschen die seiner Natur gemäße Existenz nicht verweigert."

43 Hölderlin I, S. 447 („Patmos", V. 3–4).

dern weil wir schon haben, was wir an materieller Lebensausstattung benötigen[44], und stattdessen frei würden für anderes.

Wir könnten neue Wirtschaftsformen mit mehr Selbstbestimmung, Eigenverantwortung, Eigenarbeit und genossenschaftlicher Kooperation erproben; wir könnten die Organisation der Arbeit verändern und Erwerbs- und Nichterwerbszeit stärker verschränken und ausbalancieren; wir könnten die Lebensarbeitszeit entzerren und uns für sehr viel flexiblere Altersgrenzen entscheiden; wir könnten unserer Ernährung als Basis unserer Existenz wieder eine viel größere Bedeutung verleihen – nicht durch immer pompösere Küchen, sondern durch eine strenge Auswahl und sorgfältige, eigenhändige Zubereitung dessen, was wir zu uns nehmen – man beachte den Wortsinn der Wendung; wir könnten mit allen Sinnen und nicht aggressiv, sondern rücksichtsvoll die Natur wiederentdecken („Wenn Du einen Garten hast und dazu noch eine Bibliothek, wird es Dir an nichts fehlen", Cicero an Varro, Ad Familiares IX, 4); wir könnten stärker auf die Qualität all der gemachten Dinge achten, mit denen wir umgehen; wir könnten endlich die Ex-und-hopp-Mentalität ablegen durch die Bereitschaft zu reparieren und behutsam zu erneuern und damit unsere Ressourcen schonen; wir könnten uns einsetzen, nicht gegen Geld, sondern gegen liebende Dankbarkeit, in der immer wichtiger werdenden Sorge um jene Mitmenschen, die durch Alter, Krankheit oder soziale Bedürftigkeit nicht voll am Leben der Gesellschaft teilhaben können; wir könnten uns riesige Felder selbständigen und befriedigenden Tuns erschließen, indem wir unsere mehrtausendjährige Kultur entdecken und sie für uns und unsere Nachkommen gegenwärtig werden lassen und erhalten; wir könnten damit die verloren gegangene *vita comtemplativa* wieder-

---

44 Die Dritt-Welt-Länder benötigen dagegen selbstverständlich auch ein quantitatives Wachstum, um Armut und mangelnde Lebenschancen zu überwinden. Aber es wäre fatal, sie dafür, wie es derzeit überwiegend geschieht, unseren eigenen fehlerhaften Weg wiederholen zu lassen. Statt sie weiterhin auszubeuten, müßten wir sie dabei unterstützen, eine ihren eigenen natürlichen und sozialen Voraussetzungen angepaßte, den ökologischen Forderungen genügende Wirtschaftsweise zu entwickeln. Der Weg der Chinesen ist, nach allem, was man an katastrophalen Folgen sehen kann, wohl der falsche.

entdecken[45] oder uns, die mißverstandene *vita activa* zurechtrückend, in unserem politischen Gemeinwesen stärker beteiligen.[46] In all diesen Perspektiven liegt ein Befreitwerden von den Fesseln der Arbeit und des Konsums und die Öffnung für einen Bereich sinnvollen Wirkens jenseits von Erwerbsarbeit, auch wenn diese Muße keineswegs mit „müßiger" Beschäftigung gefüllt ist – ein Grundgedanke schon antiker Lebenskunst.

Bei der Überwindung der konsumistischen Wachstumswirtschaft kann nämlich das auf ganz anderes ausgerichtete Lebens- und Nachhaltigkeitsideal der Vormoderne wichtige Hinweise geben – beispielsweise unterschied man streng zwischen Bedürfnissen und Begehrnissen/ Begierden, also dem, was man braucht, und dem, was darüber hinausgeht, und hielt an der Richtigkeit einer an Bedarf, Bedürfnis und Gebrauchswert orientierten Wirtschaft fest[47]; weiter: den Blick öffnen für eine neue, in ihrem So-Sein liegende Dignität der Dingwelt und den sorgfältigen Umgang mit ihr (schöne Beispiele dafür finden sich z. B. in Adalbert Stifters „Nachsommer"); oder zu erkennen, daß die vormodernen Gesellschaften, entgegen ihrer Denunzierung in der Moderne, keineswegs „geschlossene" waren, sondern gerade aufgrund ihrer nicht der Ökonomie folgenden inneren Ordnung offen waren für soziale Mobilität, für den Austausch mit der Natur und den Kontakt mit der Transzendenz; weiterhin daß die Einbindung des Menschen in eine kosmische Weltordnung mit einem lebendig gelebten Christentum, aber auch schon mit vorchristlichen Religionen einherging, ja das vormoderne Leben ohne Religiosität überhaupt nicht denkbar ist; und

45 Es ist „keineswegs ohne Bedeutung für ein Volk und für die Verwirklichung seines Gemeinwohls, ob solchem Wirken, das nicht ‚nützliche Arbeit' im Sinne der Brauchbarkeit ist, Raum gegeben und Rang zuerkannt wird oder nicht. (...) wohlgemerkt: Dies sei notwendig zur Vollkommenheit nicht etwa nur der Einzelnen, die sich der vita comtemplativa widmen, sondern dies sei notwendig zur Vollkommenheit der menschlichen Gemeinschaft." (Pieper 1948, S. 79f.) Zur Qualität der Muße Pieper 1948, S. 86ff.

46 Zum Vorstehenden vgl. Miegel 2010, S. 171ff.

47 Vgl. Herodot 1, 30–32; Platon, Apologie 29d–e; Politeia 369c; Aristoteles, Politik 1258b30ff.; Aristophanes, Plutos V. 193ff.; Ovid, Metamorphosen 11, 100ff. – Midas.

daß sich schließlich dies niederschlug und bis heute augenfällig offenbart in einem Willen und einer Fähigkeit zu materieller Großzügigkeit und der Bildung von Form und Schönheit, die, nur auf den ersten Blick erstaunlich, auch für den modernen Menschen nichts von ihrer Anziehungskraft und Gültigkeit verloren haben.

Bildung und Kultur sind denn auch die zentralen Ressourcen und Mittel, durch die das neue Bewußtsein entzündet und geschult wird. „Auf die Schönheit zu achten und sie zu lieben hilft uns, aus dem utilitaristischen Pragmatismus herauszukommen."[48] Es gibt keinen anderen Weg aus der Krise als die Weiterentwicklung und Veränderung unseres Selbstverständnisses und unserer Vorstellung davon, wie wir künftig leben wollen, damit wir überhaupt noch und wieder schöner leben können. Denn Umsteuern und Umbauen, Neugewichten und in die Zukunft Investieren, die große Transformation, deren es in Wirtschaft, Gesellschaft und Politik bedarf, wird scheitern, wenn sie von oben nach unten durchgesetzt werden soll – und so geschieht es derzeit vielfach. Die zweifellos notwendige Einrichtung von Steuerungsinstrumenten und Kontrollmechanismen[49], national wie übernational, braucht vielmehr eine trag- und handlungsfähige Basis von unten her, eine bewußte Absage an das Wachstumsdogma, das in jedem von uns steckt. Denn es findet in unseren menschlichen Anlagen eine starke Resonanz, dem Trieb, haben und immer mehr haben zu wollen. Die nimmersatte Habgier hatten schon die Alten als Urgrund für Krieg, Konflikt und Zerstörung identifiziert (griechisch: *pleonexía*[50]). Wenn man sich davon lossagen und dieser unvermeidlichen Strebung ein anderes Ideal entge-

---

48 Franziskus 2015, S. 163.

49 Wenn ich den Fokus auf den Bewußtseinswandel lege, so will ich damit keineswegs leugnen, daß praktisch-politische Schritte ebenfalls nötig sind und die Veränderung des Bewußtseins durchaus fördern können. So schlägt ein Impulstext der beiden großen Kirchen vor, den Wachstumszwang dadurch zu relativieren, daß zwei neue Faktoren in die Beurteilung der wirtschaftlichen Entwicklung eingeführt werden: der „ökologische Fußabdruck" und die soziale Ungleichheit. Dies mag ein sinnvoller Weg zur Sensibilisierung der Öffentlichkeit für eine grundlegende Revision des Wachstumsdogmas sein.

50 Vgl. Thukydides 3,45; 3,82 u.a., Lukas 12,15.

genstellen will, so muß dieses anziehend sein und für das eigene Leben Perspektiven versprechen, denen man sich gerne verschreiben möchte. Es drohen dann nicht Verlust und Verzicht schlechthin und „Rückkehr in die Steinzeit" (und sei es nur die des 18. Jhs.), es winken vielmehr nie gekannte Lebensqualität, persönliche Freiheit, Muße für Tätigkeit ohne äußeren Zweck, sinnliche Genüsse und Befriedigung und Friede der Seele.

Eine andere Wirtschaft ist somit Teil eines im Ganzen veränderten Lebensideals im Verhältnis zur Natur wie zu unseren Mitmenschen, im Gemeinwesen und in der Gesellschaft. Kritiker werden einwenden, daß bis heute noch kein Wirtschaftstheoretiker das konkrete Funktionieren einer Postwachstumsökonomie im großen Maßstab zeigen konnte. Dem ist entgegenzuhalten, daß ein Element der veränderten Wirtschaft sicher wäre, daß sie nicht mehr aus großen Organisationseinheiten bestehen würde, und ferner daß der Wandel in den Köpfen der Menschen in einer neuen Definition von Wohlstand bestünde, zu der nicht zuletzt mehr selbstbestimmtes Handeln gehörte. Die neue Wirtschaftsordnung wäre in ihrer konkreten Form das Ergebnis eines längeren Prozesses, in dem die Bürger – und zu ihnen gehören auch die Unternehmer und Manager –, selbst denkend und handelnd, das Neue und ihnen Gemäße finden werden. Diese vielen kleinen Schritte hin zu einer anderen Moderne bedeuteten im Ergebnis eine ebenso große Zäsur wie einst die Entstehung der industriellen Moderne. Einen Masterplan dafür kann es nicht geben, nur ein Ideal.

Alternative Politik kann daher nur gelingen, wenn sie mit der Umkehr in Köpfen und Herzen einhergeht[51], mit der Abkehr von Habgier,

---

51 Es ist das große und weiterführende Verdienst der Umweltenzyklika von Papst Franziskus, daß die Lage in den Dritt-Welt-Ländern und das globale Klima- und Umweltproblem endlich ganzheitlich, also zugleich als eine Frage der wirtschaftlichen und sozialen Ethik, d. h. als Aufforderung an jeden zur *metánoia* verstanden wird (vgl. Franziskus 2015, S. 109). „Es wird keine neue Beziehung zur Natur geben ohne einen neuen Menschen. Es gibt keine Ökologie ohne eine angemessene Anthropologie. Wenn der Mensch bloß für ein Wesen unter anderen gehalten wird, das aus einem Spiel des Zufalls oder einem Determinismus der Natur hervorgeht," dann droht er, sein Verantwortungsbewußtsein zu verlieren (Franziskus 2015, S. 93).

Unmäßigkeit, Unersättlichkeit, Grenzüberschreitung, Hybris, also einer „Kultur, die in ihrem ständigen Bestreben nach Entgrenzung dem Menschen weder Halt noch Orientierung zu geben vermag. Wenn das einmal begriffen worden ist, kann eine neue, menschen- und lebensfreundlichere Kultur heranreifen, eine Kultur, die (...) auf Lebensformen gründet, die dem Menschen gemäß sind."[52]

Freiheit und Verantwortung im Gemeinwesen

Vorauszuschicken sind einige allgemeine Erläuterungen zum Verständnis von „Staat", „Staatlichkeit", „Gemeinwesen", „Gemeinschaft", „Gesellschaft".

Staatlichkeit ist kein universales Phänomen. Sie entsteht, das zeigt die griechische Geschichte, in einer bestimmten historischen Situation und dient der Lösung bestimmter Probleme.[53] Sie ist eine menschliche Erfindung und Einrichtung und hat von ihrem Ursprung her keine eigene sittliche Dignität, sondern ist lediglich eine besondere Form der Bewältigung von Gemeinschaftsaufgaben in einer komplexer werden-

52 Miegel 2014, S. 17. In diesem späteren Buch verdeutlicht Miegel seine Wachstumskritik ein weiteres Mal. Die Krisenerscheinungen der zurückliegenden Jahre – zu denen mittlerweile auch das alles beherrschende Migrationsthema zählt – sind eben keine Krise, die man durch wohldurchdachte Steuerung überwinden könne. Sie sind die Flammenzeichen an der Wand, die wir ohne grundlegenden Paradigmenwechsel nicht werden zum Verlöschen bringen können. Methodisch wegweisend, wenngleich nicht differenziert genug informiert, ist auch die historische Tiefenschärfe der Argumentation. Nicht nachvollziehbar ist freilich Miegels aus agnostischer Perspektive vorgetragene Kritik an den Offenbarungsreligionen, besonders am Christentum, das der Vormoderne durch den Glauben an ein besseres Leben im Jenseits stabile Verhältnisse beschert hätte, während dieser Glaube durch die Aufklärung in einen ebenso unbegründeten Fortschrittsglauben säkularisiert worden sei (vgl. S. 150ff.). Miegel ist zwar von der überragenden Rolle des menschlichen Geistes überzeugt, meint jedoch wie Xenophanes und Feuerbach, daß der Mensch sich seine Götter nach dem eigenen Bild schafft und ignoriert damit die einzigartige, zentrale christliche Botschaft von der Erlösung durch die Liebe. In ihr liegt eine Kraft, mit der wir die notwendige geistige Umkehr viel eher vollziehen könnten, als durch die Versenkung in fernöstliches Denken, von der sich Miegel den Weg zum guten irdischen Leben verspricht (vgl. S. 218f.).

53 Vgl. zum folgenden Stahl 2003a, S.94ff. In meiner Rekonstruktion der altgriechischen Staatsbildung steckt in nuce bereits der kritische Blick auf den modernen Staat – ein weiteres Beispiel für den Augen öffnenden Gang über die geschichtliche Brücke zur Vormoderne.

den Welt. Deshalb ist ein Staat in der europäischen Geschichte durchaus zu manchen Zeiten nicht anzutreffen und mußte erneut geschaffen werden, wenn es Bedarf dafür gab. Staat ist also allein eine bestimmte Organisationsweise der Lösung von Gemeinschaftsaufgaben. Das Phänomen von Gemeinschaft (versus Gesellschaft) ist nun allerdings eine universale Tatsache. Jede Gesellschaft kann sich nur reproduzieren in der Zeit, wenn sie sich über die Bezüge der vielen einzelnen hinaus als Gemeinschaft versteht. Von Gesellschaft ist also auch nicht ohne Grenzen zu sprechen. Jede Gesellschaft, die man als solche identifizieren kann, ist auch Gemeinschaft, sonst wäre sie in Auflösung oder im Übergang zu einer neuen Gesellschaft. Daher geht die liberale Theorie fehl, wenn Gesellschaft allein als tendenziell grenzenloses System der individuellen Interaktion und Bedürfnisbefriedigung verstanden wird. Auch dies hätte am Ende theoretisch die Grenze in einer Weltgesellschaft.

Jede Gesellschaft hat bestimmte Grundprobleme, die sie als Ganze, als Gemeinschaft hat. Es sind dies: die interne Streitschlichtung (Friedenswahrung), die Vorsorge für Problemlagen mit Auswirkungen auf alle Mitglieder der Gesellschaft (Politik), die ideelle Integration ihrer Mitglieder über gemeinsame Sozialisationsmechanismen für die Heranwachsenden sowie – in der Vormoderne – die Ordnung des Verhältnisses zu den Göttern. Letzteres ist das einzige, was nach der Aufklärung nicht mehr gilt. Man kann diese Gemeinschaftsaufgaben nicht-staatlich lösen, wie das im größten Teil der Menschheitsgeschichte der Fall war, oder staatlich. Darauf kommt es nicht an, sondern nur auf den Willen einer Gemeinschaft, und sei er ein gewaltsam durch Tyrannis bestimmter, die Gemeinschaftsaufgaben in irgendeiner Form zu lösen.

Der Staat kann also niemals ein Akteur sein, sondern nur die Gemeinschaft – in einer Monarchie repräsentiert durch den Herrscher, in einem Bürgerstaat durch die Gemeinschaft aller Bürger als Bürger, nicht als konkrete und unendlich unterschiedliche Mitglieder der Gesellschaft. Allein die Bürger können der Akteur sein. Alles andere führt in Mißverständnisse: Der Staat ist keine Größe sui generis, kein eigenständiger Akteur, der von der Gesellschaft unabhängig wäre und über ihr stünde. Das führt zur fatalen Hypostasierung oder Vergottung des Staates. Gerade umgekehrt ist es richtig: das Staatliche als Institutionelles ist allein ein Ausfluß des aus der Gesellschaft erwachsenden Gemeinschaftslebens. Betrachtet man den Staat in seinen konkreten Einrichtungen oder Verfassungsdokumenten, dann gilt: all das ist nur so viel wert wie die Bürger, die diese Institutionen tragen. Und allein im Hinblick auf deren Ethos ist mit Recht von sittlicher Dignität einer Gemeinschaftsordnung zu sprechen.[54] Selbstverständlich sind diese staatlichen Institutionen deshalb geschichtlichen Veränderungen unterworfen und sind aus dem Willen der Gemeinschaft heraus jederzeit veränderbar – deshalb keinerlei *sacrosanctitas* für den Nationalstaat.

Worauf alles ankommt, auch in der anderen Moderne, ist die *politike koinonía*, das politische Ethos, das eine Gemeinschaft trägt. Es ist also eine Verirrung der gegenwärtigen Moderne, wenn der Bürger als einzelner seinem Staat gegenübersteht. Er macht ihn nämlich selbst aus, aber immer in Gemeinschaft mit anderen. Dies war das Geheimnis des antiken Bürgerstaats: genossenschaftlich strukturierte Bürgerverbände.[55] Bürgergenossenschaften, das ist eines der Zauberworte für eine andere Moderne. Denn nur dort kann die Verwurzelung in Tradition und Geschichte konkret werden, nur dort der Bürger das erleben, was das Gemeinschaftliche der Bürgerschaft ausmacht, nur dort die Entfremdung sozial wie ökonomisch überwinden, nur dort kann er selbst eben der „Staat" sein, d. h. am Gemeinschaftsleben partizipieren. Damit greifen wir dem Gedankengang voraus und kehren zunächst zur Diagnose des Ist-Zustands zurück.

Neben der Wirtschaft als einer autonomen und heute nahezu alles überwölbenden Sphäre bildet die Entwicklung des Staates in der Moderne zu einer mit der Wirtschaft in Konkurrenz stehenden oder ihren Intentionen dienlichen, in jedem Fall sehr direkt über unser Leben be-

---

54 So etwa Guardinis Begriff der „Hoheit" des Staates, vgl. o. Kap. 7.

55 Vgl. dazu Stahl 2003b, S. 51ff.

stimmenden Kraft die andere, höchst problematische Ursache für die Sackgasse der gegenwärtigen Moderne. Von der übersteigerten Gestalt von Staat und Nation und gar von den manifesten Totalitarismen des 20. Jhs. haben wir uns heute zwar zu Recht losgesagt. Doch ist auch unsere in verschiedenen Schattierungen bestehende, nominell demokratische Verfaßtheit, die Existenz von Freiheit und Recht, für die wir ohne Zweifel dankbar sein dürfen, weit davon entfernt, die Mitglieder der Gesellschaft als Bürger zu einem auf dem Bürger beruhenden Gemeinwesen zusammengefügt zu haben. Die Werte von Freiheit und Selbstverantwortung und die mit ihnen gegebene Regierung von Bürgern über sich selbst, also die Idee der Demokratie, sind zu kostbar, um sie der Sinnentleerung durch Heuchelei preiszugeben. Tatsächlich bleiben Freiheit und Verantwortung, nicht anders als vor 200 oder 2000 Jahren, eine Daueraufgabe. Erst dies, daß wir nämlich unseren Staat „in uns" trügen (vgl. o. Kap. 7), würde die daraus erwachsende Ordnung nicht nur lebendig und das Bürgerschaftliche zu einem zentralen Lebensbereich machen, sondern böte allein den Schutz gegen die menschenverachtenden Katastrophen des Totalitarismus.

Statt daß wir als Bürger in dem Bewußtsein leben und entsprechend handeln können, daß wir selbst es sind, die Bürger, die den Staat ausmachen, begegnen wir dem Staat zumeist in Gestalt seiner Behörden oder Politiker als einem Gegenüber, dem wir als einzelne in der Regel hoffnungslos unterlegen sind, selbst wo wir die Möglichkeit haben, unser Recht in Freiheit zu suchen. Dann fehlen uns häufig aber die nötigen Kenntnisse, Beziehungen oder Geldmittel. Wir sind umgeben von einem Staatsapparat, der immer in Gefahr steht, übergriffig zu werden oder uns bevormunden oder therapieren zu wollen. Wenn es dagegen keinen Aufstand gibt, so deshalb, weil diese staatliche Käseglocke zugleich so bequem ist, indem unter ihr die Fülle der Erwartungen an staatliches Handeln gedeihen, ja wuchern kann und den Bürgern zugleich das eigenverantwortliche Handeln abgewöhnt wird. So feiert der

Obrigkeitsstaat mit seinem generellen Mißtrauen gegen jedes eigenständige bürgerliche Handeln fröhliche Urständ.[56]

Der Staat wird dadurch jedoch auch zum Riesen, der ständig an der Grenze zur Überforderung agiert: die Renten sollen auf Jahrzehnte hinaus sicher sein; die Gesundheitsversorgung weiter optimiert werden und dabei bezahlbar bleiben; Arbeitslose und materiell Schwächere sollen vor dem Abrutschen in Überschuldung oder Armut bewahrt werden (die vielleicht schon beginnt, wenn man sich das neueste Smartphone oder den Breitwandbildschirm nicht leisten kann); Kiezbewohner sollen vor Gentrifizierung geschützt, die Mieter nahezu unkündbar werden; jedes Kind erhält Anspruch auf einen Krippen- und Kitaplatz, die Schulkinder auf Ganztagsbetreuung; in Gestalt der Schule soll der Staat an Erziehung und sozialer Einübung kompensieren, was Aufgabe der gesellschaftlichen Kreise wäre, in denen die Kinder (nicht mehr) heranwachsen: Familie, Freundeskreise, Vereine, Sportgruppen, dort indes zunehmend nicht mehr geleistet wird; gegen jedes neu auftauchende Lebensrisiko soll der Bürger gesichert, vor jeder Gefahr – etwa einem gewöhnlichen Gewitter, das zum Unwetter mit Starkregen mutiert, oder vor den jedem bekannten Folgen des Rauchens – muß er zumindest gewarnt werden usw.

---

56 Schon 1792 machte Wilhelm von Humboldt den „Versuch, die Gränzen der Wirksamkeit des Staats zu bestimmen", eine Schrift, zunächst nur auszugsweise von Schiller veröffentlicht und später postum 1851 erschienen, die das Wesen eines freiheitlichen Staates bis heute gültig beschreibt. Seine Befugnisse dem Bürger gegenüber müssen sich auf die Sicherung von Recht und Freiheit beschränken. Jede staatliche Bürgerbeglückung sei nichts anderes als obrigkeitliche Unterdrückung (vgl. Humboldt I, S. 56ff.). 1840 formulierte Alexis de Tocqueville hellsichtige Gedanken über den drohenden Despotismus eines modernen Staates: „Jeder steht in seiner Vereinzelung dem Schicksal aller andern fremd gegenüber (...). Über diesen erhebt sich eine gewaltige, bevormundende Macht, die allein dafür sorgt, ihre Genüsse zu sichern und ihr Schicksal zu überwachen. Sie ist unumschränkt, (...), vorsorglich und mild. Sie wäre der väterlichen Gewalt gleich, wenn sie wie diese das Ziel verfolgte, die Menschen auf das reife Alter vorzubereiten; statt dessen aber versucht sie bloß, sie unwiderruflich im Zustand der Kindheit festzuhalten; es ist ihr recht, daß die Bürger sich vergnügen, vorausgesetzt, daß sie nichts anderes im Sinne haben, als sich zu belustigen." (Alexis de Tocqueville: Über die Demokratie in Amerika. Zweiter Teil von 1840. Aus d. Franz. neu übertr. v. H. Zbinden. Zürich 1987, S. 463)

Die strukturelle Überforderung des Staates hat Folgen für die Wirklichkeit der freiheitlich-rechtlichen Ordnung: Sie negiert die Zumutung der bürgerlichen Eigenverantwortung und bewirkt die Hypertrophie der Verwaltung und damit jene Veränderung des Gemeinwesens zum allgegenwärtigen Staat. Dessen Überforderung schwächt jedoch nicht nur seine Grundlagen. Der Staat, der alles richten und können soll, läuft gleichzeitig Gefahr, unter vermeintlicher Berufung auf die Bürgerrechte zum gefesselten Riesen Gulliver zu werden – dort nämlich, wo seine eigentlichen Kernaufgaben liegen: Innere und äußere Sicherheit; Setzung, Geltung und Transparenz des Rechts; Bereitstellung und Pflege der Infrastruktur für Gesellschaft und Wirtschaft (wozu heute auch die Erhaltung und Pflege der natürlichen Umwelt gehört); Förderung der Kultur als integrationsstiftender Kraft.

Die Grundbedürfnisse von Gesellschaft sind die raison d'etre des Staates: Schutz nach außen, Friede nach innen, kultureller Zusammenhalt und Weitergabe der Identität. Zur Bewältigung dieser Gemeinschaftsaufgaben wurden im frühen Griechenland erstmals staatliche Organisationsformen erfunden. Auf seinen ureigenen, weil primären Feldern muß der Staat stark und leistungsfähig sein. Darüber hinausgehende Erwartungen müssen ebenso eingedämmt wie wachsende staatliche Anmaßungen zurückgewiesen und schon bestehende staatliche Ein- und Übergriffe wieder zurückgedrängt werden. Bürokratie und Anonymität ist durch persönliche Kompetenz zu ersetzen, damit das Vertrauen in persönliche Verantwortung wiedergewonnen werden kann.[57]

Gewiß gehört zu jeder Norm die Sanktion, doch wenn darüber vergessen wird, daß letztlich die geltenden Regeln ihre Funktion nur aufgrund ihrer selbstverständlichen Befolgung durch eine übergroße Mehrheit erfüllen können, dann ist der Schritt zum Überwachungs- und Kontrollstaat unversehens getan. Ein banales Beispiel: Auf der Autobahn 5 zwischen Heidelberg und Karlsruhe wurden vom Verkehrsministerium

57 Vgl. Scruton 2013, S. 114, 145.

Baden-Württembergs die Geländer der zahlreichen Überführungen mit Bannern bestückt, die die Autofahrer mit Aufmerksamkeit heischenden Sprüchen zu mehr Disziplin auffordern. Auf einem der Spruchbänder steht: „Ich fahre regelkonform, damit mich keiner anschwärzen kann." Deutlicher kann man kaum formulieren, daß der Staat nicht (mehr) an den Gemeinsinn seiner Bürger, an ihre Verantwortung der Gemeinschaft (in diesem Fall: der Autofahrer) gegenüber appelliert. Er setzt allein auf den Kontrollblick. Das ist im Straßenverkehr nicht anders als bei der Steuer- oder Arbeitsmoral. Es zeigen sich mithin zwei grundsätzlich verschiedene Vorstellungen darüber, was eine staatliche Gemeinschaft zuerst benötigt, um funktionsfähig zu werden: Kontrolle und Strafe, Überwachung und Betreuung oder Freiheit und Verantwortung. Hypertrophie des Staates und seine strukturelle Schwäche im Zentrum seiner Pflichten sind komplementäre Erscheinungen. Sie sind Ergebnis einer wachsenden Erosion des Politischen.

Die auch hier notwendige geistige Wende orientiert sich deshalb an dem Ziel, dem Politischen (wieder) die Würde zu verleihen, die ihm in einem freiheitlich-demokratischen Gemeinwesen zusteht.[58] Was heißt das? Wenn Bürger über sich selbst regieren – nichts anderes meint „Demokratie" –, wie dies den Griechen im 5. und 4. Jh. v. Chr. erstmals gelang, dann muß es einen Raum politischer Öffentlichkeit geben, der genau abgesteckt und als solcher kenntlich gemacht ist. Nicht alles, nicht einmal alle Aspekte des Zusammenlebens in einer Gesellschaft, muß oder kann politisch sein, also Gegenstand politischen Handelns werden. Denn politisches Handeln im strengen und ursprünglich gemeinten Sinne findet nur dort statt, wo keine gesellschaftlichen Sonderinteressen einzelner oder von Gruppen im Spiel sind. In der Politik geht es nicht um die Moderation einzelner Ansprüche und Interessen,

---

58 Vgl. Flaig 2013b, S. 16. Flaigs brillante Analyse deckt sich in vielem mit der meinen, auch wenn sein Fokus über weite Strecken des Essays auf der Problematik einer möglichen Integration von Muslimen in unsere europäische Ordnung liegt. Die Ereignisse seit 2015 haben das Problem noch einmal verschärft. Diesen Aspekt lasse ich beiseite, da ich – wie auch Flaig – der Auffassung bin, daß wir die Herausforderung des Islam nur bestehen können, wenn wir unser eigenes Profil schärfen und uns auf unsere eigenen Stärken besinnen. Das steht hier im Zentrum.

sondern um Belange der Gemeinschaft als ganzer. Es sind die oben genannten genuinen Aufgabenbereiche des Staates. Der spezifische Sinn des Politischen erfüllt sich darin, daß die Bürger und ihre Sprecher darum ringen, was der Gemeinschaft als ganzer zuträglich ist. Diese auf das gemeinsame Gute ausgerichtete Suche vollzieht sich im Wort, im Austausch der Bürger bzw. derer, die für sie sprechen, in einer freien Deliberation der möglichen Standpunkte, die durch nichts als dem geforderten Bezug auf das Gemeinwohl beschränkt sein darf.[59] Und am Ende der Debatte entscheidet die Mehrheit. Das „Alles-Sagen-Können", die *parrhesía*, ist ein entscheidendes Merkmal des Politischen. Es darf also keinen Druck durch eine sog. „öffentliche Meinung" geben, Meinung hat stets einen individuellen Charakter.[60] Jedes „Regime gesinnungslegitimer Wahrheitslimitierung" (Egon Flaig), die Forderung nach „politischer Korrektheit" also, zerstört unweigerlich das in der Mitte jeder Bürgerschaft liegende Politische.

Aus diesem Verständnis des Politischen ergeben sich zwei Konsequenzen, an denen sich eine schöpferische Erneuerung unseres Gemeinwesens zu orientieren hätte. Damit das Politische für den Bürger konkret erfahrbar werden kann, muß er es nahezu alltäglich erleben können. Freilich: Der Buchstabe der Verfassung schafft den Bürger

---

59 Sinn und Idee des Politischen ist kaum irgendwo schärfer – und mit Bezug auf die Griechen – herausgearbeitet worden als von Hannah Arendt, vgl. Arendt 1993, S. 39ff.

Ein Bereich, der in den Ausführungen dieses Kap. mit Absicht nicht behandelt wird, sind die Beziehungen des Bürgerstaates nach außen. Ihr Verständnis und ihre Gestaltung setzen die Klärung der inneren Verhältnisse voraus, ließen sich aber von da aus mit einem analogen Politikansatz beschreiben. Das traditionelle Denkmuster geht von der Existenz einzelner Nationen aus. Diese haben ihre Interessen den anderen gegenüber, d. h. Staaten handeln gemäß ihrer Eigen-, sprich Partikularinteressen im Rahmen der Staatengemeinschaft. Politik bestehe also darin, diese Interessen zu einem für alle tragbaren Ausgleich zu bringen. Ein qualitativ anderer Ansatz bestünde in dem Versuch, gemeinsame Interessen zwischen den Staaten zu definieren. Das ist die Grundidee der nach 1945 entstandenen westlichen Vertragssysteme. Das Ideal ist die Abkehr von Macht und Einfluß als Ziele von Außenpolitik und stattdessen die Durchsetzung gemeinsamer Werte wie Frieden, Freiheit, Selbstbestimmung. Auch diese neuen internationalen Handlungsmaximen beruhen also auf den Prinzipien von Freiheit und Verantwortung. Da auch hier bekanntlich vieles nur auf dem Papier steht, gibt es vermutlich eine Wechselwirkung zu den defizitären inneren Verhältnissen.

60 Vgl. Flaig 2013b, S. 147.

noch nicht, in Wirklichkeit bringt er nur den Wähler hervor. Damit ist aber gleichsam das Pferd von hinten aufgezäumt. So erschöpfte sich die politische Tätigkeit des athenischen Bürgers auch keineswegs in seiner Teilnahme an der Volksversammlung, obwohl auch dies bei mehr als 40 Zusammenkünften pro Jahr einen erheblichen Mobilisierungsgrad bedeuten würde.[61] Ausschlaggebend war jedoch etwas anderes: der Volksversammlung gleichsam vorgeschaltet waren Bürgervereinigungen, zu denen jeder Bürger gehörte. Sie verwalteten sich selbst und hatten eigenständige Aufgaben im Rahmen und im Dienst des gesamten Gemeinwesens. Man kann diese Bürgergenossenschaften als Abbilder des Bürgerstaats im kleinen bezeichnen. Diese überschaubaren politischen Foren wurden zu Schulen der Demokratie. Jeder Bürger hatte so die Gelegenheit, sich in größenmäßig abgestuften und aufeinander bezogenen Teilöffentlichkeiten zu engagieren. Auf diese Weise hatten die Bürger Teil an der Politik und bildete sich der politische Wille der Bürgerschaft auf verschiedenen Ebenen, auf denen alle Bereiche des Gemeinschaftslebens, Recht, Kultur, Kult, Außenbeziehungen erfaßt und besprochen wurden. Und das Bürgersein wurde zu einer nahezu täglich erlebbaren Realität, das Politische zu einem Teil der individuellen Identität.

Das Handzeichen in der Volksversammlung war also im alten Athen für den Bürger das Ergebnis einer politischen Kommunikation, die weit darüber hinaus und tief in die Lebenswelt jedes einzelnen hinein reichte. Wenn Freiheit und bürgerliche Selbstbestimmung in einem Gemeinwesen darin gründen, daß das Politische Teil der individuellen Ethik jedes Mitglieds der Gesellschaft wird, dann benötigt Demokratie eine Infrastruktur, durch die aus Angehörigen der Bevölkerung, Einwohnern oder den „Menschen draußen im Lande" – eine entlarvende Formulierung aus dem Munde der höchsten Repräsentantin unserer Politik – Bürger werden können, d. h. Glieder des politischen Körpers: Untergliederungen von Parteien und Verbänden (wie wir sie schon ha-

---

61 Zum folgenden ausführlich Stahl 2012, S. 63ff.

ben), doch auch neue Vereinigungen und Kristallisationspunkte der Bürgerbegegnung; traditionelle lokale Vereine und Nachbarschaften, doch auch neue Verknüpfungen, die aus problemfokussiertem Engagement erwachsen; Veranstaltungen, Feste und (Ge)Denkorte in einem (stadt)räumlichen Rahmen, der dazu einlädt, daß Bürger als Bürger – noch einmal: nicht als Mitglieder der Gesellschaft – sich als politisch Handelnde vereinen und das sie Verbindende betreiben und erleben können: die Sorge um das Wohl der Gemeinschaft.

Denn darauf kommt es an: Teilhabe des Bürgers an der Politik ist kein bloßer Rechtsanspruch, sondern will tagtäglich erneut geschaffen und gelebt sein – von jedem einzelnen Bürger. Das ist seine Freiheit, und dafür trägt er die Verantwortung. Denn ebenso wie ein alles überwölbender Verfassungspatriotismus abstrakt und blutleer bleiben muß und kaum das Papier wert ist, auf dem er gepriesen wird, so wenig können auch noch so sinnreich ausgedachte Einrichtungen und Prozeduren allein ein freiheitliches Gemeinwesen hervorbringen, wenn sie nicht von den Bürgern selbst mit Leben erfüllt werden. Dann kann der Sinn für das Gemeinwohl wachsen, weil der Bürger verstehen lernt, daß die von der Gemeinschaft zu lösenden Probleme die aller Bürger sind, also auch die seinen, weil er Bürger ist.

Wir dürfen die bestehenden institutionellen Strukturen des Politischen nicht mumifizieren, sondern sind aufgerufen, sie auf der Basis nicht disponibler Grundwerte und -rechte weiterzuentwickeln mit dem Ziel einer Steigerung und Intensivierung der bürgerlichen Partizipation. Sie stellt an den einzelnen Bürger höchste Ansprüche, besitzt er als ein Bürger doch eine kaum eingeschränkte Freiheit in politicis zu reden und zu handeln, und zugleich wird ihm damit Verantwortung für das Ganze der Bürgergemeinschaft zugemutet. Beides ist nicht voneinander zu trennen: Der Grad möglicher Freiheit bemißt sich am Maß des gezeigten Verantwortungsbewußtseins, indem sich allein darin Freiheit verwirklicht. Freiheit und Verantwortung sind also weniger polar und d. h. in Spannung aufeinander bezogene Werte, sondern können nur in gegenseitiger Verbindung gedacht werden.

Zum Konzept der anderen Moderne gehört folglich, daß ein Staat der Bürger bei diesen sehr anspruchsvolle persönliche Bildungen und Dispositionen – eine „politische Identität" (Chr. Meier) – fordert, wie an der ersten Demokratie der Weltgeschichte im alten Athen zu sehen ist. Sind diese Grundlagen nicht gegeben oder (noch) nicht mehrheitlich als notwendig anerkannt, dann erscheint es notwendig, über eine Weiterentwicklung und Anpassung der politischen Verfaßtheit nachzudenken, die den überwiegend noch mangelnden Voraussetzungen gerecht wird und die Kluft zwischen den Bürgern und ihren „Politikern", also zwischen Bürgerideal und Verfassungswirklichkeit nicht weiter wachsen läßt.

Die Bürger sollten die Möglichkeit erhalten, von unten her, in ihren unmittelbaren Lebenswelten ihr Bürgersein wahrzunehmen und einzuüben. Auf diese Weise traut man ihnen zu, in die Bürgergemeinschaft im großen hineinzuwachsen, und gibt der Bürgertugend damit eine feste Verwurzelung. Politische Teilhabe ist dann weniger als formale Berechtigung des einzelnen aufgefaßt, denn als dynamischer Prozeß. In ihm wird für den einzelnen das Leben in Freiheit und die Übernahme von Verantwortung in immer intensiverer, d. h. in der Folge auch differenzierender Weise möglich. Dies wäre – um den Bogen zu Kap. 1 zu schlagen – die Einlösung dessen, womit Schiller sein Konzept der ästhetischen Erziehung begründet hat:

> „Politische und bürgerliche Freiheit bleibt immer und ewig das heiligste aller Güter, das würdigste Ziel aller Anstrengungen und das große Zentrum aller Kultur – aber man wird diesen herrlichen Bau nur auf dem festen Grund eines veredelten Charakters aufführen, man wird damit anfangen müssen, für die Verfassung Bürger zu erschaffen, ehe man den Bürgern eine Verfassung geben kann."[62]

Dieses Ziel, heute natürlich nicht mehr aus einer obrigkeitsstaatlichen Perspektive anvisiert, wird nicht allein durch einen wie immer verbesserten schulischen Politikunterricht zu erreichen sein. Was wir brauchen, sind gleichsam geschützte Biotope für die Entwicklung eines bürger-

---

62 Schillers Briefe, S. 208f.

schaftlichen, zivischen Bewußtseins. Einen solchen Humus beschreibt das Konzept der „Oikophilia". „Kein Projekt wird im großen Maßstab funktionieren, wenn es nicht im kleinteiligen, praktischen Denken verwurzelt ist."[63] So Roger Scruton, der aufgrund dieser Überlegung den Begriff der Oikophilia geprägt hat, die „Liebe zur Heimat"[64], worunter kleinräumiges bürgerschaftliches Engagement zu verstehen ist – eben das, was Aristoteles als Kern der Demokratie erkannte[65] und in dem Thomas Jefferson im Jahre 1816 die habituelle Festung in jedem Bürger gegen den Versuch seiner Entmündigung durch einen Herrscher sah.[66] Man wird aus den Erfahrungen des 20. Jhs. hinzufügen dürfen: es stärkt

63 Scruton 2013, S. 8. Vgl. vor Jahrzehnten schon Wilhelm Röpke : « Nichts ist aber einer solchen gesunden und dem Menschen gemäßen Gesamtordnung abträglicher als zwei Dinge : Masse und Konzentration. Selbstverantwortung und Eigenständigkeit der einzelnen im Gleichgewicht mit der Gemeinschaft, nachbarschaftliche Gesinnung und echter Bürgersinn – das alles setzt voraus, daß die Kollektiva, in denen wir leben, das menschliche Maß nicht überschreiten. Es ist nur im Kleinen und Mittleren, im überschaubaren Kreise möglich, unter Verhältnissen, die die Urformen menschlicher Existenz, wie sie uns noch in der Dorfgemeinschaft und in den Dimensionen kleiner und mittlerer Gemeinden begegnen, nicht völlig zerstören und verschütten." (Röpke 1958, S. 19)

64 Scruton 2013, S. 9. Vgl. ganz ähnlich de Benoist 2009, S. 119 u. Franziskus 2015, S. 138: „Während die existierende Weltordnung sich als unfähig erweist, Verantwortungen zu übernehmen, kann die örtliche Instanz einen Unterschied machen. Denn dort können sich (...) eine größere Verantwortlichkeit, ein starker Gemeinschaftssinn, eine besondere Fähigkeit zur Umsicht, eine großherzigere Kreativität und eine herzliche Liebe für das eigene Land bilden." Und Schick 2014, S. 211: „Ich verstehe den Staat als Zusammenschluß, quasi als Genossenschaft der Bürgerinnen und Bürger, nicht als hoheitliche Instanz, die ihnen gegenübersteht. Es ist unser Staat." Kann man es als ein winziges Zeichen der Hoffnung ansehen, wenn auf dem Bundesparteitag der CDU im Dezember 2016 in einem Leitantrag davon gesprochen wurde, daß man „Heimat neu denken" solle, daß Heimat als komplementärer Pol zur Globalisierung gestärkt werden müsse (vgl. FAZ Nr. 284 v. 5. Dez. 2016, S. 8)?

65 Vgl. Aristoteles, Politik 1313b1–4.

66 Vgl. Stahl 2008a, S. 131. Der Begriff der Oikophilia ist, so definiert, streng genommen ungenau. Denn die Liebe zum eigenen Haus stand für die Griechen in einem deutlichen Gegensatz zur Liebe gegenüber der Polis als Bürgergemeinschaft, hier das Eigene, das *idíon*, dort das Gemeinsame, das die Häuser verbindet, die *politeía*. Oikos und Polis sind qualitativ verschieden, doch so aufeinander bezogen, daß die Bürgergemeinde sich aus den Häusern bzw. aus deren Vorständen aufbaut. Was Scruton im Sinn hat, ist gerade nicht das abgesondert Eigene, sondern das Gemeinschaftliche. „Der oikos ist nicht mein oder dein Ort, sondern unserer." (Scruton 2013, S. 235) Damit ist das griechische Verständnis von *oikos* freilich ums Ganze gedreht. Scruton setzt Oikophilia deshalb gleich mit dem deutschen „Heimatgefühl" (Scruton 2013, S. 32). Damit ist auf die habituelle emotionale Ressource des Bürgers verwiesen, die ihn für sein Handeln in den kleinen Kreisen der bürgerschaftlichen Infrastruktur mobilisiert. Und darum geht es.

auch die Widerstandskraft gegen Ideologien.[67] Die in kleinen Kreisen entwickelte Motivation, sich für das Ganze einzusetzen und damit zugleich für sich selbst zu handeln, sich Verantwortlichkeit zuzumuten, statt sich der organisierten Verantwortungslosigkeit anonymer Gremien auszuliefern – all dies ist das einzige Gegengift gegen die Vereinnahmung von oben durch den Staat. Das staatliche Prinzip ist wichtig und sinnvoll dann, wenn Aufgaben der Gemeinschaft auf diese Weise wirkungsvoller gelöst werden können. Staatliches Agieren sollte aber in vielen Fällen nur subsidiär sein, eine Hilfestellung für das Handeln des Souveräns, der Bürgergemeinschaft, die die anfallenden Probleme dort, wo sie entstehen, besser lösen kann.[68]

Das Zurückdrängen von anonymen, großflächigen und komplex organisierten Lösungsstrategien und das Zurückschneiden der damit verbundenen finanziellen Zwangsabgaben würde im übrigen ein weites Feld eröffnen für euergetische Leistungen aus der Mitte der Gesellschaft. Der antike Euergetismus, die Bereitschaft derer, die über entsprechende Mittel verfügten, sich auch materiell für das gemeine Wohl einzusetzen, war eine unerläßliche und – bis heute sichtbar – erfolgreiche Grundlage, auf der sich das Leben der antiken Bürgerschaften entfaltete. Wohltätige Spenden sind ein unübersehbares Zeichen für zivisches Bewußtsein und fördern dessen weiteres Wachstum.[69] Unabhängig von der so erreichten Integration der gesellschaftlichen Oberschicht wird und muß sich eine politische Elite herausbilden. Sie zeichnet sich allein durch individuelle Qualifikation und vorbildliche Leistung aus, und der Gefahr ihrer Verselbständigung und Egozentrierung steht ihre Einbindung in die bürgerschaftliche Infrastruktur und

---

67 Der Zusammenhang ist einleuchtend dargestellt in dem Roman „Spiel der Zeit" von Ulla Hahn (München 2014). Die Protagonistin entstammt einem in sich gefestigten katholischen Milieu einer kleinen Gemeinde am Niederrhein. Als sie in ihrer Kölner Studienzeit mit den ideologischen Übertreibungen der Jahre nach 1968 konfrontiert wird, gelingt es ihr, trotz aller grundsätzlichen Sympathie inneren Abstand zu diesen Versuchungen zu wahren.

68 Eine knappe, aber überaus treffende Darstellung des Subsidiaritätsprinzips gab Erwin Teufel in einem Beitrag der FAZ (Nr. 74 v. 28. 3. 2014, S. 20).

69 Vgl. Flaig 2013b, S. 114ff.; Stahl 2008a, S. 181ff.

die dadurch gegebene Möglichkeit unmittelbarer Rückbindung an die gegenüber, die sie als Berater und Sprecher im Großen und Ganzen der Bürgerschaft benötigen. In diesem Rahmen müssen solche „Aristokraten des Gemeinsinns"[70] in angemessener Weise, offen und legitim so unterstützt werden, daß sie für ihren Dienst am Gemeinwesen „den Rücken frei haben". Sie genießen damit nicht Privilegien einer abgehobenen Kaste, sondern bleiben Gleiche unter den politisch gleichen Bürgern.

Als Therapie gegen die fortschreitende Aushöhlung demokratischer Verfaßtheit unerläßlich ist mithin – wie schon Wilhelm Röpke vor über einem halben Jahrhundert gesehen hatte[71] – auch die Dezentralisierung von Gemeinschaftsaufgaben, die Erweiterung und Vertiefung der föderalen Strukturen und die Wiederverwurzelung des einzelnen Bürgers in seinen unmittelbaren Lebenswelten. Das schließt Mobilität nicht aus, denn es ist möglich, sich als Bürger in wechselnde Kleingemeinschaften ein- und dort Aufnahme zu finden. Es ist die Gemeinsamkeit von Erfahrungen in der Auseinandersetzung mit gemeinschaftsrelevanten Problemen und der Erarbeitung von Lösungen für sie, in denen sich der einzelne als Bürger erlebt, durch die er lernt und sein Bürgersein als eine innere Tatsache weiter ausbildet. Entscheidend ist, daß die notwendigen Reformen nicht nur von oben aus dem etablierten Politikbetrieb kommen – obwohl dies auch nötig ist –, sondern von den Bürgern selbst angestoßen und ausprobiert werden.

Harald Welzer entwirft eine Vision, wie das Gemeinschaftsleben in etwa zwei Jahrzehnten aussehen könnte.[72] Dann hat sich nicht nur in der Wirtschafts- und Arbeitswelt viel verändert: man besitzt nur noch die Hälfte wie früher, vieles läßt sich durch Teilen mehrfach nutzen; man arbeitet und verdient nur noch die Hälfte und gewinnt Zeit für sich; die Warenströme und damit der Lastverkehr gehen zurück; die

---

70 Röpke 1958, S. 176.
71 Vgl. Röpke 1958, S. 20.
72 Vgl. Welzer 2013, S. 150ff.

Versorgung der Haushalte ist stark dezentralisiert. Damit einher gehen dann einschneidende Veränderungen in der Organisation von Politik: wie die Wirtschaft viel umfachreicher genossenschaftlich organisiert ist, so sind es nun auch die Bürger selbst, die ihre gemeinschaftlichen Angelegenheiten in eigener Verantwortung regeln. Und im Parlament sitzen keine Berufspolitiker mehr, sondern besonders engagierte Bürger aus allen Schichten der Bürgerschaft, die sich zeitlich limitiert hauptberuflich mit der Politik befassen. Den ersten Schritt dahin könnte man schon jetzt tun – einer meiner Lieblingsvorschläge –, indem der Parlamentarier nicht mehr einheitlich bezahlt wird, sondern nach dem, was er zuvor verdiente (von Aufwendungsentschädigungen abgesehen). Damit fiele sofort ein verbreitetes Motiv für das Ergreifen der politischen Laufbahn weg, die Attraktion eines überdurchschnittlichen Einkommens, vor allem für das Heer der Beamten des gehobenen und höheren Dienstes. Und andere, deren Einkommen noch höher liegt, hätten, wenn ihnen dieses weiter garantiert wäre, vielleicht ein größeres Interesse an einem temporären politischen Engagement.

Harald Welzers fulminante Analyse dessen, woran wir heute kranken, und sein ansteckender Zukunftsoptimismus stellen zweifellos einen wichtigen Beitrag zu der hier geführten Debatte dar. Dennoch sind bei näherem Zusehen grundlegende Unterschiede zu der hier eingenommenen Position unübersehbar. Welzer ist in den verschiedenen sozialen Bewegungen der zurückliegenden Jahrzehnte verwurzelt. „Was wir nach vierzig Jahren Ökobewegung und zwanzig Jahren Postdemokratie ganz sicher nicht mehr brauchen, sind Appelle und Belehrungen. Werte verändern nicht die Praxis, es ist eine veränderte Praxis, die Werte verändert."[73] Mit „Belehrung" könne man vor allem der Jugend nicht mehr kommen. Um ihr Potential an Engagement zu mobilisieren, bedürfe es „neuer Beteiligungs-, Veranstaltungs- und Diskursformate"[74]. Auch einer Anbiederung an jugendliche Sprachmuster? „Cool" müsse

---

73 Welzer 2013, S. 290, vgl. a. S. 100.
74 Welzer 2013, S. 196.

Idealismus sein, „Spaß" müsse das Engagement machen.[75] Das „Coole" ist offenbar das, was neu, brandaktuell ist, beim Begriff „Spaß", von der Werbung bis zum Sexualkundeunterricht ohnehin der zentrale Maßstab, stellen sich einem die Nackenhaare (vgl. u. den nächsten Punkt). Welzer schwimmt hier offensichtlich auf einer Welle vermeintlicher Zeitgemäßheit, und wie er von da aus die Zukunft wirklich öffnen will, bleibt sein Geheimnis. Fragwürdig ist auch die Hypostasierung der „Praxis" als einer Letztinstanz, aus der das Neue hervorgehen soll. Hier wirkt ein verkappter Materialismus, denn wie sollten aus einer bürgerschaftlichen Praxis – dieser Begriff ist tatsächlich für Aristoteles wie Hannah Arendt ein Kardinalbegriff – reflektierte Zukunftsvisionen hervorgehen, wenn das Zusammenhandeln der Bürger sich nicht vor dem Hintergrund einer Gemeinsamkeit vorgängiger werthaltiger Überzeugungen vollzöge und das Neue an diesen Ideen gemessen würde. Welzer plädiert selbst für eine „Alphabetisierung für eine nachhaltige Moderne"[76] und verweist ganz richtig darauf, daß wir den scheinbar alternativlosen Gegenwartspunkt nur verflüssigen können, wenn wir mit Blick auf die Zukunft wieder einen Sinn für die Geschichte ausbilden. Dabei spielt auch für ihn die Ästhetik, die Wirkung des Schönen eine große Rolle. Wie aber, so muß man fragen, sollte sich dies den – jung wie alt – medial Verdummten erschließen, ohne daß ihnen die Augen dafür geöffnet werden? Durch gemeinsame „Praxis", allenfalls ausgerüstet mit einem Info-Paket aus dem Internet, wird das nicht gelingen, es bedarf dazu sehr wohl der „Belehrung", also der Hinführung, Einbettung, Auslegung des zu Sehenden durch einen Kundigen, um zu wirkender Erfahrung zu werden. Und so auch im Großen: Die einmalige und bis heute weiterwirkende politische Kultur im klassischen Athen zeugt von der gelingenden Praxis, dem Zusammenhandeln der Bürger. Doch sie haben sich dafür die Expertise großer Künstler, Baumeister, Dichter, Musiker, Maler nutzbar gemacht und sind auf diese Weise ihrer Verantwortung gerecht geworden.

---

75 Welzer 2013, S. 198, 293.

76 Welzer 2013, S. 199ff.

Bürger ist man immer mit anderen zusammen, und doch oder gerade deshalb kommt es auf jeden einzelnen von ihnen an. Die Idee einer auf den Bürger gestellten Ordnung ist nur lebensfähig, wenn der einzelne sein Verhalten auf das Politische hin orientiert. Er besitzt dann ein politisches Bewußtsein und handelt und verhält sich gemäß seines Bürgerethos. In der ersten Demokratie der Weltgeschichte hatte sich dieses Ethos rasch und breit entwickelt, und man muß in ihm den innersten Kern von Bürgerstaatlichkeit erkennen.[77] Ohne diesen hätten deren äußere Einrichtungen nicht über eine so lange Zeit von über eineinhalb Jahrhunderten funktionieren können. Dabei standen dem Bürgerethos auch damals starke Kräfte entgegen: Wettbewerbs- und Überlegenheitsstreben, Freund-Feind-Denken und Rachepflicht. Wenn sich dagegen ein Bürgerethos durchsetzen sollte, so mußte es tief in die Psyche des einzelnen eingelassen sein, ein Teil seiner Identität werden. Nur wenn Verstand und Herz gleichermaßen beteiligt sind, kann ein Ideal als individuelle Tugend habituell werden. Das gilt damals wie heute. Deshalb kann die Förderung dieses Ethos nicht bloß Sache von Belehrung und Ermahnung, von bewußter Erziehung sein. Soll es tiefer eindringen, so muß der Mensch als ganzer in allen Sinnen angesprochen werden. Das Bürgerethos muß sich also sinnlich und handgreiflich manifestieren, mit anderen Worten: es muß getragen sein von einer politischen Kultur, die eine Kultur des Politischen ist.[78]

Bei den alten Athenern setzte dies eine fast unerschöpfliche Kreativität frei und sie schufen in wenigen Jahrzehnten kulturelle Archetypen, auf die wir uns bis heute beziehen[79]: Stadtplanung und öffentliche Architektur, Bildkunst in Malerei und Plastik, Musik und Dichtung, Theater und sportlicher Wettstreit, Bürgerfeste und Philosophie. Heute ist

---

77 Vgl. Stahl 2012, S. 68ff.

78 Vor über 30 Jahren wies Christian Meier auf die Zusammengehörigkeit der athenischen Kultur mit dem Bürgerstaat hin, vgl. Meier 1995. Sein Anstoß wurde bisher kaum weiter verfolgt, nur von ihm selbst, vgl. Meier 2009.

79 Zur politischen Kultur vgl. ausführlich Stahl 2008a, passim. Detaillierte Analyse des durch und durch politischen Charakters einer attischen Tragödie, der „Eumeniden" des Aischylos, in: Stahl 2003b, S. 121–162.

die Kultur in all diesen Sphären von einem teilweise radikalen Subjektivismus gekennzeichnet. Er beruft sich, durchaus zu Recht auf höchste Normativität gestützt, auf nahezu uneingeschränkte Freiheitsrechte. Der freiheitliche Bürgerstaat darf hier auch keine Abstriche machen und muß sich jeglicher politischer oder moralischer Zensur enthalten. Gleichwohl – wenn die um jeden Preis zu erlangende „Selbstverwirklichung" das einzige und letzte Ziel des Kulturschaffens wäre, ginge dies an der Bedeutung und am Sinn von Kultur für eine Bürgergemeinschaft vorbei. Allzu selten erleben wir große öffentliche Debatten, in denen um den Beitrag eines Projekts für die Formulierung unseres Selbstverständnisses gerungen wird. Der Bürgerstaat braucht aber die Luft des Geistes und das Elixier des Schönen, soll er nicht zu der langweilig-verstaubten Angelegenheit werden, als der er heute zumeist erscheint und die kaum jemand wirklich trifft und angeht – im wörtlichen Sinne. Wir brauchen wieder eine stärkere Durchdringung der Kultur mit dem Element des Politischen, ja, wir brauchen eine Ästhetik des Politischen. Erst dann wird der Bürger vom Politischen so erreicht und erfüllt, daß er das nötige Ethos ausbilden kann.

Haltung durch Bildung

Den in der „schönen neuen Welt" der gegenwärtigen Moderne vorherrschenden Gemütszustand beschreibt kaum ein Begriff so umfassend wie die Zentralvokabel „Spaß". Wo sie auftaucht, stellen sich dem kritisch Empfindenden alle Haare. Er dagegen bemüht sich um einen neuen Modus des Handelns und Auftretens, einen sensiblen und selbstreflexiven Habitus. Die neuen Vorbilder wären daran zu erkennen, daß sie authentisch und sich selbst treu sind, eindeutig und verläßlich, zurückgenommen und entschieden, uneigennützig und unbestechlich, daß sie zugleich prinzipienfest und demütig, freudvoll und bescheiden, ernsthaft und heiter-gelassen sind. Sie vertrauen darauf, nicht skeptisch und mißtrauisch, sondern zuversichtlich und idealistisch, daß eine vorbildliche Haltung, in der Person und Sache eins sind, auf die Dauer eine größere und nachhaltiger sich durchsetzende Kraft entfaltet wie jeder offene Machtkampf, in dem die Gefahr moralischer Korruption übermächtig zu werden droht.

Daß wir in „lauten Zeiten" leben, gehört nicht zuletzt zu jenen Erscheinungen, die die gegenwärtige Moderne nicht selten unerträglich machen. Wer sich zu einer alternativen Moderne bekennt, sollte also vorleben, daß „Leise-Sein" etwas Erstrebenswertes und Schönes ist und dadurch ebenso wirklich wie wirksam sein kann. Das schließt also aus, sich mit den häßlichen Instrumentarien des Verlautbarens, des Demonstrierens, des Einhämmerns, des Ausposaunens, des Sich-an-die-Brust-Schlagens gemein zu machen oder sich gar ihrer zu bedienen, aus denen die veröffentlichte Scheinwirklichkeit von den Propagandisten des „Fortschritts" täglich neu reproduziert wird. Also keine Grobheiten, Ins-Wort-Fallen, Zwischenrufe, Protestplakate wie in den bekannten Praktiken des politischen Kampfs.

Vor kurzem begegnete mir ein Mann, der mit seinem Auftreten und seiner Erscheinung dem Typus nahekam, dessen Haltung eben umrissen wurde. Ich holte in dem uns nächstliegenden kleinen ostelbischen Städtchen ein Laufrad meines Fahrrads ab, das ich in einem kleinen Radladen zum Zentrieren gegeben hatte. Ich betrat keinen Laden mit Werbung und glitzernder Fassade, gut aufgeräumt und noch besser präsentiert, sondern eher ein zufällig wirkendes Ensemble von Hightechrädern und auf den Kopf gestellten alten, doch in sich ruhenden „Böcken", das Werkzeug hatte seinen Weg bis auf die Ladentheke gefunden. Und in dieses Bild schien sich der Ladenbesitzer und Mechaniker auf Anhieb zu fügen. Man sah ihm an, daß er gerade von einer Arbeit weggegangen war, und er fing unaufgefordert an zu reden. Die Unwucht in meinem Rade sei auch auf den schon etwas mitgenommenen Zustand der Reifendecke zurückzuführen. „Gut", so ich, „dann erneuern wir die gleich mit". Es folgte eine sich hinziehende Suche in dem Depot von Mänteln mit der Abwägung, was nun zu meiner Art von Rad und meinen Fahrgewohnheiten am besten passe. Bereits dieses Vorspiel schien mir ungewöhnlich, aber es ging weiter: Er zog mir die neue Decke gleich auf und kam dabei weiter ins Erzählen – über das Radfahren, die Radreisen, die er mit seiner Frau schon seit 1989 gemacht hatte, den Kuchen, den seine Frau nebenan in ihrer Bäckerei verkauft und die Kuchen überhaupt und das Essen, von dem die Bayern nun wirklich was verstünden, und die Schönheit unserer Region, des Fläming, und mit dem Hausbau kannte er sich aus, er hatte vor Jahren eine Baufirma in Mecklenburg, von wo er stamme, und von der Schönheit des Vaters Rhein, an dem man schon entlanggeradelt sei von Baden-Baden bis ins Niederrheinische und was man mit dieser Landschaft angestellt habe, daß man dort eigentlich vor Lärm, schlechter Luft und Gedränge nicht leben könnte, usw. Es dauerte am Ende eine Stunde, während der seine begonnene Arbeit wartete. Aber er sagte selbst, das sei doch nötig, man müsse zuweilen mal was sprechen und nicht nur arbeiten, vor allem wenn das Erzählte offenbar auf Widerhall stößt. Wir verließen den Laden nicht nur mit einer deutlich zu niedrigen Rechnung, sondern tief bewegt. Obwohl man sich zum ersten Mal gesehen hatte, war es spontan möglich, sich gehaltvoll über viele Dinge auszutauschen, hier wirkten offenkundig die untergründigen Gespinste, die uns mit unseren Mitmenschen verbinden, und ganz unbewußt und überraschend wirkt dieses Verbindende, wenn zwei innere Haltungen sich entdecken, die eng miteinander verwandt sind. Dieser Mann hat vermutlich keine weitreichende formale Bildung genossen, obwohl er plötzlich mit einem heimatkundlich wichtigen Geschichtsdatum aufwarten konnte, und doch war er auf die ihm angemessene Weise gebildet. Er war offenbar kundig in mehreren handwerklichen Künsten bis hin zum Kochen, das er detailliert zu schildern wußte, er hatte die Welt ein Stück weit kennengelernt (mit dem Fahrrad), nicht bloß das Vaterland, er besaß einen ausgeprägten Sinn für die Schönheit des Essens, und er war bei alledem und trotz der „Zeitverschwendung" die er mit uns scheinbar betrieb, so tüchtig, daß sein kleiner Laden seinen Mann ernährte.

.

Mein Erlebnis zeigt, daß zu der Bildung, die wir brauchen, nicht notwendig eine hoch angesiedelte formale Schulung gehört. Was für die Haltung in einer anderen Moderne aber unabdingbar ist: der Mann wirkte verbunden mit den unveränderlichen Werten unseres Menschseins, und das verlieh ihm große innere Souveränität und Freiheit, Offenheit und Zuversicht.

Zum persönlichen Auftreten, das einer anderen Moderne angemessen ist, gehört eine selbstverständlich gelebte Sinnlichkeit und damit verbunden ein Bewußtsein von Form und Stil. Der falschen Äußerlichkeit des „Spaßes", also dem Verlogenen und Platten, dem Schrillen und Geschmacklosen, den rasch wechselnden, allein aus ökonomischen Interessen lancierten Moden der „Popkultur" setzt der veränderte Habitus ein neues Äußeres entgegen, das schon im Vorschein die Botschaft gestaltet: *„Etiam si omnes, ego non."* [80] Mit dieser Maxime setzt sich vom vermeintlich modern Populären ab, wer für sich den unerschöpflichen ästhetischen Vorrat der europäischen Tradition erschließt. Ohne einen merklichen Wandel im äußeren Erscheinungsbild des privaten und öffentlichen Lebens ist eine andere Moderne noch nicht erreicht.

Einzig die seelische Kraft ästhetisch gebildeter Individuen macht den Schritt zu einer anderen Moderne möglich. Eine solche Potenz wartet im Verborgenen schon seit dem Anbruch der Moderne auf die Entbindung. Ihr Heranwachsen ist aber auch eine Sache der Dauer und des untergründigen Wirkens (Stefan George: „Das Geheime Deutschland"). Für eine andere Moderne wird allgemein maßgebend, was gegenwärtig nur als vereinzelter und unvollkommener Vorgriff auf ein schöneres Leben möglich ist: die Entwicklung nicht eines einseitig asketischen Pflichtethos, sondern einer Lebenskunst, die in der Selbstsorge des einzelnen besteht. [81] Sie erwächst aus einem neuen Verhältnis zu sich selbst. Es äußert sich in einem sorgenden und sorgsamen Umgang mit dem eigenen Leben wie mit dessen Bezügen zu den anderen

---

80 Angelehnt an Mt. 26,33, antitotalitärer Wahlspruch.

81 Zum Konzept einer erneuerten Lebenskunst vgl. Schmid 1998, 2000a und 2004.

und zur Um- und Lebenswelt. Aber fern von jedem Hedonismus ist entscheidender Bezugspunkt der ggf. auch harte und entsagungsvolle Dienst an der Gemeinschaft.[82]

Auf diese Weise entsteht der wichtigste Baustein für eine verwandelte Gesellschaft und eine ihr gemäße Gemeinschaftsordnung. Nur dieses Ziel eines in Freiheit und Verantwortung gelebten schönen Lebens vermag das bisherige Lebensziel, dem vermeintlich immerwährenden materiellen Wachstum verpflichtet, als Sinnerfüllung des individuellen Lebens abzulösen. Dann jagt nicht mehr eine Spaßattacke die nächste, sondern eine in Ruhe genossene Freude durchzieht dieses schöne Leben, die Verfassung der *euphrosýne*, die auch die Erfahrung von Leid und Schmerz einschließt.

Der einzige erfolgversprechende Weg zu einer anderen Moderne führt über die beharrliche Bildung des Individuums. Sie zielt auf eine veränderte innere Haltung, die notwendig auch eine äußere Form und Gestalt gewinnt. „Es gibt zwei möglichkeiten: eine friedliche durchdringung vom geistigen her, eine erneuerung von innen heraus, oder es muss alles erst zu grunde gehen, bevor ein neues entsteht. Beides ist in der geschichte vorgekommen." So Stefan George.[83] Bald hundert Jahre sind wir seitdem auf dem zweiten Weg weitergegangen. Besonders die letzten Jahrzehnte haben den Abgrund von Kulturverlust und Barbarei, in den Europa in den Jahren vor 1945 schon einmal gestürzt war, erneut und auf andere Weise aufgerissen. Wenn unser Gemeinwesen heute nicht einmal mehr in der Lage erscheint, sich des ihm 1989 zuteilgewordenen welthistorischen Geschenks in angemessener und überlegter Weise zu erinnern, sondern der Versuch, im Zentrum der Hauptstadt ein Denkmal zu errichten, zu Posse und ästhetischer Kinderei gerät,

---

82 Dieses Bild des Bürgers hat bereits Herodot seinen Mitbürgern im Athen des 5. Jhs. v. Chr. vor Augen gestellt. Im Gespräch mit dem superreichen König Kroisos schildert der Athener Solon einen Landsmann namens Tellos, einen einfachen Bürger, als den glücklichsten Menschen, weil er sein Auskommen hatte, eine gedeihende Familie und im Kampf für sein Vaterland den Heldentod starb (vgl. Herodot I, 30). Der aktive Einsatz für die Gemeinschaft gehört immer zum Bürgersein.

83 Landmann 1963, S. 70.

dann ist die Gefahr, vor der wir stehen, mit Händen zu greifen. Wie sollen nachwachsende Generationen eine Vorstellung davon bekommen, was uns im Innersten zusammenhält bzw. allein zusammenhalten kann, geschweige denn einen reflektierten Begriff davon und einen im eigenen Inneren zutiefst verankerten Habitus?

Ein solcher ist tatsächlich alternativlos: Zum Lebensentwurf einer anderen Moderne gehört zentral das Streben nach einem Leben des Geistes, einem Leben im Geist, durch den Geist und für den Geist. „(...) sein Ziel ist die Adelung Aller durch Befreiung des Einzelnen." Der Geist ist aber „kein Versatzstück auf Rollen. Wer feststellt, daß er ihn nicht mehr hat, wird sich bald zu der zweiten Feststellung genötigt sehen, daß er sich nicht herpfeifen läßt, wenn man sich plötzlich seiner erinnert."[84] Es bedarf also des kontinuierlichen Wieder- und Neudenkens.

Für dieses Leben ist daher das Buch so nötig wie die Luft zum Atmen, und es ist durch nichts zu ersetzen. Das Leben mit einer guten Bibliothek hält zur Verfügung, was den Geist Europas über 2500 Jahre hin ausmachte und bewahrt und pflegt die Prägung durch den primären Wurzelgrund der Sprachgemeinschaft des eigenen Volkes. Buch und Muttersprache sind für den Bildungsprozeß des neuen Bewußtseins ebenso unabdingbar wie Umgang und Auseinandersetzung mit dem europäischen Erbe als Teil unserer Bibliothek sowie von Bau- und Bildkunst und der Musik. Nur wer sich in der Kultur Europas heimisch fühlt, ist in der Lage, über die Kulturgrenzen hinaus sinnvolle Verbindungen aufzunehmen.

Bildung bedeutet, sich selbst und seinem Leben in der Auseinandersetzung mit der Tradition und dem Denken der Zeitgenossen eine erkennbare und sinnerfüllte Form zu verleihen. Bildung im richtig verstandenen Sinne stellt das Individuum in den Mittelpunkt, verlangt die Anstrengung des einzelnen, aber unbedingt auch die persönliche Begegnung und gemeinschaftliche Bemühung. Bildung ist Selbsterzie-

---

84 Borchardt 1931, S. 431, 439.

hung in Freiheit und zur Freiheit, sie verfolgt keinen unmittelbar pragmatischen, außerhalb ihrer selbst liegenden Zweck, sie ist möglichst umfassend und aufs Allgemeine gerichtet, niemals direkt berufsbezogen. Bildung erfaßt den Menschen mit allen seinen Sinnen als Gesamtheit und Einheit von Körper und Geist.[85]

Bildung ist ein nicht abschließbarer Prozeß, dessen Wirkung, gesamtgesellschaftlich betrachtet, Differenzierung und Mannigfaltigkeit ist, denn die Menschen sind in Anlagen und Fähigkeiten notwendig verschieden. Die Herauskristallisierung solcher Differenzen wirkt für die Gesellschaft als ganze produktiv. Nur als offener Prozeß kann Bildung die menschlichen Potentiale entwickeln und ausschöpfen. Sie kann deshalb nicht exklusiv sein, ist aber ebensowenig egalitär, sondern zielt mit der Ausbildung von Unterschieden auf die Heranziehung einer Elite des Geistes.[86] Diese darf zwar – ungeachtet ihrer erforderlichen materiellen Unterstützung – nicht zu einem abgeschlossenen oder abgeschotteten sozialen Stand werden, die Vormoderne kennt neben gelungenen genügend fatale Beispiele. Das Vorhandensein einer ökonomisch unabhängigen Elite des Geistes, auf Bildung, Begabung, Dienst und Leistung jedes einzelnen gegründet, ist jedoch für eine intakte Sozial- und Gemeinschaftsordnung in der anderen Moderne unerläßlich.[87]

---

85 Liessmann 2006 beklagt zu Recht „die Abwesenheit jeder normativen Idee von Bildung" (S. 9) in der gegenwärtigen Moderne. Er hat dabei ebenfalls das o. Kap. 1 skizzierte „Programm der Selbstbildung des Menschen" (S. 54) Humboldts vor Augen, „eine Formung und Entfaltung von Körper, Geist und Seele, von Talenten und Begabungen, die den einzelnen zu einer entwickelten Individualität und zu einem selbstbewußten Teilnehmer am Gemeinwesen und seiner Kultur führen sollte." (ebd.) Und weiter: „Geist ist, was sich bildet, und nur was sich bildet, kann Geist genannt werden. Daß der Begriff des Geistes aus den modernen Wissenschaften und Kulturkonzepten mit durchaus triumphierender Geste verabschiedet wurde, läßt sich unter dieser Perspektive als ein erklärter Wille zum Verzicht auf Bildung lesen." (S. 59)

86 Zum besten, was man zum Verständnis von „Bildung" lesen kann, gehört Reiser 2010, vgl. hier S. 85, 97.

87 Zur Notwendigkeit einer Elite gerade für eine Demokratie und zum Zusammenhang zwischen Bildung und der Entstehung einer Elite vgl. Schmoll 2008 passim. Zu loben ist eine solche Elite nach Schmoll nur dann, wenn sich bei ihr fachliche Exzellenz verbindet mit einem umfassenden persönlichen Verantwortungs- und Pflichtbewußtsein sowie der Bereitschaft zur Askese. Leider diskutiert die Autorin die aus dieser grundlegend richtigen Position erwachsenden politischen Folgerungen nicht. Sie führen notwendig zu einer anderen Moderne.

Nur wenn wir uns mit aller Kraft diesem Ziel einer Elite durch Bildung verschreiben, werden wir uns in dem neuen Aggregatszustand der anderen Moderne bewegen.

Wer eine andere Moderne anstrebt, muß darauf bestehen, daß dies keine unzulässige, unreife oder unpolitische Idealisierung ist, vielmehr das unverzichtbare, die Gegenwart überwindende und Zuversicht auf die Zukunft eröffnende Ideal. Die Hoffnung ist, wie Borchardt sagt, erst dann eine Tugend, wenn aller Logik nach Verzweiflung am Platze wäre.[88] Also credo quia absurdum. Nur der Glaube versetzt Berge. Deshalb auch der letzte Punkt, die Religion – nicht nur als traditionelles Element der Kultur, sondern als existenzielles Ereignis. Ohne religiöse Erfahrung wäre die neue Haltung nicht lebensfähig, weil sie dort ihren individuellen Wurzelgrund hat, der zur Demut ebenso führt wie zur Zuversicht einlädt. Was die fällige Reformation an Haupt und Gliedern betrifft, gilt also letztlich: „Gott befohlen".

Des Ganzen Grund: Der christliche Gottesglaube

> „Übernatürliches zu leugnen,
> weil es vernunftmäßig unbegreiflich ist,
> nenne ich geistiges Barbarentum."
>
> Zenta Maurina[89]

Ideale kann nur der haben und nach ihnen streben, der an Möglichkeiten glaubt, die das Gegenwärtige transzendieren. „An das Göttliche glauben/Die allein, die es selber sind." (Friedrich Hölderlin[90]) Allein durch seine transzendente Verankerung kann Handeln in Freiheit und Verantwortung letztlich gelingen. Nur der Glaube an das Göttliche bewahrt eine an Idealen orientierte Haltung vor Hybris. Das wußten

88 Vgl. Borchardt 1927, S. 240.
89 Maurina 1953, S. 571.
90 Hölderlin I, S. 191 („Menschenbeifall", 1798, V. 7–8).

schon die Griechen und wiesen dem Menschen eine unverfügbare und furchteinflößende Grenze an, die er nicht überschreiten darf. Die andere Moderne verneigt sich vor diesem *deinón* (Aischylos[91]), dem Unverfügbaren und Ehrfurchtgebietenden, und sie gesteht unsere menschliche Schwäche ein und zu.

Eine solche Behauptung mutet vor dem Hintergrund der mehr als halbjahrtausendjährigen Geschichte des rationalen Denkens in Europa zunächst anachronistisch an. In allen Bereichen des menschlichen Lebens, vom Verhältnis zu der uns umgebenden wie unserer eigenen Natur bis zur Konstituierung unseres gesellschaftlichen und politischen Zusammenlebens ist heute die Herrschaft einer ausschließlich empirisch basierten Vernunft unbestreitbar. Sie läßt nur das gelten, was sich mit dem Verstand und seinen die Wirklichkeit anscheinend so erfolgreich durchdringenden Hilfsmitteln beweisen oder widerlegen läßt. Religion und Ethos zählen nicht zu dieser Wirklichkeit, denn die Existenz Gottes – wie des Geistes, aus dem wir leben – läßt sich empirisch nicht nachweisen, und der Geltungsgrund für Normen und Werte unseres Handelns ist mit wissenschaftlichen Methoden nicht herzuleiten. Gottesglaube und Ethos erhalten ihren Raum und ihre Geltung deshalb heute nur noch in der Sphäre der subjektiven Individualität. Der Glaube an Gott wird zur beliebigen Ansichtssache, für den alltäglichen Bezug zur Lebenswelt, gar für die Wissenschaft wird Gott scheinbar überflüssig.

Wer heute den Gottesgedanken für den öffentlichen Raum wiedergewinnen will, muß mithin zeigen, daß Glaube nicht das Gegenteil der neuzeitlichen Vernunft ist, sondern diese in ihrer Leistung anerkennt und zugleich in einen weiteren Horizont (auf)hebt.[92] Dies bewußt zu

---

91 Vgl. z. B. Aischylos, Die Eumeniden V. 516.

92 Noch weniger als in den übrigen Teilen dieses Buches lassen sich für diese abschließenden Überlegungen detaillierte Nachweise aus der Forschungsliteratur von Theologie und Philosophie anführen ohne einen irreführenden oder schiefen Eindruck zu erwecken. Ich nenne daher nur das neueste und umfassende Grundlagenwerk zur Religionsphilosophie von Seubert 2013, die konzentrierte Erörterung von Tetens 2015 sowie die großen und fundierten Essays von Kissler 2008; Bolz 2008; Spaemann 2007 und 2010/11. Die entscheidenden gedanklichen Anstöße gab jedoch

machen, war eines der wichtigsten Anliegen Papst Benedikts XVI. In seiner Regensburger Vorlesung von 2006 verwies der Papst auf ein Wort des byzantinischen Kaisers Manuel II. Palaiologos, gesprochen 1391 in der Auseinandersetzung mit einem muslimischen Gelehrten. Der Kaiser wendet sich gegen die Ausbreitung des Glaubens durch Gewalt: Nicht nach der Vernunft (*syn lógo*) zu handeln, und also Gewalt anzuwenden, laufe dem Wesen Gottes zuwider. In Übereinstimmung mit der griechischen Philosophie markiert dieses christliche Gottesverständnis, wonach Vernunft zum Wesen Gottes gehöre, einen scharfen Gegensatz zur Lehre des Koran. Nach diesem sei der Allmächtige durch keinerlei menschliches Denken vorzustellen und seiner unerreichbar transzendenten Ferne lediglich die vollkommene Unterwerfung angemessen. Demgegenüber hält der christliche Glaube mit dem Prolog des Johannesevangeliums immer daran fest, daß Gott der ewige Logos ist, eine sich im Wort mitteilende Vernunft, mit der der Mensch als Gottes Geschöpf aus freiem Willen in Verbindung treten kann. Die dem Menschen eingeborene Vernunft hat daher Anteil am göttlichen Logos und ist gewissermaßen die Stellvertretung Gottes im Menschen. Sie ist die Stimme des menschlichen Gewissens. Gegen dieses, also vernunftwidrig zu handeln, hieße, sich gegen die von Gott kommende Natur des Menschen zu stellen.[93] Aus des Menschen Vernunft und seinem freien Willen, angesiedelt im forum internum des Gewissens, haben schon die Kirchenväter der Antike auf die Gottebenbildlichkeit des Menschen geschlossen. „Und Gott sprach: Laßt uns den Menschen machen nach unserem Bilde, uns ähnlich"[94], erzählt die biblische Schöpfungsgeschichte. Mit diesem Satz wird die christlich-jüdische Kultur Europas grundgelegt, geprägt von der Einzigartigkeit und Unwiederholbarkeit jedes menschlichen Individuums, seiner unantastbaren Würde und seinem sich allein in Verantwortung verwirklichenden freien Willen. Gott ähnlich – doch nie Gott gleich – zu sein, stets orientiert auf den und

---

Benedikt XVI. 2012 sowie die Theologie von Guardini 1937.

93 Vgl. Benedikt XVI. 2012, S. 179ff.

94 Genesis (1. Mos. 1, 26f.).

verbunden mit dem unendlichen, ewigen, allmächtigen und zugleich gerechten, barmherzigen, in einem Wort: den liebenden Gott, das macht den Kern des menschlichen Selbstverständnisses in Europa aus.

Gottesglaube und wissenschaftliche Vernunft

Verleiht unser Wissen jedoch nicht schon heute die Aussicht und in naher Zukunft die Macht, die Menschheit von allen Übeln dieser Welt zu befreien und eine schöne neue Welt mit einem neuen Menschen zu erschaffen, in der wir nicht mehr auf etwas Ungreifbares wie Gott vertrauen müssen, sondern der ins Unvorstellbare gesteigerten Potenz unserer Vernunft und ihren Werken sicher sein dürfen? Ist Religion mit all ihren lebensweltlichen Relikten wie etwa der zeitlichen Ordnung unseres Alltags mithin überhaupt noch zeitgemäß und nicht vielmehr ein Phänomen der Vormoderne, die hinter uns liegt, und ist die umfassende Säkularisierung nicht ein notwendiger, irreversibler, nicht mehr hintergehbarer Grundzug der Moderne? Oder ist Religion nur noch eine Übergangserscheinung – unabhängig von der heute angeblich unproduktiven und nur zu verneinenden Frage, ob es Gott gebe – so lange das menschliche Bedürfnis nach Bewältigung irdischer Kontingenzen noch nicht völlig zur Ruhe gebracht werden könne? Schließlich: Könnte man Religion nicht einfach in die Humanität sittlicher Vernunft verwandeln, wie das heute bereits vielfach geschieht? Ist vielleicht das Projekt „Weltethos" am aussichtsreichsten, indem es den Explosivstoff jeder Religion entschärft: die Frage nach der Wahrheit? Kann nicht maßgebend werden, was schon Lessing und die Philosophie der Aufklärung gelehrt haben, daß man nämlich die drei sog. abrahamitischen und mit ihnen alle Religionen nicht nach der Wahrheit ihrer jeweiligen Lehre, sondern allein danach zu beurteilen habe, ob sie dem Wohlergehen, der Bildung und dem Frieden der Menschheit dienen?

Die allgegenwärtige Kritik am Gottesglauben bis hin zu seiner öffentlichen Denunziation hat dies auf drei, meist miteinander verbundene

Weisen getan: Die Tradition der Aufklärung betrachtet – schon in der griechischen Antike (Xenophanes[95]) – die Vorstellung von Gott als eine Kindheitsstufe der Menschheit und diejenigen, die sie aus Eigeninteresse prolongieren wollen, als Betrüger des Volkes. Der Marxismus sieht in der Religion ein Mittel der herrschenden Klasse zur Ruhigstellung der Unterdrückten, doch ebenso potentiell ein Medium, mit dem diese gegen ihr Elend protestieren könnten. Psychoanalytisch wurde Religion nicht selten als kollektive Neurose gedeutet, von der die Menschen zu therapieren seien. Die gegenwärtig wohl schlagkräftigste Kritik kommt von naturwissenschaftlicher Seite.

Man sei, so etwa die Thesen von Richard Dawkins[96], versucht, den – evolutionsbiologisch betrachtet – unwahrscheinlichen Anschein von gezielter Gestaltung in Kosmos und Natur auf eine tatsächliche Gestaltungsmacht zurückzuführen. Diese Hypothese werfe die Frage auf, wer denn diesen Gestalter gestaltet habe. Dies sei eine noch unwahrscheinlichere Konstellation. Demgegenüber habe die darwinistische Theorie gezeigt, wie sich trotz riesiger Unwahrscheinlichkeit und nur scheinbarer Gestaltung (=Schöpfung) das natürliche Leben in seiner Komplexität entwickelt hat. Analoges werde man eines Tages auch in der Astrophysik gefunden haben. Demnach sei die „Gotteshypothese" als Grundvoraussetzung für Religion nicht verifizierbar, für die Wissenschaft benötige man die Annahme einer erfahrungstranszendenten Intelligenz nicht. „Gott" existiere „mit ziemlicher Sicherheit" nicht, lautet das apriorische methodische Credo einer naturalistischen Wissenschaft, der die Gesellschaft weithin folgt. Auch die Transformation in eine von allen Weltreligionen getragene humanistische Sittlichkeit sei, so Dawkins, keine vernünftige Option. Denn ein Zusammenhang zwischen religiösen Überzeugungen und der moralischen Gesundheit einer Gesellschaft sei nicht feststellbar. Zudem unterstelle die vermeintlich notwendige Überwachung durch eine göttliche Instanz, parallel

---

95 Xenophanes Frg. 12–14 D.
96 Vgl. Dawkins 2007, S. 199ff., 315ff., 346ff.

zu den irdischen Ordnungsmächten, dem Menschen ein allzu schwaches moralisches Vermögen. Die christliche Lehre schließlich von Erbsünde und Sühneopfer Jesu Christi, von Gericht und Hölle könne aus psychologischer Sicht nur als abstoßend und bösartig, als sadomasochistisch und unter wissenschaftlichen Kriterien als völlig verrückt bezeichnet werden. Mit solchen rüden Urteilen wird sich die Mehrheit, auch die der Naturwissenschaftler, gewiß nicht identifizieren. Dennoch werden die meisten von ihnen andere als empirisch nachweisbare Erklärungen für das Sein von Mensch, Welt und Natur zumindest nicht für erforderlich und Gottesglauben wie Ethos folglich für eine gänzlich außerhalb der modernen Wissenschaft stehende subjektive Privatsache halten, so lange diese den öffentlichen Frieden nicht gefährdet.

Geisteswissenschaft:
Die Frage nach Bedeutung, Ziel und Sinn

Der erste Einwand gegen die positivistisch-naturalistische Vernunft des naturwissenschaftlichen Denkens ist dessen Anspruch, der einzig mögliche Zugangsweg zu Mensch, Erde und Weltall zu sein. Wirklich sei nur das, was sich auf mathematischer Grundlage mit experimentellen Methoden beobachten, quantitativ erfassen und rational kontrolliert nachvollziehen läßt. Diese methodischen Voraussetzungen bedeuten eine Selbstbeschränkung des naturwissenschaftlichen Interesses, die notwendig und legitim ist. Ihr überwältigender Erfolg gibt dieser Form der Vernunft durchaus recht. Ihr vorausgesetzter methodischer Atheismus blendet indessen alles aus – und muß dies tun –, was mit empirisch nachvollziehbaren Verfahren gar nicht in den Blick genommen werden kann. Dies ist jedoch nur dann unproblematisch, wenn damit nicht behauptet wird, es gebe keine andere Vernunft.[97]

---

97 Zur Unangemessenheit dieses Vorgehens vgl. die Kritik von Guardini 1952, S. 47: „Wahrheit leuchtet nur auf, wenn der Mensch der Wirklichkeit jeweils so gegenübertritt, wie sie es selbst verlangt. Je höher das Wirkliche steht, desto größer ist die Anforderung, die es an den erkennenden

Die jedoch gibt es, und ihr Wesen besteht in den Fragen nach Zweck und Ziel, nach der Bedeutung dessen, was die Wissenschaft dem Verständnis erschließt, nach dem Geist, der die einzelne Wirklichkeit zu einem sinnerfüllten Ganzen verbindet. Dieser Blickwinkel eröffnet die Sicht auf eine vollkommen andere, gegenüber der naturalistisch denkenden Wissenschaft eigenständige Welt. Es ist die Welt des Geistes, die mit den Methoden der Hermeneutik erschlossen wird. In ihr müssen andere Regeln der Wissenschaftlichkeit, andere Kriterien für wahr und falsch gelten als die, die dem Interesse der naturalistischen Wissenschaften angemessen sind. Gegenstand der Geisteswissenschaften sind die Manifestationen der menschlichen Kultur im weitesten Sinne. Sie werden vom Interpreten in ständiger Selbstreflexion auf ihren Sinn und ihre Bedeutung hin ausgelegt.

Das nicht endende Gespräch über alle Zeiten hin in Literatur, Kunst, Musik und Philosophie stellt eine unerschöpfliche Quelle dar für das menschlichen Suchen und Finden von Sinn, Zweckhaftigkeit und Finalität. Die Bewegung des Geistes vollzieht sich nicht in einer selbstläufigen Entwicklung oder aus bloßer Kontingenz, sondern führt notwendig auf ein alles durchwaltendes Prinzip. Daß wir danach fragen können, verdanken wir unserer Fähigkeit, aus unserer Einbindung in den Naturzusammenhang und der Welt der naturalistischen Vernunft herauszutreten und uns dabei dem Gebrauch einer anderen Vernunft anzuvertrauen. Mit ihr können wir – das Wort zeigt es an – auch etwas vernehmen – wie bei der vernünftigen Erforschung der Natur, so auch bei den Fragen des Geistes nach Bedeutung und Sinn. Unsere Vernunft vernimmt dann mit hörendem Herzen Antworten, die jenseits von Ich und Empirie liegen. Die menschliche Kulturgeschichte zeigt, daß wir von jeher nach dem Sinn unserer Existenz gefragt haben und damit unsere Einbindung in die Natur transzendieren konnten. In dem Mo-

---

Geist stellt; desto größer aber auch die Versuchung, sie auf die Ebene der tiefer stehenden Dinge herunterzuziehen, weil er es dann bequemer hat. So ist es zum Beispiel sehr verlockend, das Lebendige chemisch oder den Geist biologisch zu denken, denn man spart Arbeit und gewinnt den Schein strenger Wissenschaft; in Wahrheit war man geistig träge, hat dem Erkenntnisgewissen Gewalt angetan und das Eigentümliche des Gegenstandes verloren."

ment, wo wir erkennen, daß wir ein Teil der Natur sind, gehören wir ihr eigentlich schon nicht mehr an. Die Erfahrung von Transzendenz ist demnach genauso wie die Sinnfrage eine anthropologische Konstante.

Manche der jüngeren naturwissenschaftlichen Erkenntnisse etwa in der Feinabstimmung der Himmelsmechanik oder des Aufbaus der Materie, insonderheit die Unwahrscheinlichkeit des menschlichen Lebens in der Gesamtheit des Universums, führen ihrerseits an die Grenze des naturwissenschaftlichen Erkenntnisvermögens und lassen auch von dieser Seite die Annahme eines letzten Sinns und Zwecks des irdischen Seins geradezu unausweichlich werden. Wir sind mehr denn je angewiesen auf Fragen, die über das rein Materielle hinausgehen und eine weitere Dimension von Wirklichkeit und Wahrheit aufschließen. Auf sie werden wir nicht zuletzt bei der Untersuchung der Entstehung und Entwicklung des Lebens gestoßen. Es gibt keine naturwissenschaftlich plausible Erklärung für den Übergang vom Anorganischen zum Organischen. Ebensowenig läßt sich eine Kontinuität belegen oder ein Entwicklungsschritt erklären vom affenartigen Vormenschen zum homo sapiens mit Bewußtsein, Sprache und dem Fragen nach Sinn.

„Der Mensch ist nur Mensch durch Sprache; um aber die Sprache zu erfinden, müßte er schon Mensch seyn."[98]

Diese Erkenntnis liegt Wilhelm von Humboldts Sprachphilosophie zugrunde und bildet ein unwiderlegliches Argument gegen jeden evolutionstheoretischen Erklärungsversuch der Menschwerdung. Warum tauchen – inmitten all der Dinge und Prozesse, die ausschließlich natürlichen Gesetzen unterworfen sind – eines plötzlichen Tages Wesen auf der Erde auf, die Ich sagen können, die fragen können und über sich selbst nachdenken, ihre Existenz bewußt erfahren und erleben? Dies – man spricht von einer „starken Emergenz" – kann mit dem methodischen Atheismus der naturalistischen Denkweise nicht verstanden werden. Auch die Entschlüsselung unserer genetischen Codierung

98 Humboldt III, S.11.

führt an denselben Punkt. Aus dieser Letztergründung der menschlichen biologischen Existenz ist die Wahrheit über den ganzen Menschen nicht abzulesen – woher er kommt, was er ist und soll, was das Gute und das Böse ist. Kann angesichts dessen die Annahme abgewiesen werden, hinter der Evolution von Leben und Mensch stecke der Wille und die Zwecksetzung jener schöpferischen Kraft, die wir Gott nennen?

Dieser Gott ist nach christlichem Glauben nicht eine anonyme All-Energie, sondern als sein Schöpfer dem Menschen ein personales Gegenüber. Vernunft und Sprache, Moralität und Freiheit machen das Wesen des Menschen aus. Dieses ist nur ihm eigen und zeichnet ihn in der gesamten Schöpfung aus. Die überragenden und in ihrer Entstehung nicht auf natürlichem Wege erklärbaren menschlichen Qualitäten lassen jedes menschliche Individuum als ein Ebenbild seines Schöpfers erscheinen. Aus der Gottebenbildlichkeit des Menschen leitet sich aber nicht nur seine Würde als Individuum und als Gattung seine einzigartige Stellung in der Welt ab, sondern auch seine ebenfalls einzigartige Verantwortung ihr und seinem Schöpfer gegenüber. Er soll und kann seine Lebenswelt gestalten und für sie sorgen in Verantwortung vor Gott. Dieser ist das Gegenüber, dem wir Antwort schuldig sind. Ohne den bewußten Bezug auf Gott verliert die menschliche Freiheit und Kreativität den Maßstab der Verantwortung, wenn der Mensch seine Fähigkeit einsetzt, das Hier und Jetzt zu transzendieren. Das über sich hinaus Fragen nach Gott ist somit das alles umfassende Proprium des Menschen. „Beharren wir darauf, daß Gott über den Menschen hinausgeht, dann geht auch der Mensch über sich hinaus."[99] Er hat dabei die Freiheit, auch nein zu sagen, nein auch zu Gott, riskiert dann aber, daß er in seinem Handeln wahr und falsch nicht mehr sicher unterscheiden kann und seine Freiheit zu sklavischer Verkettung an inhumane Mächte wird.

99 Chesterton 2000, S. 252.

Gott und Staat

Ganz besonders erweist sich die Unverzichtbarkeit des Gottesbezugs bei der Ordnung des menschlichen Zusammenlebens in Gesellschaft und Staat. Die Geschichte kennt zahllose soziale und politische Zustände von Inhumanität. Diese verbreitet sich auch und gerade dann, wenn Religion und Gottesglauben pervertiert und mißbraucht werden, weil die Gottebenbildlichkeit jedes Menschen geleugnet wird. Der heillos depravierten Natur des Menschen würde dann angeblich nur der feste Griff einer irdischen Macht gerecht. Dostojewski hat diesen Irrweg in seiner Novelle vom Großinquisitor in einem gültigen Bild als Negation des liebenden Geistes Gottes gegeißelt.

Sprechen dagegen aber nicht die in der Geschichte stets wiederkehrenden Zeiten, wo sich die Aussichten so zu verdüstern scheinen, daß alle Hoffnungen auf Abwendung von Niedergang und Zusammenbruch scheinbar verzweifeln müssen? Bleibt dann nur noch das heroische Aushalten der sich scheinbar naturnotwendig vollziehenden Katastrophen, die illusionslose Einsicht in die Unbelehrbarkeit und Heillosigkeit der Menschennatur? Ein solcherart misanthropisches Menschenbild, wie es politisch von rechter wie linker Seite gepflegt wird, zerstört erst recht das Fundament, auf dem die Kraft für Umkehr und Erneuerung aufbauen könnte. Jener Heroismus des bloßen Standhaltens wähnt sich der Tapferkeit, die erkannt geglaubte geschichtliche Ausweglosigkeit ertragen zu können, tatsächlich erblickt er nur das Nichts, ist er im Grunde nihilistisch. Wirklich tapfer wäre hingegen, beharrlich an der übernatürlichen Hoffnung des Christen festzuhalten, von der Bemühung nicht zu lassen, im jeweiligen Lebenskreis den Funken zu schlagen, der uns die verborgene Wirklichkeit des Gottesreiches – wenngleich nur im Schein eines Blitzlichts – enthüllt. Der Kuß des dostojewskischen Jesus auf die Lippen des konsternierten Großinquisitors setzt dessen Jeremiade über die schlechte Menschennatur die christliche Haupttugend der Liebe entgegen, die der Fels der Hoffnung im Glauben und durch ihn ist.

Dem naturalistischen Materialismus, für den Geist nur das Resultat einer Gehirnfunktion ist, entspricht ein politischer Materialismus, dem die vermeintlich ehernen Gesetze von Wirtschaft, Gesellschaft und Politik alles sind, weshalb Ordnung allein die zweckdienliche Einrichtung und ggf. Veränderung von Rahmenbedingungen und Strukturen gewährleisten könne. Nur wenn die moralisch depravierten Menschen in einem entsprechenden Gehäuse lebten, würden sie sich tendenziell auch ordnungsgemäß verhalten. Dies verkehrt jedoch das wahre Verhältnis zwischen dem Menschen und seiner Lebenswelt und läuft immer auf die Vergewaltigung des einzelnen hinaus. Jene Strukturen sind nämlich vom Menschen gemacht und als solche Ausfluß seines kreativen Geistes. Sie können nur tragfähig und also menschengemäß sein, wenn sie von der moralischen Haltung jedes einzelnen ihrer Glieder getragen werden. Die unaufhörliche Anstrengung des menschlichen Geistes also ist das Primäre, und vom Ethos ihrer Mitglieder ist jede politische Ordnung allererst abhängig. Die Verkehrung des Verhältnisses von Ethos und Struktur aufgrund der unterstellten ethischen Unzuverlässigkeit des Menschen verneint dessen in seiner Gottebenbildlichkeit gründende transzendente Orientierung, seine Begabung mit Freiheit, Verantwortung, Gewissen – sein mögliches Ethos. In jedem politischen System, das für diese Wirklichkeit blind ist und Transzendenz mißachtet und zerstört, gibt es daher keine wirksamen Schranken gegen die Inhumanität, die immer zugleich Gottlosigkeit ist – gerade dann, wenn sie sich mit dem Gegenteil zu maskieren sucht.

Als kaum vereinbar mit dem Gottesglauben erscheint deshalb die Vorstellung, die menschliche Geschichte verlaufe in nicht beeinflußbaren Prozessen einer longue durée, die wir aushalten und abwarten müßten, bis der geschichtliche Tidenhub zu einer neuen Zeitsignatur wechsele – ob zu einem Besseren, sei angesichts der Fragilität der menschlichen Bemühungen zweifelhaft. Eine derartiger Stoizismus rechnet nicht mit einem Grundelement der Gottebenbildlichkeit des Menschen, seiner Freiheit und der mit ihr gegebenen kreativen Phantasie zur Veränderung – und d. h. zunächst und in erster Linie der inneren Wandlung seiner selbst. Auch hier gilt: Nicht in der Umkehr der Verhältnisse, sondern in der *metánoia* des Geistes liegt das geheime Bewegungsgesetz der Geschichte, jenseits aller sog. realen Faktoren wie etwa den vermeintlich zwingenden Imperativen von Wirtschaft oder Politik. Nichts kann sich ändern, solange die Menschen sich nicht selbst von innen, in ihrer Seele ändern. Das göttliche Kind wird immer wieder neu geboren – zuerst in den Träumen und Hoffnungen der Menschen, um dann in ihren Herzen Einzug zu halten und ihr Handeln zu leiten.

Unsere Wirklichkeit und unsere Vernunft, auch die politische, haben mehr als eine Dimension. Wer sich ausschließlich an die vermeintlich handfesten Fakten hält, wer sog. politischen Realismus gegen jenes angeblich romantische Träumen ausspielt, obwohl dieses im menschlichen Streben angelegt ist, sich selbst und seine Situation mit Gottes Hilfe zu transzendieren, der verfehlt und mißachtet das – nach christlicher Anschauung – auf das Göttliche hin offene Bild und Selbstverständnis des Menschen. Zu diesem gehört am Ende gewiß auch die Einsicht, daß die Welt niemals in ein Paradies des ewigen Friedens und Wohlstands verwandelt werden könne. Und dennoch befiehlt der Glaube an das erwartete Reich Gottes uns nicht, die Hände in den Schoß zu legen – im Gegenteil: Infolge des Investiturstreits wurde im lateinischen Christentum die schon biblische Unterscheidung zwischen Imperium und Sacerdotium bekräftigt. Trotz gegenteiligem Anspruch der Kirche auf Suprematie hat diese der politischen Sphäre letztlich ihr Eigenrecht zuerkannt. Das Christentum selbst hat somit einen wichtigen Anteil an der Herausbildung einer auf das Diesseits gerichteten Mentalität. In dieser wird die irdische Geschichte nicht mehr als unabwendbares Schicksal verstanden, sondern als Herausforderung zu aktiver Gestaltung und dem nicht nachlassenden Bemühen um Besserung dieser Welt. Gerade indem wir uns dieser Aufgabe hinieden verantwortlich und mit aller Kraft, und d. h. mit Vertrauen auf Gottes Hilfe, zuwenden, ist uns das Reich Gottes schon immer gegenwärtig.

Auch im demokratischen und sozialen Rechtsstaat verstehen sich Menschenwürde, Freiheit, Rechtlichkeit und Solidarität keineswegs von selbst. Ihre Geltung hängt – nach einem bekannten Wort – vielmehr an Voraussetzungen, die der Staat selbst nicht gewährleisten kann: letztlich am Ethos seiner Bürger. Deren moralische Erziehung und Selbsterziehung zur bürgerlichen Tugend ist deshalb grundlegend – wie schon vor fast zweieinhalb Jahrtausenden der platonische Sokrates wußte, als er seinen Gesprächspartner fragte, ob er denn meine, Verfassungen entstünden „von der Eiche oder vom Felsen" und nicht „aus den Sitten (*éthos*) derer, die in den Staaten sind"[100]. Und so nicht anders der Philosoph Josef Pieper angesichts der Katastrophen des 20.Jhs.: „(...) das Gemeinwohl bedarf der Tugend aller Einzelnen; es ist nicht verwirklichbar, wenn nicht die einzelnen Glieder des Gemeinwesens gut sind, nicht nur im engeren Sinn gerecht, sondern 'gut', auch im Sinn persönlichster und verborgenster und sozusagen privatester Tugend"[101]. Ohne die Verankerung des „Staates in uns" (Romano Guardini, vgl. o. Kap. 7) hat auch der demokratische Bürgerstaat als gelebte Wertewelt keine längerfristige Aussicht zu überleben.

Die Verinnerlichung der humanen Werte in einem individuellen bürgerlichen Ethos kann freilich nur gelingen, wenn dieses nicht manipulierbaren Setzungen unterworfen ist, sondern selbst für den demokratischen Souverän nicht zur Disposition steht, weil es sich an einem absoluten Maßstab orientiert.[102] Letztlich gründet das Ethos des Bürgers nämlich im Geheimnis der Schöpfung, d. h. in der menschlichen Gottebenbildlichkeit. Jenseits der institutionellen Sphäre des Staates bietet allein ein solches auf Transzendenz hin offenes, christlich gespro-

---

100 Platon, Politeia 544d.

101 Pieper 1936, S. 36.

102 Daß eine offene Gesellschaft nur Bestand haben könne, wenn ihre Mitglieder Überzeugungen haben, die nicht zur Disposition stehen, begründet Spaemann 2010, S. 299ff. philosophisch in zehn Punkten. Sie laufen darauf hinaus, der Religion den ihr zukommenden Platz einzuräumen – nicht weil sie unmittelbar politisch nützlich wäre, was in Totalitarismus münden müsse, sondern weil sie die entscheidende, außerhalb der staatlichen Sphäre liegende Quelle seiner Legitimität ist. „Athene schiebt am Ende der Orestie die Erinnyen nicht als unerheblich beiseite. Sie knüpft das Wohlergehen der Stadt daran, dass sie, die vor der Stadt waren und nicht Resultat einer politischen Konsensbildung sind, in der Stadt einen geheiligten und garantierten Platz einnehmen. Das ist das Gesetz jeder freien Gesellschaft." (S. 309) Vgl. dazu ausführlich Stahl 2003b, S. 148ff.

chen: an Gottes offenbarter Wahrheit orientiertes Ethos Gewähr für Freiheit, Menschenwürde und Frieden.

> „Nur von diesem Ausgriff des Menschen über sich hinaus erfolgt die Integration des einzelnen in sich selbst und mit sich wie die Integration der Gemeinschaft. Nicht das Interesse, sondern nur die Wahrheit kann die Menschen gültig verbinden (...).“[103]

Gewiß muß der freiheitliche Rechtsstaat als Institution weltanschauliche Neutralität wahren. Das bedeutet, daß der Staat das Religiöse ebensowenig politisch instrumentalisieren wie sich das Politische durch eine Religion vereinnahmen lassen darf. Diese Neutralität des Staates ist ein Element seiner Freiheit, die er letztlich der christlichen Botschaft verdankt. Sie befreit die sozialen und politischen Ordnungen von allen unmittelbar sakralen Setzungen und überantwortet deren Gestaltung der verantwortlichen Freiheit der Menschen. Doch muß die so möglich werdende, einzigartige Staatlichkeit, und d. h. auch der freiheitliche Rechtsstaat – bei Strafe seines inneren Verfalls – durch die Schaffung geeigneter Rahmenbedingungen und die Zulassung entsprechender öffentlicher Manifestationen sicherstellen, daß den Bürgern, die dieses Gemeinwesen tragen, ermöglicht wird, das notwendige Ethos auszubilden. Dessen Grundlage ist – Sokrates erkannte dies als erster – die nimmermüde Suche nach der Wahrheit. Sie schließt Pluralität und Toleranz nicht aus. Toleranz heißt denn auch nicht, daß „jeder nach seiner Fasson selig werden“ könne. Eine solche Haltung beweist nur das Desinteresse am Mitbürger. Toleranz ist mehr als die bloße Abwesenheit von Voreingenommenheit, sie geht gerade auf die abweichende Position ein, nimmt diese hin als Beitrag zur fortgesetzten Gemeinsamkeit in der Suche nach der Wahrheit – in der Überzeugung, daß es eine solche gebe und wir bestrebt sein müssen, sie zu erkennen. Gesellschaftliche Toleranz ist deshalb alles andere als ein beliebiger Relativismus der Werte, und sie erstreckt sich auch nicht auf das offensichtlich nicht Tolerierbare.

---

103 Benedikt XVI. 2012, S. 168.

Da die Werte, auf denen der Staat als Gemeinschaft der Bürger ruht, in Europa geschichtlich im Letzten im Christentum wurzeln, kann die staatliche Neutralitätspflicht, verstanden als Toleranz, sich nicht in Agnostizismus äußern, sondern muß die Sicherstellung der Verkündigung christlicher Lehre im öffentlichen Raum zur Folge haben. Ansonsten kann auch eine Räuberbande, so Augustinus, oder nach Kant eine Gemeinschaft von Teufeln – wie dies im 20. Jh. wiederholt Wirklichkeit geworden ist – sich eine der Form nach republikanische Verfassung geben, unter der aber weder Wahrheit noch Recht existieren, weil es das Gute, indem es geleugnet wird, nicht mehr gibt.[104] In Selbstermächtigung und Leugnung jeder transzendenten Unbedingtheit liegt nämlich das Wesen der dem Bürgerstaat antagonistischen totalitären Versuchung. Gegen sie kann nur das „Bewußtsein der Verantwortung vor Gott und den Menschen" (GG, Praeambel) in Stellung gebracht werden. Im letzten ist Verantwortung und Gewissen nur vor Gott möglich, und deshalb ist allein der Gottesbezug in der Verfassung ein hinreichender Garant für Rechtsstaat und Demokratie. Aus ihm folgt notwendig die Präsenz der diesen Zusammenhang repräsentierenden Zeichen und Symbole im öffentlichen Raum.

Wird damit aber nicht doch das Neutralitätsgebot für den Staat konterkariert und gegen den religiösen Pluralismus in der Gesellschaft verstoßen? Keineswegs: Unsere freiheitliche Demokratie ist eine über Jahrhunderte hin entstandene Errungenschaft. Sie hat einen historischen Wurzelboden, von dem sie sich nicht lösen darf, ohne sich selbst in Frage zu stellen. Zu den wichtigsten und kräftigsten ihrer Wurzeln gehört die christliche Botschaft von der Wahrheit des Evangeliums der Liebe, Freiheit, Menschenwürde und göttlichen Gnade. Diese Werte stehen im Letzten hinter dem langen Kampf der europäischen Völker um den freiheitlich-demokratischen Rechtsstaat. Sie erst haben ihn möglich gemacht, gehen ihm voraus und unterliegen deshalb nicht der Disposition des demokratischen Souveräns. In diesem Sinne stellt

---

104 Contra Niesen 2001.

auch das Zeichen des Kreuzes im öffentlichen Raum nicht das Symbol einer Religion dar, die gegenüber anderen Glaubensrichtungen eine, von außen betrachtet, angemaßte Vorrangstellung behaupten würde. Es ist vielmehr *deíxis* (öffentlicher Aufweis, Herodot[105]) der unserer Verfassungsordnung zugrunde liegenden Anthropologie, die die ausnahmslose, uneingeschränkte und unantastbare Würde des Menschen, aller Menschen, in den Mittelpunkt stellt und deren freie Entfaltung als oberstes Verfassungsziel fordert. Vor diesem Hintergrund beeinträchtigt das Kreuz Jesu Christi die Praktizierung anderer religiöser Vorstellungen nicht, ermöglicht sie vielmehr, setzt ihnen freilich auch Grenzen. Insofern besitzt unsere Demokratie, in ihrer im Grundgesetz niedergelegten Verfaßtheit, einen nicht relativierbaren Kern unbedingter Wahrheit. Daraus folgt, daß alle menschliche Politik nur ein Vorletztes sein kann. Ihre Gebundenheit an Wahrheit gebietet indes, anders als im Falle des Islam, weder gewaltsame Ausbreitung noch die Unterdrückung konkurrierender religiöser Sinnangebote oder die Negierung der allgemeinen Menschenwürde.

Glaube und menschliche Vernunft widersprechen sich also auch im Hinblick auf das Gemeinwesen nicht. Sie begegnen sich vielmehr in der Überzeugung, daß wir den Grund unserer Welt weder in Zufall und Auslese noch in menschlichen Machinationen erblicken können, sondern nur wenn wir davon ausgehen, daß Menschenwelt und Universum von Geist und Vernunft erfüllt sind. Mehr denn je sind wir heute auf die Deutung der Wirklichkeit durch jene „Schritte über uns hinaus" (Robert Spaemann) verwiesen, die die naturalistische und (polit-)technische Rationalität einbetten in eine weitere Vernunft, die offen ist für den Blick auf die Transzendenz, für Gott. ER ist nicht der unerreichbar Jenseitige, auch wenn wir ihn mit den Mitteln der wissenschaftlichen Rationalität nicht beweisen können. Die angemessene Annäherungsweise an Gott ist vielmehr der Glaube, der uns aufgehen kann, wenn wir auf die Wirklichkeit Gottes im Hier und Jetzt tref-

---

105 Vgl. dazu Stahl 2008a, S. 49.

fen – wenn wir immer weiter die Geheimnisse der Natur entschlüsseln dürfen, wenn wir erfahren dürfen, daß Menschen sich immer wieder auf den Weg machen und *metánoia* keine Utopie ist, ja wenn wir an besonderen Höhepunkten unserer Geschichte wie den Ereignissen von 1989 erleben dürfen, daß die Hand Gottes uns auch in der Gemeinsamkeit unserer Geschichte nicht allein läßt.[106] Alltäglicher schließlich und dennoch stets aufs Neue eine einmalige Erfahrung, wenn wir der unerschöpflichen Schönheit der menschlichen Kultur begegnen. Nicht zuletzt das Schöne, das den, der es erlebt, als existenzielles Ereignis trifft, in dem ihm der Vorschein ewiger Wahrheit zuteil wird, erschließt uns die Potentiale der weiteren Vernunft.

Wir müssen uns auf diese zur Transzendenz hin geöffnete Vernunft einlassen, wenn wir die Errungenschaften des seit der Antike entstandenen europäischen sozialen und politischen Ordnungsmodells sichern wollen. Sein Fundament ist die Gottebenbildlichkeit des Menschen.[107] Sie befähigt ihn zu einem humanen Ethos, welches allein eine gerechte und freie Ordnung tragen kann, wie schon Sokrates im alten Athen erkannte. Die europäische Tradition verdankt sich letztlich dieser ihrer Offenheit zur Transzendenz, ihrem Glauben an Gottes Wirken. Jerusalem, Athen und Rom sind die Fixsterne unserer Tradition. Deren Glutkern ist die Überzeugung, daß die Wahrheit und das Gute, das Recht, die Freiheit und die Liebe bei Gott sind und wir deshalb an seiner alles übersteigenden Unbedingtheit, an seiner Vernunft als dem Allgrund festhalten müssen. Unsere Vernunft muß sich konsequent der Suche nach der Wahrheit und dem Guten verpflichten, sonst kapitulieren wir vor der Macht der auf Nützlichkeit, Egoismus und Geldmacherei fixierten Partikularinteressen.

Europa darf und muß mit seiner Prägekraft auf die Welt, die sich im Zeitalter der Globalisierung noch zu potenzieren scheint, auch seine christlichen Fundamente weitergeben, sonst gibt es seine Identität auf,

---

106 Vgl. Schacht/Seidel 2015, S. 15ff., 177ff.
107 Vgl. in aller Kürze Reiser 2010, S. 86f.

verliert seine Existenzberechtigung als geschichtliche Größe und überlebt allenfalls als Produktionsstandort für wissenschaftliche Rationalität und technische Innovation. Der aus der Geschichte Europas, insonderheit der christlichen, hervorgegangene freiheitlich-demokratische Rechtsstaat ist ein absoluter Wert. Wir sollten ihn nicht für uns allein, exklusiv behalten wollen. Er tendiert vielmehr seinem innersten Wesen nach zur Selbstüberschreitung in die Universalität der Menschheit. Europa und seine Staaten dürfen sich insofern nicht nach außen abschotten – was ohnehin auch nur temporär durchführbar wäre.

Das universale Ideal, das uns leiten sollte, ist in vergleichbarer Weise bereits vor bald 2000 Jahren im Blick auf die damals einzig denkmögliche Universalität formuliert worden. Um 200 n. Chr. pries der Kirchenvater Tertullian im afrikanischen Karthago das römische Weltreich: „An die Stelle berüchtigter Einöden sind lachende Kulturen getreten (...). Überall Bauten, staatliche Ordnung, Leben."[108] Und ein halbes Jahrhundert zuvor sprach der Grieche Aelius Aristides vor dem Kaiser in Rom davon, „daß die Erde die Mutter aller und das für alle gemeinsame Vaterland sei", in dem sich „eine einzige Harmonie staatlicher Ordnung entwickelt (habe), die alle einschließt". „Allen stehen alle Wege offen. Keiner ist ein Fremder(...)", denn es gebe „eine umfassende und rühmliche Gleichheit des Geringen mit dem Mächtigen, des Unbekannten mit dem Bekannten, des Bedürftigen mit dem Reichen, des Einfachen mit dem Adligen"[109].

Der christliche Glaube stellt uns heute vor eine große Aufgabe: jenseits von Kolonialismus und Eurozentrismus und über den Export unserer Wissenschaft und Technik hinaus der zusammenwachsenden Welt in neuer, durch Vorbildlichkeit vermittelter Weise zu verdeutlichen, daß in unserer – allerdings durch Selbstreflexion und Umkehr geläuterten – Lebensform, gerade wenn sie von außen so massiv infrage gestellt wird wie derzeit, das gute Leben untrennbar ist von den in der

---

108 Tertullian, de anima 30, 3; Übers.: Verf.
109 Aelius Aristides, Eis Romen, Rede auf Rom, 100; 66; 60; 39; Übers.: Richard Klein.

Gottebenbildlichkeit des Menschen liegenden Werten. Wir werden uns auf diesem Weg, wie gerade die katholische Weltkirche heute vielleicht am klarsten zu sehen vermag, mit den humanen Werten der anderen Kulturen und Religionen treffen, ohne ein Jota des Eigenen aufgeben zu müssen.

Wer zu einer anderen Moderne will, bohrt zwar dicke Bretter, weiß aber, daß der Sinn seines Tuns sich letztlich einer göttlichen Weisung und der Erfolg seiner Anstrengung göttlicher Gnade verdankt. Nicht zuletzt dadurch hebt sich der neue Habitus von der gegenwärtigen Moderne ab mit ihrem Macht– und Machbarkeitswahn und dem blinden Vertrauen in jede Form von Sozialtechnologie oder dem allzu einfachen und wenig vernünftigen Ruf nach Anwendung und Durchsetzung staatlicher Macht. Eine solche Moderne zeugt von jenem bewußt praktizierten, aber wohl nicht mehrheitlichen Atheismus, dem sich eine andere Moderne aktiv entgegenstellen muß, während der verbreitete Atheismus, zumeist aus Unwissenheit und ohne tiefere Überzeugung, zu respektieren ist und eine Herausforderung für Bildungsarbeit darstellt. Diese besitzt für den Weg in eine andere Moderne also immer auch eine religiöse Dimension.

Denn die Religion verliert in der gegenwärtigen Moderne keineswegs grundsätzlich an Bedeutung. Der bunte Reigen spiritueller Angebote eröffnet dem einzelnen gleichsam maßgeschneiderte individuelle Sinnstiftungen, jenseits herkömmlich verfaßter Religionsgemeinschaften. Das ist kein Randphänomen, sondern ein expandierender neuer Bereich. Er muß respektiert werden und ist in jedem Fall ein positives Zeichen. Die Menschen sind nach wie vor an innerem, geistigen Wachstum interessiert, doch die sog. Volkskirchen gehen darauf nicht angemessen ein. Täten sie es und nähmen die Sinnsuchenden ernst, dann würde von den Kanzeln nicht mehr Unmaßgebliches zu Umweltschutz, Klimawandel oder Migration verkündet, sondern von der einmaligen, wahrhaft erleuchtenden, Befreiung und Erlösung verheißenden Botschaft des christlichen Evangeliums erzählt – mit der begründeten Hoffnung auf sich wieder füllende Kirchenbänke.

Epilog
Das Schöne und die Politik

> „Und am Ende sind wir ja beide Idealisten
> und würden uns schämen,
> uns nachsagen zu lassen,
> daß die Dinge uns formten und nicht wir die Dinge."
> Friedrich Schiller an Wilhelm von Humboldt[1]

Als ich vor einiger Zeit zum ersten Mal auf das „Zentrum für politische Schönheit" aufmerksam wurde, eine Gruppe von Aktionskünstlern, die mit Aktionen oder Events für politische Probleme sensibilisieren wollen, stand der Titel dieses Buches längst fest. Dennoch war ich nicht wenig erstaunt, daß hier Künstler, mit großem Medienecho, das Schöne und das Politische zusammenzubringen versprechen, weil sie es für zusammengehörig erachten – ausdrücklich unter Berufung auf die moralische Formel der alten Athener: *Kalós kai agathós*, schön und gut, zu sein – das Ideal des athenischen Bürgers. Ein hehres Ziel: Obwohl wir, so diese Aktivisten, alle Mittel besäßen, Krieg, Waffenhandel, Hunger, Vertreibung, Menschenrechtsverletzungen aller Art zu unterbinden, geschehe nichts, und das sei eine „Schande unseres Anspruchs auf Humanität". Um die Politiker auf die globalen Verbrechen gegen die Menschenwürde aufmerksam zu machen und die Politikverdrossenheit der Bürger aufzubrechen, müsse endlich „der Faktor politische Schönheit ernst" genommen werden. Denn: „Die menschliche Seele braucht das Gefühl von Größe, Schönheit, Gerechtigkeit und Anstand." So weit, so gut und richtig, aber vielleicht doch nur gut gemeint. Denn angeblich

---

1   Friedrich Schiller an Wilhelm von Humboldt (2. April 1805). – In: Der Briefwechsel zwischen Friedrich Schiller und Wilhelm von Humboldt, 2. Bde., hrsg. v. S. Seidel. Berlin 1962, S. 267.

in diesem Geist durchgeführte theatralische Inszenierungen inmitten der Hauptstadt sprechen in meinen Augen eine andere Sprache, die des „aggressiven Humanismus", der angeblich nötig sei, der kalkulierten Tabuverletzung (Vernichtung von Lebensmitteln), des zynischen Spiels mit der Sensationsgier („Flüchtlinge fressen") oder wenigstens der Geschmacklosigkeit. Was daran Kunst und überdies „schön" sein soll, erschließt sich vielleicht den Urhebern dieser Happenings, bei einem breiteren Publikum würden sie eher Wahrheit und Geltung dessen unterminieren, was wir zu Recht „schön" nennen. Also trotz guter gedanklicher Ansätze kein gelungener Beitrag zu einer neuen Kultur des Politischen.[2]

Was aber wäre dann politische Schönheit? Wie ist es zu verstehen, wenn unser Buchtitel das Schöne und die Politik in eine Nähe rückt, die eher zu gegenseitiger Abwehr und Abstoßung zu führen scheint als zu befruchtender Verbindung? Inwiefern ist eine andere Moderne jedoch gar nicht vorzustellen ohne die ästhetische Dimension? Kultur in allen ihren Facetten bedeutet Leben, das offen ist für Geist und Schönheit und im Idealfall davon erfüllt ist. Kultur betrifft und begegnet uns daher als einzelne, aber auch in Gemeinschaft. Sie ist nie zu trennen vom Leben der Gesamtgemeinschaft, also vom Politischen. Literatur oder Musik, Bildkunst oder Philosophie können freilich mißverstanden oder mißbraucht werden als beliebige Dekoration, mit der eine Lebenswirklichkeit aufgeschmückt wird, deren Sinn und Substanz ganz woanders liegen, in Macht oder Geld etwa. Kultur kann davon dann ablenken, verschleiernde Theaterkulisse sein, oder anderweitig nicht zum Zuge kommende Bedürfnisse kompensatorisch befriedigen. So geschieht es auch vielfach in der gegenwärtigen Moderne. Schönheit wird zur Werbeillusion, die den einzelnen zu kommerziell motivierten Scheinbefriedigungen verführt.[3]

---

2 Zitate und Nachweise auf: http://www.politicalbeauty.de/Hinweise.html

3 Vgl. Scruton 2013, S. 267: „Wir erleben die Werbung als häßlich, weil sie ein Avatar dessen ist, was uns zu zerstören droht – die Gewohnheit, die Welt und alles, was sie enthält, zum Konsumobjekt zu machen." Zur Illusion des Schönen ferner Scruton 2012, S. 237ff.; Hauskeller 1999,

So gut wie keine Rolle spielt das Schöne an den öffentlichen Orten und für die offiziellen Auftritte und Manifestationen unserer freiheitlichen Demokratie. Gewiß, die Institutionen unserer Kultur sehen äußerlich betrachtet blendend aus: Theater, Opern- und Konzerthäuser, eine Fülle von Orchestern, die Museen und Sammlungen, die Bibliotheken – überwiegend staatlich finanziert und im allgemeinen auch gut besucht. Staatliche Gebäude, Denkmäler, historische Gedenkstätten und Stadtplanungen sind in bester Verfassung und, da fast nie ohne Architektenwettbewerb errichtet, nicht ohne ästhetischen Anspruch. Doch all dies erscheint häufig beliebig, jedenfalls ohne reflektierten Bezug zu einer politischen Kultur, zu der es gehören müßte. In Deutschland ist das verständlicherweise besonders ausgeprägt, der horrende Mißbrauch von Kultur in der jüngeren Geschichte hinterließ ein Trauma, das immer noch tief sitzt.

Dennoch: Die Pluralität von Weltsichten in einer Bürgergesellschaft gebietet nicht ästhetische Beliebigkeit. Was dieser reichen Landschaft öffentlicher Kultur fehlt oder was zumindest nicht sichtbar genug wird und sie damit nicht den Platz einnehmen läßt, der ihr in einem Bürgerstaat zukommen müßte, ist ein einigender Gedanke, ein gemeinsames Ideal. Erst dieses würde sie unterscheiden von einer je persönlichen, nur privaten Neigung und Beschäftigung, die man haben kann, aber auch lassen könnte.[4] Dadurch würde die Kultur einen notwendigen, für unsere Gemeinschaftsordnung zwingenden Charakter gewinnen, würde zur politischen Kultur werden.

Worin besteht dieses Ideal? Sein Arcanum ist das Schöne, all das Schöne, welches in Wort, Ton oder Bild die Substanz dessen ausmacht, wodurch und womit die Werke unserer Kultur leben. Die Masse davon liegt beschlossen in den Hinterlassenschaften unserer europäischen Vergangenheit, deren Erschließung für die Gegenwart das Hauptziel der

---

S. 68ff.

4   Vgl. Scruton 2013, S. 264, der zu Recht auf zwei Ursachen für die Abkehr der Moderne vom Schönen hinweist: dessen Erklärung zur Privatsache und die Unmöglichkeit, es mit Geld aufzuwiegen.

kulturellen Arbeit ist und sein muß. „Schönheit", so Roger Scruton, „ist das Herz der Oikophilie"[5]. Allein auf diese Weise verwandelt sich der Rückgriff auf 2500 Jahre zu lebendiger Geschichte.[6] Was sie uns als Schönes überantwortet, ist indessen nicht beliebige Ansichtssache. Das Schöne liegt nicht im Auge des Betrachters oder ist je nach Zeitgeist neu zu definieren.[7] In einer anderen Moderne ist die neuzeitliche Subjektivierung der ästhetischen Erfahrung, vor allem nach Kant, zu revidieren, wonach „die tatsächliche Beschaffenheit der Dinge keinerlei Relevanz besitzt und allein der künstlerische Blick und Akt den Dingen Schönheit verleiht."[8] Mit dieser Distanzierung von der unmittelbaren sinnlichen Erfahrung dessen, was uns im Schönen begegnet, wurde das fast zweitausend Jahre unbezweifelte Verständnis des Schönen als Inbegriff der sinnerfüllten Wohlgeordnetheit der Welt bzw. – in christlicher Zeit – als Vorschein der Herrlichkeit Gottes zerstört. Darin liegt

5   Scruton 2013, S. 289. Deshalb ist die Zerstörung der Oikophilia in der gegenwärtigen Moderne zugleich die Abkehr vom Schönen. Diesen Zusammenhang erkannte bereits Goethe, der die Folgen der sich ankündigenden Veränderungen der Moderne in Faust, Zweiter Teil, poetisch reflektierte: Die arkadisch-schöne Welt von Philemon und Baucis ist in den Augen des Weltkolonisators Faust ein potentiell widerständiges Ärgernis und muß in Flammen aufgehen. Vgl. dazu Jaeger 2008, S. 87ff. et passim.

6   Geschichte als Bewußtsein gegenwärtiger Vergangenheit ist deshalb immer auch Arbeit am Schönen (vgl. o. Kap. 2). Sie gilt der Aufdeckung der verborgenen Gespinste zwischen Vergangenem und Gegenwärtigem (vgl. o. Kap. 4). Vgl. ähnlich Han 2015, S. 90.

7   Vgl. Scruton 2012, S. 247f.: „Aber wenn man deklariert, wir seien (...) frei, das Schöne einfach auf subjektive Vorliebe (...) zu reduzieren, so übersieht man, wie stark Vernunft und Werte unser Leben durchdringen. Man sieht dann nicht, daß es für ein freies Wesen ein richtiges Gefühl, eine richtige Erfahrung und eine richtige Art der Freude ebenso gibt wie richtige Handlungen."

8   Hauskeller 1999, S. 42. Hauskellers Plädoyer für die Rehabilitierung eines objektiven, in den Dingen selbst liegenden Schönheitsverständnisses argumentiert von einem phänomenologischen Denkansatz aus. Dieser sieht von einer metaphysischen Grundierung ab, betritt stellenweise jedoch die Schwelle, auf der sich die Tür zu einer Letztbegründung unabweisbar auftut: Wenn er die der Schöpfung inhärente Teleologie in den Blick nimmt, daß etwas „tatsächlich geschaffen werden *sollte*". „Was im Werdeprozeß stattfindet, ist nicht nur eine beliebige Umformung von Seiendem. Natur verstanden als *physis*, als lebendiges Werden, beinhaltet immer eine zielgerichtete Veränderung, und damit letztlich die Realisierung eines *individuellen Wertes*, denn wo ein Prozeß ein Ziel hat, ist sein Ausgang nicht mehr gleich-gültig, und jedes angestrebte Ziel setzt einen Wert." (Hauskeller 1999, S. 41, Kursivierung dort) Das ist zweifellos so, doch wer setzt dieses Ziel und diesen Wert? Der Schritt zur Anerkennung einer transzendenten Instanz und zum Begriff der „Gottebenbildlichkeit" scheint mir von hier aus klein und folgerichtig. Vgl. o. Kap. 8.

menschliche Selbstermächtigung, die die Zerstörungspotentiale der Moderne bis hin zur Möglichkeit der Selbstauslöschung freigesetzt und die Häßlichkeit unserer heutigen Lebenswelt herbeigeführt hat.[9]

Wollen wir diesen Weg der Vernichtung von Schönheit verlassen, so müssen wir die alteuropäischen Verbindung zwischen dem Schönen und dem Wahren und Guten wieder in ihr Recht setzen.[10] Der Traum einer anderen Moderne: daß alle Schönheit offensichtlich gut und alle Tugend erotisch wäre. Der scheinbar ungehört verhallte Appell Hölderlins und Hegels in einem der zentralen Texte der deutschen Philosophie gilt unverändert:

> „Idee der Schönheit (...). Ich bin nun überzeugt, daß der höchste Akt der Vernunft, der, in dem sie alle Ideen umfaßt, ein ästhetischer Akt ist und daß Wahrheit und Güte nur in der Schönheit verschwistert sind. Der Philosoph muß ebenso viel ästhetische Kraft besitzen als der Dichter. Die Menschen ohne ästhetischen Sinn sind unsre Buchstabenphilosophen. Die Philosophie des Geistes ist eine ästhetische Philosophie. Man kann in nichts geistreich sein, selbst über Geschichte kann man nicht geistreich räsonnieren – ohne ästhetischen Sinn."[11]

Denn als schön empfinden wir etwas, wenn wir in ihm einen Wert erkennen, der ihm selbst eigen ist. „Was aber schön ist, selig scheint es in ihm selbst", sagte Eduard Mörike.[12] „Das Schöne ist das vollkommene Zu-sich-selbst-Kommen eines Wertes in der Unwiederholbarkeit einer

---

9   Vgl. Scruton 2012, S. 244: „Das Schöne verschwindet aus unserer Welt, weil wir so leben, als hätte es keine Bedeutung (...). Die falsche Kunst unserer Tage, ein Gemisch aus Kitsch und Entweihung, ist ein Zeichen dessen. Der Hinweis darauf sollte aber nicht zur Verzweiflung verleiten. Es ist ein wesentliches Merkmal vernunftbegabter Wesen, daß sie nicht nur in der Gegenwart leben. Sie besitzen die Freiheit, diese Welt abzulehnen und anders zu leben. Die Kunst, Literatur und Musik unserer Zivilisation erinnern sie daran und weisen zugleich den Weg, der immer vor uns liegt: weg von der Entweihung und hin zum Heiligen. Und nichts anderes lehrt uns das Schöne."

10 Vgl. dazu die knappen, in ihrer Schlichtheit wuchtigen Ausführungen von Guardini 1948, S. 40ff. u. passim sowie Han 2015, S. 95: „Wenn die Wahrheit sich in das Werk setzt, erscheint sie. Das Erscheinen ist (...) die Schönheit."

11 Jamme 1984, S. 12f. (Systemprogramm, recto 32–36, verso 1–4) (vom Verf. sprachlich-formal an die gegenwärtige Schreibweise angepaßt)

12 Mörikes Werke in einem Band, hrsg. v. W. Rücker. Berlin/Weimar 1969, S. 111. („Auf eine Lampe", V. 9) Das „Scheinen" in diesem vieldiskutierten Vers halte ich mit Martin Heidegger für ein „lucet", ein Leuchten, wie es bei Platon heißt: „Nur der Schönheit ist aber dieses zuteil geworden, daß sie uns das Hervorleuchtendste (*ekphanéstaton*) ist und das Liebreizendste (*erasmiótaton*)." (Phaidros 250d)

konkreten Existenz."[13] Deshalb ist das Schöne uns – jenseits aller pragmatischen Zweckbestimmung – wichtig, so wichtig, daß wir die Zerstörung jedes Schönen immer noch als einen Akt der Unmenschlichkeit, als ein Verbrechen ansehen. Schönheit, sprachlich an Schonung gemahnend, verlangt unseren Schutz.

Es zeigt sich hieran: Schönheit zu erfahren ist ein anthropologisches Bedürfnis, wir haben ein „Verlangen nach Schönheit", wie Hans-Georg Gadamer formulierte[14], weil wir für ein gutes und menschenwürdiges Leben auf das Schöne angewiesen sind, durch das wir uns des Wertes unseres Seins unmittelbar, über unsere Sinne inne werden.[15] Diese Normativität wurzelt in der menschlichen Naturgeschichte und ist ein humanes Proprium.[16] Vom Schönen geht daher eine natürliche Autorität aus. Warum das so ist, auf welche Weise eine vollendete und schöne Form ihre überwältigende Attraktivität ausstrahlt, ist als sinnlich-empirische Tatsache letztlich nicht zu erklären. Unsere Berührung durch das

---

13 Hauskeller 1999, S. 50. Vgl. Scruton 2012, S. 13, 33; Löw 1994, S. 28.

14 Hans-Georg Gadamer: Schönheit. – In: Zeitschr. F. Ideengeschichte I, 2007, S. 100f. Vgl. a. Ders.: Die Aktualität des Schönen. Stuttgart 1977. Vgl. a. Scruton 2012, S. 222f.: „Unser Bedürfnis nach Schönheit ist nicht etwas, auf das wir einfach so verzichten könnten und uns dennoch als voll entwickelte Persönlichkeiten empfinden. Es handelt sich hier um ein Bedürfnis, das aus unserer metaphysischen Existenz als freie Individuen erwächst, die ihren Ort in einer mit anderen Menschen geteilten Welt suchen. (...) Die Erfahrung des Schönen (...) vermittelt uns, daß wir zuhause sind, daß die Welt in unserer Wahrnehmung geordnet ist, daß sie ein Ort ist, an dem wir zusammen mit anderen, die so sind wie wir, leben können."

15 Vgl. Röpke 1958, S. 116: „Was nützt aller materieller Wohlstand, wenn wir die Welt gleichzeitig immer häßlicher, lärmender, gemeiner und langweiliger machen und die Menschen den moralisch-geistigen Grund ihrer Existenz verlieren? Der Mensch lebt eben nicht von Radios, Autos und Kühlschränken, sondern von der ganzen unkäuflichen Welt jenseits des Marktes und der Umsatzziffern, von Würde, Schönheit, Poesie, Anmut, Ritterlichkeit, Liebe und Freundschaft, vom Unberechnenden, über den Tag und seine Zwecke Hinausweisenden, von Gemeinschaft, Lebensbuntheit, Freiheit und Selbstentfaltung. Umstände, die ihm das verwehren oder erschweren, sind damit unwiderruflich gerichtet, denn sie zerstören den Kern seines Wesens."

16 Zur evolutionsbiologischen Erklärung des Schönen vgl. Löw 1994, S. 30ff.; Menninghaus 2003, S. 66ff., 216ff.; Richter 1999; Renz 2006. All die naturwissenschaftlichen Herangehensweisen an das Phänomen des Schönen verfehlen dieses gerade dadurch, daß sie durch die Identifizierung bestimmter Eigenschaften eines schönen Objekts dessen Qualität als eine empirisch nachweisbare Tatsache ansehen. Doch hat Schönheit weder mathematische noch evolutionsbiologische Ursachen.

EPILOG

selbstevidente Schöne bleibt ein „intangibles Geheimnis"[17]. Es liegt in jenem Schönen, Poetischen, Hinreißenden, Verzaubernden jener Überstieg über die kleinliche und engherzige Welt der sog. Realisten jeder Couleur. Das Schöne führt heraus aus Konvention und Gewohnheit, es löst Erstarrungen[18], es macht über die bleierne Gegenwart hinaus frei für neues Sehen und Denken und öffnet für die Wirklichkeit der humanen Werte. Im „Ereignis des Schönen"[19] bricht Transzendenz in unser irdisches Dasein ein[20], wird das Heilige im Irdischen anwesend[21], und es ergreift uns jener Vorschein des Ewigen und Wahren, der uns trifft wie das Himmelslicht die Hirten zu Bethlehem[22], jene Kraft, die unser Herz öffnet und uns auch zu Gott führen kann:

> „In allem, was das reine und echte Gefühl des Schönen in uns weckt, ist Gott wirklich gegenwärtig. Es gibt gleichsam eine Art Inkarnation Gottes in der Welt, deren Merkmal die Schönheit ist."[23]

Schillers Plädoyer für eine Veränderung unseres Bewußtseins mit dem Mittel des Schönen, durch die erst der Staat der Freiheit und Vernunft, der Staat der Bürger, heraufgeführt werden könne[24], bedeutet nicht die Errichtung eines für alle verbindlichen, geschlossenen Weltbilds. Der

---

17 Seubert 2015, S. 494.

18 Vgl. Platon, Phaidros 251b: Durch das Aufnehmen des Schönen „schmilzt(...), was schon seit langem verhärtet(...)". Zu Platons Idee des Schönen vgl. Seubert 2015, S. 57ff.

19 Vgl. Nebel 1953. Seubert 2015 spricht von der „Ekstasis einer jählings sich einstellenden Epiphanie der Ewigkeit im Augenblick" (S. 486), Han 2015, S. 91 von Schönheit als einem „Beziehungsereignis".

20 Vgl. a. Seubert 2015, S. 483: „Diese metaphysische Dimension zeigt sich darin, daß das Kunstwerk in seiner sinnlichen Präsenz zugleich auf die nicht-sinnliche Sphäre diaphan wird." Ferner Scruton 2012, S. 74ff., 237; Spaemann 2010, S. 359f., 372.

21 Vgl. Gerl-Falkovitz 2016, S. 89. Das ist beispielsweise der Grund, warum alle bildlichen Darstellungen der Gottesmutter Maria bestrebt sind, sie als Vorbild der (fraulich-mütterlichen) Schönheit erscheinen zu lassen.

22 Löw 1994, S. 78 spricht von der „Stupor-Erfahrung", ein „Überwältigtwerden nicht durch eine Erfahrung, sondern in einer Erfahrung". Vgl. a. S. 87.

23 Weil 1954, S. 258.

24 Vgl. Scruton 2012, S. 237: „Jeder, der sich um die Zukunft der Menschheit Gedanken macht, sollte sich um eine Wiederbelebung der ‚ästhetischen Erziehung' im Sinne Schillers sorgen, bei der die Liebe des Schönen zum endgültigen Ziel erklärt wird."

Sünde absoluter Gewißheit, der des Fanatismus und der Verhärtung, der geistigen Haltung des Totalitären, macht sich nämlich nur schuldig, wer sich dem Schönen verweigert, weil er Wachstum und Veränderung, auch das ganz andere und Gute, nicht zulassen kann oder will. Aber auch von einer anderen Seite her kann man sich dem Schönen verschließen: Die Enthaltung von jeglicher Sinnstiftung, die weltanschauliche Abrüstung von Politik auf Null, wie sie die zurückliegenden Jahrzehnte immer häufiger gekennzeichnet hat, führt zu einem allzu abgemagerten Boden, der dann die Ordnung des Bürgerstaates auszehrt. Denn es genügt nicht, einen neutralen Rahmen von Regeln festzulegen, damit die Menschen in ihm konfliktfrei zusammenleben könnten. Pluralität und Toleranz müssen dort eine Grenze finden, wo sie auf Inhumanität treffen, auf die dezidierte Negation des Schönen.

Die Begegnung mit dem Schönen hingegen, nicht als Privatsache, sondern als gemeinschaftliches Erleben der Bürger, vermag allein das entscheidende Element bürgerlicher Tugend zu bilden: das allen gemeinsame Streben nach dem Ideal des guten und schönen Lebens im durchaus streitigen Ringen darum, was der Gemeinschaft zum Wohl gereiche. Es gehört daher zu unseren vornehmsten politischen Aufgaben, uns immer besser dafür aufnahmebereit zu machen, indem wir unsere Sinne schulen und unser Empfinden für das Schöne bilden. Erst „das Werk der ästhetischen Kultur (...) gewinnt unser Herz", so Schiller[25], erst dadurch werden rationale Einsichten zu lebenspraktischen Haltungen, die im Schönen unserer gemeinsamen Kultur verankert sind. Geist und Macht müssen keine Antagonisten sein, das Schöne – und nach Schiller das Spielerische – der Kultur und das Ernste der Politik sind vielmehr geradezu symbiotisch aufeinander bezogen und stellen erst zusammen die Lebenswelt des Staates der Bürger dar.[26]

---

25 Schillers Briefe, S. 219 (Brief an Prinz Friedrich Christian v. 11. November 1793).

26 Darf man es als Zeichen der Hoffnung nehmen, daß die Kulturstaatsministerin Monika Grütters am 3. November 2014 in ihrer Marbacher Schillerrede, Schillers Schönheitsphilosophie aufgreifend, in eben diesem hier vorgebrachten Sinne von der notwendigen „Versöhnung des Ästhetischen mit dem Politischen" sprach? (Monika Grütters: Schiller-Rede. – In: Jb. d. dt. Schillergesellsch. 59, 2015, S. 443ff.) Und daß der französische Präsident Emmanuel Macron am 10.

Die „Zeugung im Schönen" (*tókos en to kaló*) sei das eigentliche Ziel des erotischen Strebens, meinte Platon.[27] Denn das Schöne ist Mittler zwischen dem Göttlichen und dem Menschen. Dieser braucht die Schönheit als Geburtshelferin[28], um sich zu öffnen für Wissen und Erkenntnis, Wahrheit und Weisheit:

> Und was nun der „Seele ziemt zu erzeugen und erzeugen zu wollen", sei die „Weisheit (*phrónesis*) und jede andere Tugend (*areté*), deren Erzeuger auch alle Dichter sind und alle Künstler (...). Die größte aber und bei weitem schönste Weisheit (...) ist die, welche in der Staaten und des Hauswesens Anordnung sich zeigte, deren Name Besonnenheit (*sophrosýne*) ist und Gerechtigkeit (*dikaiosýne*)."[29]

Die Zusammengehörigkeit des Schönen mit dem Politischen ist hier, in Platons Diotima-Rede, an den Beginn der politischen Philosophie Europas gestellt – als letzte Stufe des menschlichen Aufstiegs zur Schau des Schönen, das auch für Platon eine Emanation des Göttlichen war.[30]

Das Schlußwort gebührt Hermann Hesse, dem ganz in diesem platonischen Sinne die durch Bildung geformte Gestalt des menschlichen Lebens als ein Stufengang erschien[31] und der 1949 in einem Brief schrieb:

> „Die Welt gönnt uns wenig mehr, sie scheint oft nur noch aus Radau und aus Angst zu bestehen, aber Gras und Bäume wachsen doch noch. Und wenn einmal die Erde vollends mit Betonkasten bedeckt sein wird, werden die Wolkenspiele

---

Oktober 2017 in der Frankfurter Universität vom geistigen Horizont seines politischen Engagements und von seinem literarisch-philosophischen Bildungsgang erzählte, der ihm „die Tore zum Wissen und zum Schönen geöffnet" habe (FAZ v. 11. 10. 2017, S.9)?

27 Vgl. Platon, Symposion 206b und e. Vgl. a. Han 2015, S. 96: „Das Schöne als Ereignis der Wahrheit ist generativ, hervorbringend, ja dichtend. (...) Schön ist nicht das Werk als Erzeugnis, sondern das Hervorscheinen der Wahrheit. (...) Das Schöne ist das Verbindliche. Es stiftet Dauer."

28 Vgl. Platon, Symposion 208d.

29 Platon, Symposion 209a. Vgl. zu diesem platonischen Gedanken die ausführliche Interpretation von Schmid 2000b, S. 81ff., 111ff. (im Anschluß an Michel Foucault): „Vorbereitung und Vollzug des seelischen Aktes (der „Zeugung im Schönen" – d. Verf.) orientieren sich begrifflich am leiblichen Vollzug, der Akt selbst jedoch ist nicht ein geschlechtlicher, sondern ein pädagogischer, ein Akt der Erziehung zur Vortrefflichkeit durch den logos." (S. 113f.)

30 Vgl. Symposion 203a.

31 Vgl. Hesse 1943, S. 486f. („Stufen").

noch immer da sein, und es werden da und dort Menschen sich mit Hilfe der Kunst eine Tür zum Göttlichen offen halten."[32]

---

32 Hermann Hesse an den Arzt Curt Wiedwald in Treuenbrietzen (Januar 1949). – In: Hermann Hesse: Freude am Garten, hrsg. v. V. Michels. Berlin 2012, S. 174 (Vorname dort fälschlich „Kurt").

ABGEKÜRZT ZITIERTE LITERATUR

Ackermann, Ulrike: Eros der Freiheit. Stuttgart 2008.
                       Zit.: **Ackermann 2008.**

Alt, Peter-André: „Arbeit für mehr als ein Jahrhundert". Schillers Verständnis
                       von Ästhetik und Politik in der Periode der Französischen Re-
                       volution (1790–1800). – In: Jb. d. Dt. Schillergesellsch. 46,
                       2002, S. 102–133.
                       Zit.: **Alt 2002.**

Arendt, Hannah: Was ist Politik? München 1993.
                       Zit.: **Arendt 1993.**

Arnim, Bettina von: Werke und Briefe 5. Bd., hrsg. v. Joachim Müller. Frechen
                       1961.
                       Zit.: **Arnim.**

Benedikt XVI.:   Die Ökologie des Menschen. Die großen Reden des Papstes.
                       München 2012.
                       Zit.: **Benedikt XVI. 2012.**

de Benoist, Alain: Abschied vom Wachstum. Für eine Kultur des Maßhaltens.
                       Berlin 2009.
                       Zit.: **de Benoist 2009.**

Berger, Klaus: Von der Schönheit der Ethik. Frankfurt a. M./Leipzig 2006.
                       Zit.: **Berger 2006.**

Bernhard, And-   Karl Friedrich Schinkel. Führer zu seinen Bauten. Bd. II: Von
reas (Hrsg.):   Aachen über die Mark Brandenburg bis Sankt Petersburg.
                       München/Berlin ³2008.
                       Zit.: **Bernhard 2008.**

Bleicken, Jochen: Die Verfassung der römischen Republik. Paderborn 1975.
                       Zit.: **Bleicken 1975.**

Ders.:   Die athenische Demokratie. Paderborn ²1994 (1984).
Zit.: **Bleicken 1994.**

Ders.:   Augustus. Berlin ²2000 (1998).
Zit.: **Bleicken 2000.**

Blösel, Wolfgang: Die römische Republik. Forum und Expansion. München 2015.
Zit.: **Blösel 2015.**

Böhme, Gernot: Ästhetischer Kapitalismus. Berlin 2016.
Zit.: **Böhme 2016.**

Bolz, Norbert: Das Wissen der Religion. Betrachtungen eines religiös Unmusikalischen. München 2008.
Zit.: **Bolz 2008.**

Borchardt, Rudolf: Gedanken über Schicksal und Aussicht des Europäischen Begriffs am Ende des Weltkrieges (1917). – In: Ders.: Prosa V. Stuttgart 1979, S. 325–336.
Zit.: **Borchardt 1917.**

Ders.:   Eranos-Brief (1924). – In: Ders.: Prosa I. Stuttgart 1957, S. 90–130.
Zit.: **Borchardt 1924.**

Ders.:   Schöpferische Restauration (1927). – In: Ders.: Reden. Stuttgart 1955, S. 240–253.
Zit.: **Borchardt 1927.**

Ders.:   Die Schlacht von Aktium. Eine Geisteswende (1929). – In: Ders.: Prosa IV. Stuttgart 1973, S. 69–80.
Zit.: **Borchardt 1929.**

Ders.:   Konservatismus und Humanismus (1931). – In: Ders.: Prosa V. Stuttgart 1979, S. 431–441.
Zit.: **Borchardt 1931.**

Ders.: Grundriß zu Epilegomena zu Homeros und Homer (1944). – In: Ders.: Prosa II. Stuttgart 1959, S. 7–108.
Zit.: **Borchardt 1944.**

Bringmann, Klaus: Augustus. Darmstadt 2007.
Zit.: **Bringmann 2007.**

Chesterton, Gilbert Keith: Orthodoxie. Eine Handreichung für die Ungläubigen. Kißlegg ²2015 (Frankfurt a. M. 2000)
Zit.: **Chesterton 2000.**

Cramer, Johannes et al. (Hrsg.): Karl Friedrich Schinkel. Führer zu seinen Bauten. Bd. I: Berlin und Potsdam. München/Berlin 2006.
Zit.: **Cramer 2006.**

Dahlheim, Werner: Julius Caesar. Die Ehre des Kriegers und die Not des Staates. Paderborn u.a. 2005.
Zit.: **Dahlheim 2005.**

Ders.: Augustus. München ²2013 (2010).
Zit.: **Dahlheim 2013.**

Dawkins, Richard: Der Gotteswahn. Berlin 2007.
Zit.: **Dawkins 2007.**

Dubiel, Helmut: Ungewißheit und Politik. Frankfurt a. M. 1994.
Zit.: **Dubiel 1994.**

Eckermann, Johann Peter: Gespräche mit Goethe in den letzten Jahren seines Lebens. Hrsg. v. O. Schönberger. Stuttgart 1994.
Zit.: **Eckermann.**

Eckert, Georg (Hrsg.): Von Valmy bis Leipzig. Quellen und Dokumente zur Geschichte der preußischen Heeresreform. Hannover/Frankfurt a. M. 1955.
Zit.: **Eckert 1955.**

Ermatinger, Emil: Das dichterische Kunstwerk. Grundbegriffe der Urteilsbildung in der Literaturgeschichte. Leipzig 1921 (hier zit. nach ²1923).
Zit.: **Ermatinger 1923.**

Fahrner, Rudolf: Arndt. Geistiges und politisches Verhalten. Stuttgart 1937.
Zit.: **Fahrner 1937.**

Fantham, Elaine: Literarisches Leben im antiken Rom. Sozialgeschichte der römischen Literatur von Cicero bis Apuleius. Stuttgart/Weimar 1998.
Zit.: **Fantham 1998.**

Finley, Moses I.: Antike und moderne Demokratie. Stuttgart 1980 (engl. 1973).
Zit.: **Finley 1980.**

Flaig, Egon: Den Kaiser herausfordern. – In: HZ 253, 1991, S. 371ff.
Zit.: **Flaig 1991.**

Ders.: Die Mehrheitsentscheidung. Entstehung und kulturelle Dynamik. Paderborn 2013.
Zit.: **Flaig 2013a.**

Ders.: Gegen den Strom. Für eine säkulare Republik Europa. Springe 2013.
Zit.: **Flaig 2013b.**

Foucault, Michel: Die Sorge um sich. Frankfurt a. M. 1986.
Zit.: **Foucault 1986.**

Frank, Pascal: Römische Thermen – Zentren der Sorge um sich selbst. Eine mentalitätsgeschichtliche Untersuchung. Berlin 2016.
Zit.: **Frank 2016.**

Galinsky, Karl: Augustan Culture. Princeton 1996.
Zit.: **Galinsky 1996.**

Gentili, Bruno:	Poesia e Pubblico nella Grecia antica. Roma/Bari 1980. Zit.: **Gentili 1980**.
George, Stefan:	Leo XIII. (1902). – In: Ders.: Der siebente Ring (1907). (= Sämtliche Werke in 18 Bänden. Bd. VI/VII.Stuttgart 1986), S. 20f. Zit.: **George 1902/1907**.
Ders.:	Der Stern des Bundes (1914) (= Sämtliche Werke in 18 Bänden. Bd. VIII. Stuttgart 1993). Zit.: **George 1914**.
Ders.:	Das Neue Reich (1928) (= Sämtliche Werke in 18 Bänden. Bd. IX. Stuttgart 2001). Zit.: **George 1928**.
Gerl-Falkovitz, Hanna- Barbara:	Romano Guardini. Konturen des Lebens und Spuren des Denkens. Ostfildern ²2010. Zit.: **Gerl-Falkovitz 2010**.
Dies.:	Maria. Der andere Anfang. Heiligenkreuz 2016. Zit.: **Gerl-Falkovitz 2016**.
Giebel, Marion:	Augustus. Reinbek 1984. Zit.: **Giebel 1984**.
Goethe, Johann Wolfgang von:	Werke. Hamburger Ausgabe, Bd. I. München 1998 (=16. Aufl. 1996) Zit.: **Goethe HA**.
Ders.:	Werke. Jubiläumsausgabe, Bd. 1. Frankfurt 1998. Zit.: **Goethe, Jubiläumsausgabe**.
Ders.:	Italienische Reise. Hrsg. v. Andreas Beyer u. Norbert Miller. München 1992. Zit.: **Goethe IR**.

Guardini, Romano:	Briefe über Selbstbildung. Mainz ²1930 (1925). Zit.: **Guardini 1930**.
Ders.:	Über das Wesen des Kunstwerks. Tübingen/Stuttgart 1948 (4. Aufl. 1952) Zit.: **Guardini 1948**.
Ders.:	Der Herr. Betrachtungen über die Person und das Leben Jesu Christi (1937). Leipzig 1954. Zit.: **Guardini 1937**.
Ders.:	Die letzten Dinge. Würzburg 1952. Zit.: **Guardini 1952**.
Gundolf, Friedrich:	Goethe. Berlin 13. Aufl. 1930 (zuerst 1916) Zit.: **Gundolf 1916**.
Han, Byung-Chul:	Die Errettung des Schönen. Frankfurt a. M. 2015. Zit.: **Han 2015**.
Hansen, Mogens Herman:	Die Athenische Demokratie im Zeitalter des Demosthenes. Struktur, Prinzipien und Selbstverständnis. Berlin 1995 (engl. 1991). Zit.: **Hansen 1995**.
Haus, Andreas:	Karl Friedrich Schinkel als Künstler. München/Berlin 2001. Zit.: **Haus 2001**.
Hauskeller, Michael:	Auf der Suche nach dem Guten. Wege und Abwege der Ethik. Zug 1999. Zit.: **Hauskeller 1999**.
Havelock, Eric A.:	Preface to Plato. Oxford 1963. Zit.: **Havelock 1963**.

Heidegger, Martin:	Übungen für Anfänger. Schillers Briefe über die ästhetische Erziehung des Menschen (1936/37), hrsg. v. U. v. Bülow. Marbach 2005. Zit.: **Heidegger 1936/37.**
Ders.:	Der Ursprung des Kunstwerks (1936). – In: Ders.: Holzwege. – In: Ders.: Ges. Ausgabe I,5. Frankfurt a. M. 1977. Zit.: **Heidegger 1936.**
Heinze, Richard:	Auctoritas (1925). – In: Ders.: Vom Geist des Römertums. Ausgewählte Aufsätze. Darmstadt 1972, S. 43ff. Zit.: **Heinze 1925.**
Hesse, Hermann:	Die Morgenlandfahrt (1932) – In: Ders.: Ges. Schriften. Frankfurt a. M. 1987. Zit.: **Hesse 1932.**
Hesse, Hermann:	Das Glasperlenspiel (1943). Berlin/Frankfurt a. M. 1957. Zit.: **Hesse 1943.**
Hölderlin, Friedrich:	Sämtl. Werke u. Briefe Bd. I, II u. III, hrsg. v. M. Knaupp. München 1992. Zit.: **Hölderlin I** oder **II.**
Hölscher, Uvo:	Die Chance des Unbehagens. Zur Situation der klassischen Studien. Göttingen 1965. Zit.: **Hölscher 1965.**
Hoffmann, Peter:	Claus Schenk Graf von Stauffenberg. Überarb. u. erw. Neuausgabe München 2007 (Orig. 1992). Zit.: **Hoffmann 1992.**
Hofmannsthal, Hugo von:	K.E. Neumanns Übertragung der buddhistischen heiligen Schriften (1921). – In: Ders.: Prosa IV. Ges. Werke in Einzelausg. Hrsg. v. Herbert Steiner. Frankfurt/M. 1955, S. 65–74. Zit.: **Hofmannsthal 1921.**

Holland, Tom:	Rubikon. Triumph und Tragödie der Römischen Republik. Stuttgart ³2016. Zit.: **Holland 2016.**
Humboldt, Wilhelm von:	Werke in fünf Bänden. Hrsg. v. A. Flitner u. K. Giel. Darmstadt 1960, 1969, 1963, 1964. Zit.: **Humboldt I** oder **II** oder **III** oder **IV.**
Jaeger, Michael:	Global Player Faust oder das Verschwinden der Gegenwart. Zur Aktualität Goethes. Berlin 2008. Zit.: **Jaeger 2008.**
Jaeger, Werner:	Humanistische Reden und Vortrage. Berlin und Leipzig 1937. Zit.: **Jaeger 1937.**
Ders.:	Paideia. Die Formung des griechischen Menschen. 2. ND in einem Bd. Berlin/New York 1989 (zuerst: Bd. I 1933; Bd. II 1944; Bd. III 1947). Zit.: **Jaeger 1933–47.**
Jamme, Christoph/ Schneider, Helmut (Hrsg.):	Mythologie der Vernunft. Hegels ‚Ältestes Systemprogramm des deutschen Idealismus'. Frankfurt a. M. 1984. Zit.: **Jamme 1984.**
Jens, Walter/Vitzthum, Wolfgang Graf:	Dichter und Staat. Über Geist und Macht in Deutschland. Eine Disputation. Berlin/New York 1991. Zit.: **Jens/Vitzthum 1991.**
Kah, Daniel/Scholz, Peter (Hrsg.):	Das hellenistische Gymnasium. Berlin 2007. Zit.: **Kah/Scholz 2007.**
Kienast, Dietmar:	Augustus. Prinzeps und Monarch. Darmstadt 1982. Zit.: **Kienast 1982.**
Kissler, Alexander:	Der aufgeklärte Gott. Wie die Religion zur Vernunft kam. München 2008. Zit.: **Kissler 2008.**

Koch, Georg Friedrich: Die Reisen nach Italien 1803–1805 und 1824 (=Karl Friedrich Schinkel Lebenswerk Bd. XIX). München 2006.
Zit.: **Koch 2006.**

Landmann, Edith: Gespräche mit Stefan George. Düsseldorf/München 1963.
Zit.: **Landmann 1963.**

(Landmann, Georg Einleitungen und Merksprüche der Blätter für die Kunst.
Peter/Stefan George Düsseldorf und München 1964.
Stiftung, Hrsg.): Zit.: **Landmann 1964.**

Landmann, Michael: Figuren um Stefan George. Amsterdam 1982.
Zit.: **Landmann 1982.**

Liessmann, Konrad Paul: Theorie der Unbildung. Irrtümer der Wissensgesellschaft.
Wien 2006 (6. Aufl. München 2011)
Zit.: **Liessmann 2006.**

Löw, Reinhard: Über das Schöne. Warum das Schöne schön ist. Stuttgart/
Wien 1994.
Zit.: **Löw 1994.**

Luther, Martin: Das Magnificat verdeutscht und ausgelegt (1520) – In: Ders.:
Ausgewählte Schriften, hrsg. v. K. Bornkamm u. G. Ebeling.
Frankfurt a. M. 1982, S. 115–196.
Zit.: **Luther 1520.**

Maurina, Zenta: Denn das Wagnis ist schön. Geschichte eines Lebens. Mem-
mingen/Allgäu 1953.
Zit.: **Maurina 1953.**

Meier, Christian: Die Entstehung des Politischen bei den Griechen. Frankfurt
a. M. 1980.
Zit.: **Meier 1980.**

Ders.: Caesar. Berlin 1982.
Zit.: **Meier 1982.**

Ders.:	Politik und Anmut. Berlin 1985. Zit.: **Meier 1985.**
Ders.:	Kultur, um der Freiheit willen. München 2009. Zit.: **Meier 2009.**
Menninghaus, Winfried:	Das Versprechen der Schönheit. Frankfurt a. M. 2007 (zuerst 2003). Zit.: **Menninghaus 2007.**
Michels, Robert:	Zur Soziologie des Parteiwesens in der modernen Demokratie. Leipzig 1911 (^{2}1925). Zit.: **Michels 1911.**
Miegel, Meinhard:	Exit. Wohlstand ohne Wachstum. Berlin 4. Aufl. 2010. Zit.: **Miegel 2010.**
Ders.:	Hybris. Die überforderte Gesellschaft. Berlin 2014. Zit.: **Miegel 2014.**
Müller, Wilhelm/ Schubert, Franz:	Die Winterreise (1827/28). Zürich 1984. Zit.: **Müller/Schubert 1827.**
Muss, Ulrike/Schubert, Charlotte:	Die Akropolis von Athen. Graz 1988. Zit.: **Muss/Schubert 1988.**
Nebel, Gerhard:	Das Ereignis des Schönen. Stuttgart 1953. Zit.: **Nebel 1953.**
Niesen, Peter:	Volk-von-Teufeln-Republikanismus. Zur Frage der moralischen Ressourcen der liberalen Demokratie. In: Lutz Wingert/Klaus Günther (Hrsg.): Die Öffentlichkeit der Vernunft und die Vernunft der Öffentlichkeit. FS f. Jürgen Habermas. Frankfurt a. M. 2001, S. 568–604. Zit.: **Niesen 2001.**

Nietzsche, Friedrich:	Unzeitgemäße Betrachtungen. Zweites Stück: Vom Nutzen und Nachteil der Historie für das Leben (1874) – In: Ders.: Werke in drei Bänden. Hrsg. v. Karl Schlechta. München 1966, S. 209–285. Zit.: **Nietzsche 1874.**
Ders.:	Menschliches, Allzumenschliches. Ein Buch für freie Geister. 2. Bd. Erste Abtlg. (1880) – In: Ders.: Werke in drei Bänden. Hrsg. v. Karl Schlechta. München 1966, S. 745–870. Zit.: **Nietzsche 1880.**
Novalis:	Glauben und Liebe oder Der König und die Königin. – In: Werke, Tagebücher und Briefe Friedrich von Hardenbergs, hrsg. v. H.-J. Mähl und R. Samuel, Bd. 2. München/Wien 1978, S. 290–304. Zit.: **Novalis 1798a.**
Ders.:	Vorarbeiten zu verschiedenen Fragmentsammlungen 1798. – In: Ders: Werke, Tagebücher und Briefe Friedrich von Hardenbergs. Hrsg. v. H.-J. Mähl u. R. Samuel, Bd. 2. München 1978, S. 311–424. Zit.: **Novalis 1798b.**
Ober, Josiah:	Mass and Elite in Democratic Athens. Princeton 1989. Zit.: **Ober 1989.**
Osborne, Robin:	Greece in the Making 1200–479 BC. Second Edition, London 2009. Zit.: **Osborne 2009.**
Padrutt, Hanspeter:	Der epochale Winter. Zeitgemäße Betrachtungen. Zürich 1984 (Neuauflage 1997). Zit.: **Padrutt 1984.**
Page, Sven:	Der ideale Aristokrat. Plinius der Jüngere und das Sozialprofil der Senatoren in der Kaiserzeit. Heidelberg 2015. Zit.: **Page 2015.**

Papst Franziskus:	Laudato si'. Enzyklika „Gelobst seist du, mein Herr". Leipzig 2015. Zit.: **Franziskus 2015.**
Peschken, Goerd:	Schinkel. Das Architektonische Lehrbuch. München/Berlin 1979 (=Schinkel Lebenswerk, Bd. XIV) Zit.: **Peschken 1979.**
Pieper, Josef:	Muße und Kult. München 2007 (zuerst 1948). Zit.: **Pieper 1948.**
Ders.:	Über das christliche Menschenbild (1936). Einsiedeln/Freiburg 1995. Zit.: **Pieper 1936.**
Polanyi, Karl:	Unser obsoletes marktwirtschaftliches Denken (1947). – In: Karl Polanyi: Ökonomie und Gesellschaft. Frankfurt a. M. 1979, S. 129–148. Zit.: **Polanyi 1947.**
Rave, Paul Ortwin:	Berlin I. Berlin 1941 (ND 1981) (=Schinkel Lebenswerk, Bd. III) Zit.: **Rave 1941.**
Reiser, Marius:	Bologna. Anfang und Ende der Universität. Bonn 2010. Zit.: **Reiser 2010.**
Renz, Ulrich:	Schönheit. Eine Wissenschaft für sich. Berlin 2006. Zit.: **Renz 2006.**
Richter, Klaus:	Die Herkunft des Schönen. Grundzüge der evolutionären Ästhetik. Mainz 1999. Zit.: **Richter 1999.**
Röpke, Wilhelm:	Jenseits von Angebot und Nachfrage. Zürich/Stuttgart 1958. Zit.: **Röpke 1958.**

Rösler, Wolfgang:	Dichter und Gruppe. München 1980. Zit.: **Rösler 1980.**
Salin, Edgar:	Um Stefan George. Erinnerung und Zeugnis. München/ Düsseldorf ²1954. Zit.: **Salin 1954.**
Schacht, Ulrich/Seidel, Thomas A. (Hrsg.):	...wenn Gott Geschichte macht! 1989 contra 1789. Leipzig 2015. Zit.: **Schacht/Seidel 2015.**
Schadewaldt, Wolfgang:	Sappho. Welt und Dichtung, Dasein in der Liebe. Potsdam 1950. Zit.: **Schadewaldt 1950.**
Schick, Gerhard:	Machtwirtschaft. Nein danke! Für eine Wirtschaft, die uns allen dient. Frankfurt a. M./New York 2014. Zit.: **Schick 2014.**
Schiller, Friedrich:	Über die ästhetische Erziehung des Menschen in einer Rei- he von Briefen (1795) – In: Ders.: Sämtliche Werke Bd. V, hrsg. v. G. Fricke u. H. G. Göpfert. München 9. Aufl. 1993, S. 570–669. Zit.: **Schiller.**
Schillers Briefe	Mit Einleitung u. Kommentar hrsg. v. E. Streitfeld u. V. Zme- gac. Königstein/T. 1983. Zit.: **Schillers Briefe.**
Schinkel, Karl Friedrich:	An den Kronprinzen von Baiern, 1834. – In: Briefe, Tagebü- cher, Gedanken. Ausgew. v. H. Mackowsky. Berlin 1922. Zit.: **Schinkel Briefe.**
Schmid, Wilhelm:	Philosophie der Lebenskunst. Eine Grundlegung. Frankfurt a. M. 1998. Zit.: **Schmid 1998.**

Ders.:	Schönes Leben? Einführung in die Lebenskunst. Frankfurt a. M. 2000. Zit.: **Schmid 2000a**.
Ders.:	Die Geburt der Philosophie im Garten der Lüste. Michel Foucaults Archäologie des platonischen Eros. Frankfurt a. M. 2000 (zuerst 1987) Zit.: **Schmid 2000b**.
Ders.:	Mit sich selbst befreundet sein. Von der Lebenskunst im Umgang mit sich selbst. Frankfurt a. M. 2004. Zit.: **Schmid 2004**.
Schmoll, Heike:	Lob der Elite. Warum wir sie brauchen. München 2008. Zit.: **Schmoll 2008**.
Schneider, Lambert/ Höcker, Christoph:	Die Akropolis von Athen. Köln 1990. Zit.: **Schneider/Höcker 1990**.
Schulze Altcappenberg, Hein-Th./Johannsen, Rolf H. (Hrsg.):	Karl Friedrich Schinkel. Geschichte und Poesie. Das Studienbuch. Berlin/München 2012. Zit.: **Schulze/Johannsen 2012**.
Scruton, Roger:	Schönheit. Eine Ästhetik. München 2012. Zit.: **Scruton 2012**.
Ders.:	Grüne Philosophie. Ein konservativer Denkansatz. München 2013. Zit.: **Scruton 2013**.
Seubert, Harald:	Zwischen Religion und Vernunft. Vermessung eines Terrains. Baden-Baden 2013. Zit.: **Seubert 2013**.
Ders.:	Ästhetik – Die Frage nach dem Schönen. Freiburg/München 2015. Zit.: **Seubert 2015**.

Simon, Erika:	Augustus. München 1986. Zit.: **Simon 1986**.
Dies.:	Ara Pacis Augustae. Dettelbach ²2012 (1967). Zit.: **Simon 2012**.
Skidelsky, Robert u. Edward:	Wie viel ist genug? Vom Wachstumswahn zu einer Ökonomie des guten Lebens. München 2013. Zit.: **Skidelsky 2013**.
Sprengel, Peter:	Preußen mit der Seele suchend.: Rudolf Borchardt zwischen Königsberg und Potsdam. Mit der Edition des Essayfragments „Deutscher Föderalismus" (1943/44). – In: Hans-Christoph Kraus/Frank-Lothar Kroll (Hrsg.): Literatur in Preußen – preußische Literatur. Berlin 2016, S. 179–201. Zit.: **Sprengel 2016**.
Spaemann, Robert:	Das unsterbliche Gerücht. Die Frage nach Gott und die Täuschung der Moderne. Stuttgart 2007. Zit.: **Spaemann 2007**.
Ders.:	Schritte über uns hinaus. Gesammelte Reden und Aufsätze. Bd. I. Stuttgart 2010. Zit.: **Spaemann 2010**.
Stahl, Michael:	Solon F 3D. Die Geburtsstunde des demokratischen Gedankens.-In: Gymnasium 99, 1992, S. 385–408. Zit.: **Stahl 1992**.
Ders.:	Sokrates.-In: Kai Brodersen (Hrsg.): Große Gestalten der griechischen Geschichte. München 1999, S. 237–245. Zit.: **Stahl 1999**.
Ders.:	Gesellschaft und Staat bei den Griechen. Archaische Zeit. Paderborn 2003. Zit.: **Stahl 2003a**.

Ders.:   Gesellschaft und Staat bei den Griechen. Klassische Zeit. Paderborn 2003.

Zit.: **Stahl 2003b.**

Ders.:   Gesamtkunstwerk Stadt. Der Ursprung der europäischen Stadt bei den Griechen – In: Iggers, Georg G. u.a. (Hrsgg.): Hochschule – Geschichte – Stadt. FS für Helmut Böhme. Darmstadt 2004, S. 293–305.

Zit.: **Stahl 2004.**

Ders.:   Botschaften des Schönen. Stuttgart 2008.

Zit.: **Stahl 2008a.**

Ders.:   Auctoritas und Charisma. Die Bedeutung des Persönlichen in der Herrschaft des Augustus.-In: Potestas 1, 2008, S. 23–34.

Zit.: **Stahl 2008b.**

Ders.:   Vom „kalten Terroristen" zum Friedenskaiser? Über die Wende im politischen Wirken von Octavian zu Augustus. – In: Potestas 4, 2011, S. 87–105.

Zit.: **Stahl 2011.**

Ders.:   Polis und Imperium. Kultur und Politik im frühen Griechenland und im römischen Weltreich. München 2012.

Zit.: **Stahl 2012.**

Ders.:   Texte zur deutschen Identität um 1800. – In: Ders. (Hrsg.): Deutschland 1813–2013. Deutsche Identität am Beginn der Moderne und in der Gegenwart. Nürnberg 2013, S. 111–129.

Zit.: **Stahl 2013.**

Stauffenberg, Alexander Schenk Graf von: Denkmal. Hrsg. v. Rudolf Fahrner. Düsseldorf/München 1964.

Zit.: **Stauffenberg 1964.**

Strauß, Botho:	Der Aufstand gegen die sekundäre Welt. Bemerkungen zu einer Ästhetik der Anwesenheit (1991) – In: Ders.: Der Aufstand gegen die sekundäre Welt. München 1999, S. 37– 53. Zit.: **Strauß 1991**.
Tetens, Holm:	Gott denken. Ein Versuch über rationale Theologie. Stuttgart 2015. Zit.: **Tetens 2015**.
Trempler, Jörg:	Schinkels Motive. Berlin 2007. Zit.: **Trempler 2007**.
Ders.:	Karl Friedrich Schinkel. Baumeister Preußens. München 2012. Zit.: **Trempler 2012**.
Vitzthum, Wolf-gang Graf:	„Kommt wort vor tat kommt tat vor wort?" Die Brüder Stauffenberg und der Dichter Stefan George. Berlin 2010 (=Gedenkstätte Deutscher Widerstand. Beiträge zum Widerstand 1933–1945) Zit.: **Vitzthum 2010**.
Walter, Uwe:	Isokrates. – In: K. Brodersen (Hrsg.): Große Gestalten der griechischen Antike. München 1999, S. 193–200. Zit.: **Walter 1999**.
Ders.:	Wege zum Politischen im antiken Griechenland.-In: A. de Benedictis u.a. (Hrsg.): Das Politische als Argument. Göttingen 2013, S. 18ff. Zit.: **Walter 2013**.
Weil, Simone:	Schwerkraft und Gnade. München ²1954. Zit.: **Weil 1954**.
Welzer, Harald:	Selbst Denken. Eine Anleitung zum Widerstand. Frankfurt a.M. 2013. Zit.: **Welzer 2013**.

Winckelmann, Johann Joachim:	Briefe. Ed. Walther Rehm et al. Bd. 3, 1764–1768. Berlin 1956. Zit.: **Winckelmann**.
Winterling, Aloys:	Über den Sinn der Beschäftigung mit der antiken Geschichte. – In: Karl-Joachim Hölkeskamp u.a. (Hrsg.): Sinn (in) der Antike. Mainz 2003, S. 403–419. Zit.: **Winterling 2003**.
Wolzogen, Alfred von (Hrsg.):	Aus Schinkels Nachlass. Reisetagebücher, Briefe und Aphorismen. Mitgeteilt v. A. v. Wolzogen. Bd. 2. Berlin 1862. Zit.: **Wolzogen 1862**.
Zanker, Paul:	Augustus und die Macht der Bilder. München 1987 (4. Aufl. 2003). Zit.: **Zanker 1987**.

DRUCKNACHWEISE

In einer ersten Fassung wurden bereits folgende Kapitel publiziert:

Kap. III: Antike Dichterkreise. – In: Bruno Pieger/Bertram Schefold (Hrsg.): „Kreis aus Kreisen". Der George-Kreis im Kontext deutscher und europäischer Gemeinschaftsbildung. Hildesheim u.a.: Olms 2016, S. 107–114.

Kap. IV: „fug des Volkes". Vom Umschmelzen der Macht in Herrschaft. Ein historischer Brückenschlag. – In: Bruno Pieger/Bertram Schefold (Hrsg.): „Kreis aus Kreisen". Der George-Kreis im Kontext deutscher und europäischer Gemeinschaftsbildung. Hildesheim u.a.: Olms 2016, S. 575–590.

Kap. V: „Wir werden nur bestehen, sofern wir uns eine neue Antike schaffen." Ein neuer Humanismus für eine andere Moderne. – In: Harald Seubert/Jost Bauch (Hrsg.): Deutschland und Europa in einer veränderten Welt. Nürnberg: VTR 2013 (=Weikersheimer Dokumentation N.F. 1), S. 111–130.

Kap. VI: Karl Friedrich Schinkel und die ästhetische Erziehung der Deutschen. – In: Michael Stahl (Hrsg.): Deutschland 1813–2013. Deutsche Identität am Beginn der Moderne und in der Gegenwart. Nürnberg: VTR 2013 (=Weikersheimer Dokumentation NF 2) a. a. O., S. 74–96.

Kap. VII: „Staat in uns". Romano Guardini und das politische Ethos des Bürgers. – In: Juan J. Ferrer-Maestro/Christiane Kunst /David Hernandez de la Fuente/Eike Faber (Eds.): Entre los mundos. Homenaje a Pedro Barceló. Zwischen den Welten. Festschrift für Pedro Barceló. Besancon: Presses universitaires de Franche-Comté 2017, S. 775–794.

ABBILDUNGEN

Abb. 1   Schulze Altcappenberg, Heinrich et al. (Hrsg.): Karl Friedrich Schinkel –
          Geschichte und Poesie – Katalog. Berlin 2012, S. 111.

Abb. 2   Ebd., S. 322.

Abb. 3   Ebd., S. 315.

Abb. 4   Trempler 2012, S. 101.

Abb. 5   Trempler 2012, S. 115.

Abb. 6   Eigene Aufnahme.

Rolf Kühn

Lebensmystik

Ursprüngliche Erfahrungseinheit
von Religion und Ethik
im Spiegel „Philosophischer Mystik"

(Radikalphänomenologische Studien zu Religion und Ethik, Band 3)

1. Aufl. 2018, ISBN: 978-3-943897-39-5, 342 S., 29,90 € (D)

Rolf Kühn unternimmt in seiner Untersuchung die Bestimmung der strukturellen Einheit von Leben und Mystik, und zwar durch die Darstellung von Denkern, die der Mystik innerhalb der Frage originären Lebens mit der entsprechenden Weltreduktion verpflichtet sind.

Die Lebensmystik erweist sich so als identisch mit dem Ur-Affektiven jeder Erprobung selbst, die mit der rein phänomenologischen Wirklichkeit des Lebens in jeder Praxis prinzipiell in eins fällt. Hiermit bildet die Lebensmystik ein äußerstes kriteriologisches Element, um die Problematik von Ursprung und Einheit des Erscheinens als subjektive Erprobung in unserem „impressionalen Fleisch" in dessen originärer Abgründigkeit fassen zu können.

Die Lebensmystik erweist sich dergestalt als der innerste Kern menschlicher Akt-Erfahrung noch diesseits von Begriff, Sein und Sprache, wodurch sich eine grundlegende Übereinstimmung in den behandelten Texten von Johannes, Meister Eckhart, Benedikt de Spinoza, Maine de Biran, Johann Gottlieb Fichte, Henri Bergson, Martin Heidegger, Michel Henry, Jacques Derrida, Jean-Luc Marion und Jacques Lacan ergibt.

Ein Ausblick über „Ästhetik und Lebensmystik" beschließt die Untersuchung, um auch auf kulturelle Implikationen der Gesamtanalyse hinzuweisen.

 Verlag Text & Dialog
verlag@text-dialog.de | **www.text-dialog.de/**shop
T: (+49)351-3325 4227 | F: (+49)351-219 969 56

JOURNAL FÜR RELIGIONSPHILOSOPHIE

Nr. 1 (2012) „Was ist Religionsphilosophie?"
ISBN: 978-3-943897-04-3

Nr. 2 (2013) „Gabe – Alterität – Anerkennung"
ISBN: 978-3-943897-05-0

Nr. 3 (2014) „Ambivalenzen des Heiligen"
ISBN: 978-3-943897-11-1

Nr. 4 (2015) „Leistung und Gnade"
ISBN: 978-3-943897-12-8

Nr. 5 (2016) „Ernste Spiele"
ISBN: 978-3-943897-24-1

Nr. 6 (2017) „Von Gott und Gewalt"
ISBN: 978-3-943897-35-7

Nr. 7 (2018) „(Wozu) Ist das Böse (gut)?"
ISBN: 978-3-943897-41-8

Das Journal für Religionsphilosophie wird von der Arbeitsgemeinschaft Religionsphilosophie Dresden e. V. herausgegeben. Es erscheint 1x jährlich.

Bezug und Bezugspreise: *Normalpreis (€ 21,40) / Abonnement (€ 14,98)*

Die einzelnen Ausgaben erhalten Sie in Ihrer (Internet-) Buchhandlung oder direkt beim Verlag:

Λ **Verlag Text & Dialog**
verlag@text-dialog.de | **www.text-dialog.de**/shop
T: (+49)351-3325 4227 | F: (+49)351-219 969 56